本丛刊由中国人民大学清史研究所主办
本成果受到中国人民大学"统筹推进
世界一流大学和一流学科建设"
专项经费的支持

新史学

观 古 今 中 西 之 变

第十卷

本卷主编◎曹新宇

激辩儒教：近世中国的宗教认同

新史学

中华书局

图书在版编目（CIP）数据

新史学.第 10 卷,激辩儒教:近世中国的宗教认同/曹新宇主编.—北京:中华书局,2019.10
ISBN 978-7-101-13673-9

Ⅰ.新… Ⅱ.曹… Ⅲ.①史学–文集②宗教史–中国–文集
Ⅳ.①K0-53②B929.2-53

中国版本图书馆 CIP 数据核字（2018）第 300640 号

书　　　名	新史学（第十卷）:激辩儒教:近世中国的宗教认同
本卷主编	曹新宇
责任编辑	李碧玉
出版发行	中华书局
	（北京市丰台区太平桥西里 38 号　100073）
	http://www.zhbc.com.cn
	E-mail:zhbc@zhbc.com.cn
印　　　刷	北京瑞古冠中印刷厂
版　　　次	2019 年 10 月北京第 1 版
	2019 年 10 月北京第 1 次印刷
规　　　格	开本/710×1000 毫米　1/16
	印张 18¼　插页 2　字数 285 千字
印　　　数	1-1200 册
国际书号	ISBN 978-7-101-13673-9
定　　　价	78.00 元

目　录

目 录

导论：捉妖记——近世中国宗教认同索隐

曹新宇*

一、小说揭启的异端学

话说大宋天圣三年（1025），河北东路贝州博平县大旱，冬春以来，寸雨不沾。官家已下令禁屠祈雨，本县寺观僧道，各依本教科仪，设醮修斋，念经祈祷。无奈数月下来，一切祝祷，全无效验。眼见旱魃肆虐，大祲将至，县令淳于厚只得招贴榜文，延师祈雨：四方过往，若能"说法降雨救济生民者"，不拘何等之人，许以一千贯文酬谢！

旱灾的延续，为平日名不见经传的宗教家揭开序幕。五十多岁的"女神仙"奚道姑，率领十来个仙官、仙姑，到博平县揭榜祈雨。县令对前来救旱的道姑毕恭毕敬，仙家建坛求雨的需索事项，也都一一应允。奚道姑则令男女徒弟，在县城北门十里之外的高阜之处，建起五龙雩坛，装成青黄赤白黑五色龙形，要行"月孛法"；并向县里要来各坊各里"怀孕妇人的年庚"，由她轮算一个，指为"魃母"①，接着不由分说，教县里拿到坛前施法。

这道姑上首坐定，指挥徒弟们鸣锣击鼓，喷水念咒，弄得这妇人昏迷。

便将他（她）剥得赤条条的，躺在一扇板门上，双脚双手和头发，共用五个水

＊中国人民大学清史研究所教授。
① 即孕妇腹中怀有旱魃。

2

盆满满盛水浸着。一个仙官对了北方，披发仗剑，用右脚踏在他（她）肚子上，口中不知念些什么言语。其余男女徒弟，也有摇旗的，也有打瓦的，纷纷嚷嚷，乱了一日。这怀孕妇人晦气，弄得七死八活，天上绝无云影，日色没了，只得散场。托言龙王今日不在家，明日管教有雨。

这段"月孛法"祈雨，引自冯梦龙《三遂平妖传》①。虽是小说者言，但举凡旱象已成相应之官府职守、禁屠祈雨、民间道术、雩坛仪轨，种种情形，合情入理。就连"摇旗打瓦"这样的细枝末节，都与道经上的"雷法"相符，显然不是向壁虚捏而来。

书中不曾细表，为了救旱，博平县延请过多少僧道高人。只借一个搬张凳子看守榜文的老头儿之口，说祈雨的法师，"一万个也走了"。现在只剩下淳于县令，每天早上，例行前往城隍庙行香一次，虔诚祷告。

守令祈雨，宋代以降的官书上有个讲究，美其名曰"荒政第一"；即每遇荒旱，除了勘灾、蠲免、薄征、散利、筹赈、劝捐这些举措，更重要的，地方官要率众"竭诚而祷"。现存诗文、方志、碑碣上的"祈雨文"，便有不少是夸饰这些官员如何虔心祝祷，终于丹诚通幽，感孚上天，为一方百姓求得甘霖的。不过，小说家清楚，亢旱中煎熬的百姓，应该没读过这种官书。坊市间反而传出几句戏谑的话："朝拜暮拜，拜得日头干晒；朝求暮求，求得滴水不流！"

淳于县令祈祷不验、奚道姑月孛法出丑，为下一位高人的出场，做好铺垫。此人名唤张鸾，法术高超。他揭榜之后，声称无须另备法物，就用现成的雩坛，但要求各寺观祈雨的僧道，先去扫坛伺候。淳于县令经过多次失败，此刻虽然满口答应，心下却不以为然。张鸾对此早已觉察，便借口索要酒食鲜肉，故示神异。书中此节，穿插一段揶揄官府禁屠的对话，格外传神：

> 县令道："不瞒先生说，只为祈雨一事，有三个多月禁屠，下官只是蔬食，要鲜肉，却不方便。"张鸾笑道："官府断屠，从来虚套。常言道：'官禁私不禁，只好作成公差和里正。'尊官若不信时，县东第十三家吕屠家里，今早杀下七十斤大猪，间壁孙孔目为儿子周岁请客，买下十五斤儿，今煮熟在锅

---

① 见冯梦龙补著四十回本《三遂平妖传》第十七回《博平县张鸾祈雨，五龙坛左黜斗法》；这段描写，不见罗贯中原著二十回本。罗著《三遂平妖传》，收入"北京大学图书馆藏善本丛书"，北京：北京大学出版社，1983 年；冯梦龙补著本，见东京大学东洋文化研究所藏明刊《映旭斋增订北宋三遂平妖全传》。

里。又县西顾酒店，夜来杀羊卖，还剩得一只熟羊蹄，将蒲草盖在小竹箩里，放在床前米桶上。可依我言语，问他说官府不计较你，平价买他的，必然肯与。"县令道："不信有此事。"当唤值日买办的，依着先生言语，问那两家要购买猪肉五斤，羊蹄一只。当值去不多时，把猪肉羊蹄都取得，来回话道："那两家初时抵赖不承，被小的如言语破，他便心慌，即便将肉送出，连价也不敢取。"县令道："先生是什么数学？怎般灵验！"张鸾道："偶中而已。"县令方才晓得，先生不比常人，刮目相敬。

这位张鸾果然祈雨成功，但立即招惹来坛下观看的"左瘸师"和"蛋子僧"等人登坛斗法。一场汇聚了民间"异人""术士""天书""妖法"的历史大剧，由此拉开帷幕①。

《映旭斋增订北宋三遂平妖全传》第十七回插图

————————

① 《三遂平妖传》以北宋名臣文彦博平定贝州"妖贼"王则举事为背景。但全书的主人公，是后来嫁给王则的"妖人"胡永儿。永儿的师父"圣姑姑"，与上述左瘸师、蛋子僧，皆为同道，而张鸾则是慕名寻访圣姑姑的一个术士。

《平妖传》通过一场持续的大旱，引出各路民间异人登场；对于习惯从传统史料考察宗教制度的研究者，不无启发。

一般祈禳史料，不论是官员留在碑碣上的祈雨文，还是宗教家箧中的科仪书，均有比较刻板的模式，或歌功颂德，或赞颂神灵，虚矫粉饰，不一而足。这时，反倒是文学刻画，有助于折射出问题的所在。

"禁屠祈雨"，直到清末民国，社会上还很常见。据晚清时人记载：每至久旱不雨，地方官则以告示贴屠案墙上，一般会写"祈求雨泽，禁止屠宰"八个大字，以笔圈之①。这类告示的原件，地方档案馆尚存不少。另据中央级的清宫满文档案记载，乾隆朝中期，京畿旱情严重之时，除了例行派出王公、皇子或朝廷大员，前往京北密云黑龙潭或山西五台山等处行香祈雨之外，皇帝还多次下令延请**蒙古术士**、甚至**厄鲁特回教祈雨师**，赴宫廷求雨②。而19世纪末，西宁府循化厅祈雨，则要求**"不论番汉回教，一概禁屠祈祷"**，就连民众应当念诵何种"祈雨咒"、每日诵咒的次数，也要做出统一规定③。

在这方面，乾隆皇帝本人，就是一个"术数迷"。他竟然心思缜密到连《平妖传》中奚道姑所行的"月孛法"，也了解内情！不过与小说家一样，乾隆帝似乎对"月孛法"印象不佳。乾隆五十年（1785），河南省通省大旱，民情骚动，旱灾诱发的案件，不断上奏到朝廷。皇帝连发加急上谕，令巡抚毕沅**"各处访求延请异人、术士，设法祈禳"**，随后不忘提醒：**"但不可用'月孛''翻坛'等过甚之术，转致激怒神祇！"**毕沅接旨，立即覆奏：三个多月来，自己率领僚属，竭诚祈祷；"豫省境内，凡有郊坛山泽以及神祠佛寺之处，都已前往虔诚吁请"，几乎达到了"靡神不举"的程度④！

靡神不举，就是无神不拜。这是《诗经》上的话。平时官员士子若要批评乡

---

① 胡香生辑录、严昌洪编：《朱峙三日记1893—1919》，武汉：华中师范大学出版社，2011年，第23页。
② 有关汉、满档案，参见乾隆二十八年六月二十四日上谕，中国第一历史档案馆《上谕档》第536号；及《寄信档》（满文）乾隆四十七年三月二十三日，中国第一历史档案馆，档案号：03-136-2-028。
③ 《光绪十年五月二十三日甘肃西宁府循化厅为祈祷雨泽禁止宰杀事告示》，青海省档案馆，档案号：07-3381。
④ 毕沅接到上谕内容，见乾隆五十年五月二十八日协办大学士尚书和字寄河南巡抚毕，载《乾隆朝上谕档》第12册，桂林：广西师范大学出版社，2008年，第647页；毕沅覆奏，见《清实录》乾隆五十年五月丙子条；及俞正燮：《癸巳存稿》卷九，沈阳：辽宁教育出版社，2003年，第265页。

民"见庙就拜",则训斥其"淫祀无福"!多亏了圣谕和祭礼的威严,这出乾隆年间由皇帝导演、巡抚监制,长达三个多月的搜神祈雨大剧,借助官书保存下来。而这些盛大张扬的搜神场景,也让我们看到《平妖传》文学夸张背后所隐藏的道理。

借助周期性扩大祭礼的范围,来实现政教相维的办法,渊源甚早①。上述"靡神不举",便是《诗·大雅·云汉》里周宣王雩礼的写照。宣王虽然已经焦虑到了无神不祭的地步,仍不忘天命所系,祷告上帝:"何求为我,以戾庶正。"相传商汤祷旱文,同样说"万夫有罪,在余一人"(《吕氏春秋·顺民》)。而中国悠久的王朝历史上,不论是唐宪宗祈雨时重复的"予一人"(白居易《贺雨》),还是清德宗禳灾时的"予之辜"②,都在超强地延续着这种政教话语。

近代中西思想碰撞以来,此类祭礼文献也引起西方学者浓厚的兴趣:不论是19世纪初的黑格尔(Georg W. F. Hegel)③,还是20世纪初的韦伯(Max Weber)④,都对中国皇帝一直身兼"祭司"印象极深,并各自据此勾勒了中国宗教的图谱。但《平妖传》所呈见的异端学,或上述祭礼不寻常的动态扩展面向,尚未引起学界的足够重视。研究者仍然轻信礼书记载,或依赖局部观察,让我们相信官方的"制度与理性"和民众的"无序与异端"⑤。

然而,文学边缘的灾难言说,以及官书正史上那些并非日常,却又周期出现的祭礼,为我们展开了一个儒教式的"危机隐喻"。这类周期具有"隐蔽性",最了解它的,不是历日上的节庆,而是灾难导致的危机:因为一旦灾情缓解,官家的祀典,很快便会恢复日常。除了某些灵验的神明,偶获"护国佑民"之类的钦颁

---

① 关于灾难信仰制度及"灾难隐喻"概念的提出,参见曹新宇:《传统中国社会的"灾难信仰制度"与秘密教门的"灾难神话"》,《清史研究》2003 年第 2 期,第 80—88 页;Cao Xinyu, "From Famine History to Crisis Metaphor: Social Memory and Cultural Identity in Chinese Rural Society," *Chinese Studies in History*, 44: 156-171。

② 如光绪四年二月十九日上谕,载第一历史档案馆编:《光绪朝上谕档》第 4 册,桂林:广西师范大学出版社,2008 年,第 49—50 页。

③ Georg Wilhelm Friedrich Hegel, *The Philosophy of History*, trans., by J. Sibree, New York: The Colonial Press, 1899, pp. 131-134.

④ Max Weber, *The Religion of China: Confucianism and Taoism*, trans., by Hans H. Gerth, New York: The Free Press, 1964, pp. 30-31.

⑤ Stephan Feuchtwang, *Popular Religion in China: Imperial Metaphor*, London: Curzon, 2001, Chap. 2.

匾额,得以忝列祀典之外,官书上又会复述起对"祀典正神"和"祖宗列圣"的赞辞。因"灵验"列入祀典的神明,即会按照《礼记》所云,被解说成是"死勤事""劳定国""御大灾""捍大患"的聪明正直之神①。让灾荒搅扰得夙夜忧勤、宵衣盱食的君主,也在转瞬间,忘掉了灾难中现身的种种"异端"(异人、术士、月孛法、厄鲁特祈雨师)。"靡神不举"之辈,又变成了奔走若狂、淫祀亵慢的"愚夫愚妇"②。

二、来自利玛窦的"伪宗教"指控

当利玛窦(Matteo Ricci,1552—1610)被安葬在北京阜成门外滕公栅栏墓地近 400 年之后,以中国大陆为"主战场",再次掀起了一场为"儒教"正名的论战。不同的是,此时的利玛窦,不仅是"援儒入耶"的耶稣会士,而且还被看作是认识中国自身宗教传统的一面镜子③。

21 世纪前后的这场论战,仍有明末清初"礼仪之争"的遗痕。儒教礼仪的核心,究竟是以人为主(anthropo-cosmic),还是崇奉神明?早在 17 世纪初的明朝末年,入华耶稣会士即围绕中国祭礼的属性,专门集会展开讨论。争议的

---

① 见《礼记·祭法》;有关灾异论与政治合法性关系的分析,参见赵世瑜:《狂欢与日常——明清以来的庙会与民间社会》,北京:生活·读书·新知三联书店,2002 年;夏明方:《在民主与专制之间——明清以来中国救灾事业嬗变过程中的国家与社会》,《新史学》第 6 卷,北京:中华书局,2012 年,第 258—259 页。

② 仪式正当性与中国宗教文化关系的人类学讨论,参见 James L. Watson, "Standardizing the Gods: The Promotion of T'ien-hou ('Empress of Heaven') along the South China Coast, 960-1960," in David Johnson, Andrew Nathan, and Evelyn Rawski eds., *Popular Culture in Late Imperial China*, Berkeley: University of California Press, 1985, pp. 292-324; James Watson, "The Structure of Chinese Funerary Rites: Elementary Forms, Ritual Sequence, and the Primacy of Performance," in James L. Watson and Evelyn S. Rawski eds., *Death Ritual in Late Imperial China*, Berkeley: California University Press, 1988, pp. 3-19; Michael Szonyi, "The Illusion of Standardizing of Gods: The Cult of the Five Emperors in Late Imperial China," *Journal of Asian Studies* 55: 113-135;以及《近代中国》第 33 卷(2007 年)"华琛专号"的 5 篇论文和 1 篇回应(*Ritual, Cultural Standardization, and Orthopraxy in China: Reconsidering James Watson's Ideas, Modern China*, 33 Special Issue)。

③ 李零:《利玛窦与"三首巨怪"——方术四题之二》,《读书》1997 年第 1 期,第 55—61 页;收入氏著《中国方术续考》,北京:中华书局,2006 年,第 8—14 页。

焦点,除了"祭祖拜孔"是否为"偶像崇拜"之外,还有将天主教的唯一真神(Deus),译为中文的"上帝""天"等字眼,是否有悖教义。此时,利玛窦已去世。质疑其传教适应策略的,是其继任者,耶稣会中国传教区副省会长龙华民(Niccolo Longobardi)①。龙华民对翻译问题的重视,与耶稣会的全球化经验有关。早在利玛窦来华之前,耶稣会士沙勿略(Francis Xavier),就曾在日本信徒迟瑞弥次郎的帮助下,将 Deus 误译为日本佛教崇奉的"大日如来"。为了避免再犯类似错误,沙勿略确定了翻译天主教重要概念的拉丁文音译原则②。不过,明朝末年的这次耶稣会士会议,搁置了翻译争议。而在祭祖拜孔问题上,利玛窦的观点占了上风:儒礼祭祖拜孔主要是追思逝者,并非求佑,没有特别的宗教意涵。

但 21 世纪前后,"儒教论战"要替"儒教"争的名分,反倒是"宗教"的头衔——大有绕回利玛窦对立面的意味。据几位论战"主笔"日后自陈心迹,坚持"儒教是宗教"的学者,表面上立场一致,但细分起来,至少存在两种对立的观点。

第一种观点,是通过对儒教宗法性宗教的反思,揭示历史上儒教对普罗大众更具欺骗性的圣君思想。这一派论者"立儒为教",在于反省儒家文化的宗教性,并将其对儒教的反思,从思想史领域,推向包罗万象的社会政治领域。第二种观点同样以儒为教,但侧重强调儒教自身具备完整的"宗教形态",并为其呼请现代宗教地位和更大的社会舞台。不少学者甚至倡言,儒教不仅在历史上是中国的"国教",而且今天也最具现代"公民宗教"的条件。因此,中国应当支持儒教的"正统化"甚至"宗教化",实现儒教的"仪式化"与"日常化",进而借助儒家文化的认同,提升民族凝聚力。两种观点,前者的背景,主要是出于对"文革"的反思;后者的语境,则是塑造民族文化认同的需求。

这场儒教论战,缺乏真正意义上的社会阵线,没有决出什么"胜负"。除了启发某些城市推出了"传统仪式"表演的地方文化战略,实际上受到影响的,恐

---

① 崇祯元年年末(1628 年初),入华耶稣会士与中国天主教学者在嘉定集会讨论上述问题,暂时认可了代表适应策略的"利玛窦规矩"。
② 戚印平:《远东耶稣会史研究》,北京:中华书局,2007 年,第 116-121 页。

怕主要是参加论战的各方人士。热烈争论的"儒教"是不是宗教的问题，似乎也有所降温。新的热点，转向关注能否从儒教的"精神性资源"当中，开辟出一条既是"民族的"，又是"现代的"道路。

学界如何才能为儒教"诠释"出一条现代性道路？或者儒教算不算是宗教？都不是本文讨论的主要问题。不过，对于曾经作为东亚"世界秩序"的儒家传统，"儒教宗教化"的观点，确实值得认真看待。而论战中仍被不少学者作为论据的利玛窦，自然也是这类考察一个不错的起点。

有学者指出，利玛窦这位最早以"真正的宗教眼光"审视过儒教的耶稣会士认为，"（儒教）有自己信仰的神灵系统，有自己的宗教哲学和祭祀制度，儒者们也都信奉着自己的神灵，祭祀着该由自己祭祀的神灵"。因此，从和佛教、道教比较的意义上说，儒教不过是不同的教派。"利玛窦在其《中国札记》'中国人的各种宗教派别'一章，已经充分说明了他的观点"，"只是因其天主教传教士的身份，不便公然主张儒教就是宗教而已"①。

儒教礼仪的非宗教性，一直是利玛窦"包容传教策略"的前提，他怎么反说起儒教是宗教了呢？另外，16 世纪的耶稣会是著名的反宗教改革派，若说利玛窦曾费力论证过儒教（甚至包括释、道二教）是宗教，即便不是公然主张，也令人费解。看来，利玛窦的《中国札记》还需细审！

所谓的利玛窦《中国札记》，即利玛窦去世之后，入华耶稣会士金尼阁（Nicolas Trigault）以利氏札记为底本，补充修订的拉丁文本。该书 1615 年在欧洲首版，书名为《耶稣会之基督教对华远征》（*De Christiana expeditione apud sinas suscepta ab Societate Jesu*）。利玛窦札记问世之后，轰动一时，很快由不同的出版商推出几个版本。接下来的两年内，法国还至少出版了两个法文译本。不过，检视最早的几个拉丁文版本，相关章节的标题，都是"variæ apud sinas falsæ religionis sectæ"，即"中国人的种种伪宗教派别"，与中译标题"中国人的各种宗教派别"，

---

① 参见李申：《中国儒教论》，郑州：河南人民出版社，2005 年，第37—38 页。

恰恰相反①。而 1616 年、1617 年法译本的相应标题，同样是"中国人的种种伪宗教派别"（diverses sectes de fausse religion entre les Chinois）②。显然，认为利玛窦持"儒教是宗教"论的学者，似乎并未参考过拉丁文或法文等早期版本③。16 世纪到 17 世纪初，"伪宗教"还是天主教的常见概念。利玛窦认定中国宗教不是真正的宗教，并不奇怪。

被误解了的汉译本章节标题，源自其底本——美国耶稣会士嘉乐稣（Louis J. Gallagher）的英译本《十六世纪的中国：利玛窦中国札记（1583—1610）》。译者将拉丁文译成英文时，对相应章节的标题做了修改。原标题中的"伪宗教"，被替换成为"宗教"。问题出在了概念史领域：二战之后的宗教多元化时代，"伪宗教"的概念，已完全不合时宜了④。

最近，梅欧金（Eugenio Menegon）系统梳理了宗教改革以来天主教传教士如何对中国的"祭礼"和"仪式专家"进行分类的历史。他的研究发现，即便是在具有"真正的宗教眼光"的天主教界，带有近代宗教意义的概念，直到 16 世纪才开始出现⑤！换言之，近代意义上最早的"宗教"概念，是在天主教全球化过程中，遭遇种种"伪宗教"时，才被正式创造了出来。

---

①Matteo Ricci, *De Christiana expedition apud sinas suscepta ab Societate Jesu*, Libri V, translated by Nicolas Trigault, Augustae Vindelicorum: apud Christophorum Mangium, 1615, p. 104；关于利玛窦札记拉丁文、中文翻译校勘的更多例证，参见曹新宇、黄兴涛：《欧洲称中国为"帝国"的早期历史考察》，《史学月刊》2015 年第 5 期，第 76—87 页。

②法译本参见 Nicolas Trigault: *Histoire de l'Experdition Chrestienné av Royavme de la Chine: entreprinse par les Pères de la Compagnie de Iésus*, Lyon: Horace Cardon, 1616, p. 165；以及 Nicolas Trigault: *Histoire de l'Experdition Chrestienné av Royavme de la Chine: entreprinse par les Pères de la Compagnie de Iésus*, Lille: de l'Imprimerie de Pierre de Ranche, 1617, p. 85。

③参见何高济、王遵仲、李申译，何兆武校：《利玛窦中国札记》，北京：中华书局，1983 年，第 99 页。

④中译本译自英译本 Ricci Matteo, *China in the Sixteenth Century: The Journals of Mathew Ricci 1583-1610*, trans. by Louis J. Gallagher, S. J. New York: Random House, 1953。需要特别注意的是，17 世纪中叶以来，"宗教"概念，才逐渐脱离天主教的排他性的定义，成为一般意义上的通用概念。另外，德礼贤神父整理利氏文献，拟定章节标题时，同样不再用"伪宗教"的概念，见 Pasquale M. D'elia S. I., ed., *Fonti Ricciane*, Vol. 1 *Storia del L'intorduzione del Cristianesiom in Cina*, Roma: La Libreria Dello Stato, 1942。

⑤Eugenio Menegon, "European and Chinese Controversies over Rituals: A Seventeenth-century Genealogy of Chinese Religion," in Bruno Boute and Thomas Smålberg, eds., *Devising Order. Socio-religious Models, Rituals, and the Performativity of Practice*, Leiden: Brill, 2012, pp. 193-222；感谢梅欧金教授惠赐大作，并与笔者专门讨论利氏文献的拉丁文、意大利文的问题。

吊诡之处在于，翻译世界的"时代错误"，被不加注释地"移植"到汉语学界之后，产生了一个意外的现代结果：16、17世纪利玛窦等耶稣会士对中国宗教的"伪宗教"指控，到了21世纪，反而被不少学者误认为利玛窦为儒教"宗教身份"的辩护。

三、礼仪之争与天主教的全球化

耶稣会士的"伪宗教"指控，大明帝国宫廷里的"儒教"，并没有特别在意。尽管明末南京教案（1616—1617）以及福建教案（1637—1638），已经在地方上引发了反教风潮。众所周知，天主教对儒教不断升级的"异端"责难，直到明清鼎革之后，才以"礼仪之争"的形式，在清廷全面展开。这场争议最终导致康熙皇帝在其晚年下令禁教。此后，天主教在清帝国境内转入地下，长达138年（1721—1858）之久。直到第二次鸦片战争后，清政府被迫与列强签订《天津条约》，天主教才得以在内地传教。而教廷对中国礼仪的禁令，则要到1939年底，才宣布解除①。

明末清初的"中国礼仪之争"，是天主教全球化运动的重要内容。当时的天主教会，还没有从宗教改革的巨大危机当中走出。北欧、中欧的大部分地区，特别是英格兰、苏格兰、荷兰均已背离天主教，基督教新教赢得了欧洲上层社会越来越多的支持。与此同时，反对宗教改革，提倡天主教内部革新的运动也开始兴起。1540年教宗保罗三世批准成立的耶稣会，就是这一形势下的产物。耶稣会注重上层社会的牧灵工作，他们开设人文中等学校、创办神学院，与新教展开对信众的争夺。创会者罗耀拉（Ignatio de Loyola）在倡导革新的同时，宣誓绝对效忠教宗。但这种城市精英路线，也让耶稣会在天主教内部，成为传统的托钵僧修会，如多明我会的敌人。罗耀拉本人，曾受到多明我会指控，被送到宗教裁

---

① 陈聪铭：《1930年代罗马教廷结束"礼仪之争"之研究》，《中研院近代史研究所集刊》第70期，第97—143页。

判所①。

耶稣会还是天主教全球化的急先锋。成立伊始,即向亚洲派遣了最早的传教士。17世纪耶稣会出版的海外传教年报,汇集了来自埃塞俄比亚、印度、安南、中国、日本等地发回的报告。而像沙勿略、罗明坚(Michele Ruggieri)、利玛窦、范礼安(Alexandre Valignani)等耶稣会传教士,都同时关注着亚洲各地的传教形势。甚至耶稣会士与家乡的通信,也往往在欧洲的信众中唤醒普世教会的某种整体意识。这些影响极大的"耶稣会士书简",同样有益于天主教的全球化发展②。

利玛窦著名的"适应策略",属于耶稣会海外传教方针的一部分。为了更好地传教,耶稣会取消了统一修会着装的规定,并要求传教士学习所在地的语言及了解当地的文化和宗教。因此,不仅在早期入华耶稣会士当中多深谙儒家典籍的饱学之士,不少在印度传教的耶稣会士,也成为精通梵天数术的"婆罗门"。然而,值得注意的是,"礼仪之争"成为亚洲天主教全球化运动的某种共同宿命。当耶稣会遭到反对派强烈抵制之后,无论是中国礼仪还是印度礼仪,均被教廷严斥为"异端"。

耶稣会在中国开教之后,多明我会与圣方济各会等欧洲传统修会,也相继于从马尼拉的基地进入闽台。多明我会传教士非常震惊耶稣会允许中国信徒拜孔、祭祖并参加宗祠祭祀。大致在明末崇祯八至九年间(1635—1636),黎玉范(Juan Bautista de Morales)、苏芳积(Francisco Díez),将两次宗教调查报告,寄往罗马教廷,请求裁定中国祭礼为异端③。收到教宗通谕之后,耶稣会则派卫匡国(Martino Martini)返回罗马,对此予以反驳。面对意见相左的报告,教廷的态度,很长时间内,摇摆不定④。

①彼得·克劳斯·哈特曼著,谷裕译:《耶稣会简史》,北京:宗教文化出版社,2003年,第38页。
②彼得·克劳斯·哈特曼著,谷裕译:《耶稣会简史》,第6—7页。
③罗光:《教廷与中国使节史》,台北:传记文学出版社,1983年,第83—84页;张先清:《官府、宗族与天主教:17—19世纪福安乡村教会的历史叙事》,北京:中华书局,2009年,第67—69页。
④直到1669年,教宗克莱门九世通过传信部颁谕,宣布卫匡国与多明我会的意见均为有效,传教士可根据自己的良心自行裁定;参见顾卫民:《中国天主教编年史》,上海:上海书店出版社,2003年,第184页。

"礼仪之争"的另一背景，是天主教远东保教权之争。早在 16 世纪新航路开辟之际，葡、西两国就在教宗的调停下，以西亚速尔群岛至佛得角以西的子午线为界，一东一西，瓜分了海外"保教权"。葡萄牙陆续在印度果阿、中国澳门等地建立主教区，教区主教均由葡萄牙国王自主任命。而其他国家前往印度及远东的传教士，从里斯本启航之前，均需领取葡萄牙护照，宣誓效忠葡王。16 世纪的葡萄牙，几乎垄断了西欧通往亚洲的海上通道，连传教士最早用欧洲语言编译的汉语辞书，也多为《葡汉词典》①。

然而，16 世纪末，葡萄牙的海上力量开始衰落。著名的 1588 年"无敌舰队"海战，就是西葡联合王国，利用天主教干涉英国内政而发动的战争。但"无敌舰队"被英国和荷兰彻底打败。17 世纪初，荷兰兵船开始到达中国沿海，并多次进攻澳门，耶稣会士参与了澳门的防御，还在青洲山另建了避难用的教堂②。教廷此时也不满足西、葡垄断保教权，专门成立了传信部（Sacra Congregazione de Propaganda Fide），任命一批宗座代牧（vicar apostolic），代表教廷处理海外新生教区的传教事务。法国对此积极响应，成立了传信部认可的巴黎外方传教会（Missions Étrangères de Paris）③。1658 年，传信部派出远东教区的首批宗座代牧，大多数来自巴黎外方传教会。

宗座代牧制引起葡萄牙的不满，要求强制行使保教权。巴黎外方传教会的创始人之一方济各（François Pallu），通过法王向葡萄牙抗议，并建议法国在印度分享葡萄牙的贸易机会。而葡萄牙则向教廷建议取消巴黎外方传教会，或不让法国人担任宗座代牧。最终，教宗克莱芒十世（Clement X）同意从果阿大主教区撤回宗座代牧，但正式允许宗座代牧不必经过里斯本，直接前往远东。另外，教宗要求远东传教士，不论属于哪个修会，均应在教廷派出的宗座代牧面前宣誓效忠。教宗向葡萄牙人指出，根据 1514 年教谕，保教权限定在"由葡萄牙人征服或

---

① 已知日语方面此类最早编纂的辞书，为《日葡辞书》或《罗葡日对译辞书》；见李睿、王衍军：《日本早期西欧对译辞书之先驱——葡和、和葡词典编纂始末》，《辞书研究》2018 年第 1 期，第 58—70 页。

② 黄庆华：《中葡关系史 1513—1999》上册，合肥：黄山书社，2006 年，第 247—267 页。

③ 吴旻：《巴黎外方传教会创建史及其所藏中文档案初探——以〈福安周县官初审问供〉为例（1746）》，载《九州学林》2006 年秋季号，第 4 卷第 3 期，第 192—216 页。

失而复得的省份建造的教堂,或充作教堂的地方;绝不能运用到由不信基督教的国王们统治的地区"①。言下之意,对于远东的非基督教国家,教廷仍然拥有全部的传教管辖权。

宗座代牧制在形式上排除了国家教会的任何影响。因此,不仅葡、西两国不愿接受,欲借海外传教染指远东贸易的法王路易十四,也对此表示不满。1684年,宗座代牧、巴黎外方传教会的方济各主教来华之后,立即派人赴广州公布训令,要求代牧区内的传教士,一律宣誓效忠,否则不能举行圣事。对此,基地在马尼拉的西班牙籍方济各会群起反对,一度退出中国②。"而法王路易十四亦下令禁止法国传教士宣誓,后虽收回禁令,但以对法籍宗座代牧为限。"③

耶稣会借机排挤巴黎外方传教会,路易十四转而支持耶稣会,并于1685年向暹罗、中国派出首批"国王数学家"耶稣会士,其中李明(Louis Le Comte)、洪若翰(Jean de Fontaney)、张诚(Jean-François Gerbillon)、白晋(Joachim Bouvet)、刘应(Claude de Visdelou)五位传教士,日后得到康熙帝的宠信④。而在接下来的礼仪之争中,康熙皇帝最为痛恨的传教士颜当(Charles Maigrot),即来自巴黎外方传教会⑤。

四、儒教异端学及其挑战

表面上看,礼仪之争这类异端裁判,属于天主教会内部的"判教"活动,似与清中央王朝无关。而康熙朝与传教士来往较多的内务府官员,乃至宗室、大臣当

---

① 维吉尔·毕诺著,耿昇译:《中国对法国哲学思想形成的影响》,北京:商务印书馆,2000年,第25页。
② 方豪:《中国天主教史人物传(中)》,北京:中华书局,1988年,第320页。
③ 顾卫民:《中国天主教编年史》,第193页。
④ 1693年,刘应与洪若翰用金鸡纳霜治好康熙的疟疾,受到康熙赏赐。但刘应日后追随教宗特使多罗,并于1709年离开中国,前往印度传教,因而被康熙看作颜当一党。参见中国第一历史档案馆等编,安双成编译:《清初西洋传教士满文档案译本》,郑州:大象出版社,2015年,第331页。
⑤ 颜当在清代档案中又写成颜珰、严裆、严珰。关于颜当的研究,参见 Claudia von Collani, "Charles Maigrot's Role in the Chinese Rites Controversy," in David E. Mungello ed., *The Chinese Rites Controversy:Its History and Meaning*, Nettetal:Steyler Verlag,1994, pp. 149-183;吴旻、韩琦:《礼仪之争与中国天主教徒——以福建教徒与颜珰的冲突为例》,载《历史研究》2004年第6期,第83—91页。

中,入教者尚不算多,似不足引起清王朝从国家层面直接干预。另外,长达二十多年的争议当中,康熙帝最初并非决心禁教,而是支持耶稣会对中国礼仪的见解。那么,康熙帝为什么在礼仪之争中坚决支持耶稣会? 甚至将"利玛窦规矩"当作天主教在华活动的底线? 他真的不明白利玛窦的目标是传教,而并非对儒教的真正认同? 或者未曾看出礼仪之争背后天主教修会的派系之争,而只是一味地保护耶稣会?

作为教廷传教机构的巴黎外方传教会来华,是礼仪之争的重要转折。1684年,抵达福建不久的宗座代牧方济各主教病逝,其助手颜当继任司教总管,后任宗座代牧。1693年3月26日,颜当在福建长乐发出禁令(Mandatum seu Edictum),宣布中国礼仪为迷信(superstition)。后将祭孔、祭祖解释为"混杂着迷信的东西"(sont mêlée superstitions)①。当时,"迷信"的现代概念尚未在中国兴起,因而这条禁令被译成"异端"。

从发布时间上看,这一禁令不无失策之处。因为仅在一年之前,康熙帝刚颁布了"容教令"的上谕,不再限制中国天主教信徒前往教堂烧香行走。"容教令"是利玛窦入华以来,天主教上层传教路线获得的最大成就。耶稣会士在中俄《尼布楚条约》的边境谈判中立下了功劳,又在为康熙帝夜以继日地讲授西学知识。1693年,法国耶稣会士刘应与洪若翰用金鸡纳霜治好皇帝的疟疾,康熙帝将苏克萨哈的蚕池口旧邸赏赐给他们,并为之改建为教堂(即北堂)。勋戚权贵、朝臣名流,也纷纷与传教士订交。天主教的传教前景,似乎一片光明。

然而,就在此时,颜当发出的禁令寄到罗马,并获得了教廷的支持。耶稣会获悉之后,准备派人返回教廷申辩,同时设法向康熙帝寻求支持。1700年,耶稣会北京会院院长闵明我(Claudio Filippo Grimaldi)、耶稣会中国副省会长徐日昇(Thomas Pereira),以及安多(Antoine Thomas)、张诚等在京耶稣会士,将拟向罗马教廷寄呈的疏辩(Brevis Relatio),特别是中国祭孔、祭祖、祭天的意义,择要上奏,并得到康熙帝的认可。某种意义上,对耶稣会士的宠信,将康熙帝卷入了这场"异端"之争。

---

① MÉP, *Ecrits de Mrs. des Missions Etrangères sur l'affaire de la Chine*, Paris: Missions Étrangères de Paris (Société), 1710, p. 176, p. 192.

　　但康熙帝很快意识到,传教士关于中国文字、习俗意义争论背后,存在路线斗争。修会矛盾集中在教廷传教会与耶稣会两派;即便在宫廷任职的传教士当中,也有这样的派系摩擦。因而当1705年教廷特使多罗(Maillard de Tournon)抵达中国后,康熙即要求其调解天主教在华各修会的矛盾。此后,多罗曾携颜当在承德觐见过康熙,康熙才发现,颜当汉文知识相当浅薄。多罗使华没有取得预期的效果,不久病死在中国。多罗的中国礼仪"异端论"立场,也被康熙看作是"误听教下颜当"所致。

　　康熙五十九年(1720)十一月十八日,清朝禁教前最后一位罗马使臣嘉乐(Carlo Ambrogio Mezzabarba)进京觐见之前,皇帝在乾清宫西暖阁召见了苏霖(Jose Suarez)、白晋、马国贤(Matteo Ripa)等十八位西洋传教士。这次御前"吹风会"的目的,是为了让在京供职的各修会西洋传教士在教宗特使面前一致表态:中国传教需遵"利玛窦规矩"。

　　在正式颁布谕旨之前,康熙帝朱笔删去了口语中对天主教失敬的语句①。似乎说明皇帝转念之间,仍想再借怀柔远人之术,驾驭全局。尽管,对劝说罗马使臣放弃对中国礼仪的禁令,康熙此刻已无任何把握。在如何接待教宗特使的问题上,康熙帝可谓恩威并用,费尽心思。觐见之前,康熙曾派人以禁教相胁,并传示嘉乐:从前罗马使臣多罗误听颜当妄说,致使教廷颁布禁令,终将祸及天主教。后来,干脆宣布拒见嘉乐,亦不接纳教宗的表章与禁令《条约》。直到嘉乐惶恐泣恳之下,方允觐见。此番铺垫之后,康熙帝的态度忽然反转,先后多次接见嘉乐,赐宴赐酒又赐貂褂,并借机强调:中西文化不同,不可妄自揣度字义,辨论是非②。又说:"欲议论中国道理,必须深通中国文理,读尽中国诗书,方可辨论。"康熙帝已经意识到卷入"异端之争"的麻烦,因而特别指示:利玛窦规矩是否合乎教义,"此等事甚小,只合向该管衙门地方官员处议论,不合在朕前渎

―――――――――

① 例如其中"据尔众西洋人修道,其起意原为以灵魂皈依天主,所以苦持终身,不过为灵魂永远之事,其他无甚奥义",被慎重改为:"据尔众西洋人修道,起意原为以灵魂皈依天主,所以苦持终身,为灵魂永远之事。"前后语气迥然不同。见中国第一历史档案馆、美国旧金山大学利玛窦中西文化历史研究所、北京语言文化中心编:《清中前期西洋天主教在华活动档案史料》第一册,北京:中华书局,2003年,第34页。
② 《清中前期西洋天主教在华活动档案史料》第一册,第39页。

奏"；直接提醒嘉乐不要再提禁约之事①。

　　无奈，担任嘉乐主要御前通事的德里格（Teodorieo Pedrini）、马国贤二人（与嘉乐均为意大利人），与耶稣会传教士意见不一，朝堂上出现了混乱。康熙认为教廷传教士德里格、马国贤居中挑唆，将二人逮捕。而嘉乐不满足于出使任务无疾而终，坚请皇帝全览教宗《条约》，并逐条赐复。最终由"众西洋人"译呈康熙帝的《条约》，不仅宣布中国礼仪为异端，并且禁止天主堂悬挂如顺治帝与康熙帝御赐的"敬天"匾额。

　　康熙帝将心中的怒火，再次发泄到他认为的始作俑者、当年热河行宫觐见时只认识御座背后四字中一字的宗座代牧颜当身上。

　　　此数条，都是严裆当日，御前数日讲过使不得的话。他本人不识中国五十个字，轻重不晓，辞穷理屈，敢怒而不敢言，恐其中国致于死罪，不别而逃，回西洋搬弄是非，惑乱众心，乃天主教之大罪，中国之反叛。览此几句，全是严裆之当日奏的事，并无一字有差。严裆若是正人，何苦不来辨别？况中国所使之人，一字不回，都暗害杀死，而且严裆之不通，讹字错写，被中国大小寒心，方知佛道各种之异端相同乎？②

同日，康熙帝再降谕旨，传示嘉乐：

　　　尔教王条约内指中国敬天、拜孔子诸事有异端之意。尔不通中国文理，不知佛经、道藏之言，即如尔名嘉乐，阿襟里喇嘛之言；先来之多罗，系佛经"多罗摩诃萨"内之字；称天主为造万物之主，乃《道藏》内[《皇经》第三卷五]诸真诰内之语。朕无书不览，所以即能辨别。尔等西洋人一字不识、一句不通，开口非佛经即道藏异端小教云言，如何倒指孔子道理为异端，殊属悖理。且中国称天为上帝，大小之人皆一样称呼，并无别说。尔西洋呼天主为"陡斯"，乃意达理亚国之言，别国称呼又异，况"陡斯"亦与蒙古话相同，

---

① 《清中前期西洋天主教在华活动档案史料》第一册，第41页。
② 《清中前期西洋天主教在华活动档案史料》第一册，第44—45页。另，康熙派往教廷的传教士使者并非被暗害，参见 Ray R. Noll, ed., *100 Roman Documents Concerning the Chinese Rites Controversy (1645-1941)*, San Francisco: Ricci Institute for Chinese-Western Cultural History, University of San Francisco, 1992, pp. 43—46.

即此一端,敬天之事,孰重孰轻?在中国之众西洋人,并无一人通中国文理者,惟白晋一人稍知中国书义,亦尚未通。既是天主教不许流入异端,白晋读中国书,即是异端,即为反教。尔系教王使臣,着尔来中国办事,尔即当将白晋拿到天主堂,聚齐鄂罗斯国之人,并京中大小人等同看,着令尔偏信之德里格、马国贤,动手将白晋烧死,明正其反教之罪,将天主堂拆毁。再,天主堂内,因当日旧西洋人汤若望,曾在先帝时效力,因曾赐匾额,朕亦赐有匾额,既是与尔教不合,尔亦当将匾额毁坏,方为办事。且尔偏信德里格、马国贤一偏之言,德里格曾在中国行不合尔教之事,于五十四年内,曾告过赵昌、王道化。其告人之字现在,尔等可带去,同众西洋人,着德里格翻与嘉乐看。①

上述谕旨,脱口而出,倒是忠实地反映出康熙的天主教知识。康熙帝怒不可遏地威胁嘉乐,为何不干脆烧死法国耶稣会士白晋。可见他知道天主教当时在欧洲以火刑迫害"异端"的教规。他还责令嘉乐验看德里格诬告赵昌等人的供词,显然也清楚诬告触犯戒律。德里格是当年多罗在澳门时向宫廷推荐的精通技艺之人,与马国贤同属于教廷派出的传教士。而德里格与耶稣会尤其不睦,并因所谓"私自改动"皇帝寄给教廷的"旨意",为康熙所厌恶。康熙帝清楚颜当与嘉乐均为教宗派出,因而向嘉乐质询颜当的下落。但嘉乐担心触怒康熙帝,不敢如实对奏②。但康熙帝似乎不知颜当与白晋,均为法王资助来华。

最后的争论中,康熙帝已不再注意措辞。对于教廷不准用汉语的"天""上帝"等字眼翻译"天地万物之主",不许悬挂"敬天"匾额,康熙帝同样从译音的角度出发,予以反驳。他指出,"陡斯"乃意达理亚国之言(此处指拉丁语),其他国家已有别称,不同的语言即有不同的译法。此外,"陡斯"一词,与蒙古话相同,并非天生奥义,不容迻译。此处,康熙帝极可能指ᠳᠡᠭᠡᠳᠦᠰ(Degedüs)一词而言③,Degedüs蒙古文原意为"祖先""先辈""长上",可引申为"至尊""至上"的

---

①《清代档案史料选编》第一册,上海:上海书店出版社,2010年,第757—758页。《清中前期西洋天主教在华活动档案史料》本件档案的影印本编排错乱,见该书第44—45页。
②傅圣泽书简档案提到嘉乐出发前,颜当等人在罗马的活动;见维吉尔·毕诺前引书,第523页。
③承蒙中国人民大学宝音朝克图教授赐教,谨致谢忱!

意思。

清初诸帝,无不谙熟满、蒙、汉文。康熙更是兼习满、汉、蒙、藏,并粗学拉丁文。他虽自称不识西洋文字,但跨语境的沟通与翻译,对康熙来说实为驾轻就熟。而对教廷将"天主"严格释义为"天地万物之主",康熙帝更是不以为然,指斥此说荒渺,实为《道藏》陈说,不足为训①。

康熙谕旨原文"道藏"二字以下,用朱笔划去"皇经第三卷五"六字,学者于此多不可解,或以笔误目之②。但经细检《道藏》,此处"皇经",实为明《万历续道藏》本《皇经集注》之省文,其中《皇经》即《玉皇经》,全称《高上玉皇本行集经》。《皇经集注》共分十卷,又依《高上玉皇本行集经》本经,分为五品,全书品、卷并行。故而康熙帝所删"《皇经》第三",盖指本经《玉皇功德品第三》,"卷五"即指《皇经集注》卷五;但《玉皇功德品第三》实为《太上大光明圆满大神咒品第二》;此处康熙记忆不能确定,故将卷数、品数朱笔划去,而径改为"诸真诰"。

康熙帝引述《皇经》卷五的原因,极可能是《皇经》记载的开辟神话,与天主教神话有类似之处。该卷特别引述了灵宝道经《元始洞玄灵宝赤书玉篇真文》中天地分判、三光发光的创世缘由。经文中称:

> 自昔《元始洞玄灵宝赤书玉篇真文》生于元始之先、空洞之中,天地未根,日月未光,幽幽冥冥,无祖无宗,无气无象,无色无名,无形无绪,无音无声,混沌太无,灵文晻蔼,乍存乍亡;灵图开化,玄象推迁;结气浮空,乘机应会。玉帝真诰、灵宝秘篆、无上大不可思议神咒,于是存焉。

卷中所称《元始洞玄灵宝赤书玉篇真文》一段经文,为东晋灵宝派道书原文,而后附"玉帝真诰""灵宝秘篆""神咒"等等,则是后世道经补写,以示道书之"赤书真文""真诰""神咒"一脉相承,渊源有自。而这段"赤书真文",先天地万物而生,太

---

① 据康熙圈改《德里格、马国贤上教王书稿》载,二人曾亲耳听康熙将"敬天"二字解为:"天主所造之物甚多,其大而在上者莫如天,是以望天存想,内怀敬耳。"参见陈垣编:《康熙与罗马使节关系文书》,影本收入沈云龙主编《近代中国史料丛刊续辑》第七辑,台北:文海出版社,1974年,第20页。

② 对于此节的校释,有学者将档案中朱笔删去"《皇经》第三,卷五"六字,误校为"《皇经》第三卷"五字,参见马国贤著,李天纲译:《清廷十三年:马国贤在华回忆录》,上海:上海古籍出版社,2004年,第166—168页。

极因之化生两仪，清者浮为乾，浊者凝为坤，天地得之而分判，三景得之而发光①。从该卷道书上天地创造之次第，以及"真文"判生天地的神话情节来看，确与天主教《创世纪》《若望福音》所载"太初有道"的创世神话，有类似之处。

"索隐派"（figurism）的传教士也关心各种古籍。如法国耶稣会士白晋即试图从象形汉字中揭开《旧约》的奥义，并冀望在古籍上找到天主苗裔曾经来到中国确证。但康熙帝并不认同索隐派的思想。他对白晋的汉文能力，评价也并不甚高。与索隐派相反，康熙这里援引道经中的开辟神话，是要在天主教"异端指控"甚嚣尘上之际，反戈一击。他的目的在于批驳天主教一如释道二氏之"异端小教"，而天主教"造物主"之说，《道藏》早有，了无新意②。

白晋（Joachim Bouvet）：*Mémoires sur le rapport des anciennes croyances des Chinois avec les traditions bibliques et Chrétiennes*，法文书名为 1871 年后拟

（法国国家图书馆手稿部：拉丁文 1173 号）

---

① 收入《道藏》第 34 册，上海：上海书店出版社，1988 年，第 669—670 页。

② 《清中前期西洋天主教在华活动档案史料》第一册，第 45 页。

在下决心禁教前夕，康熙帝如何刻画天主教与儒教的不同，颇有值得圈点之处。他从藏语蒙语《道藏》《皇经》里找出 Deus 的词源和天地万物的开辟神话；将天主教纳入"二氏异端"之流；又对罗马教廷使臣责以天主教火刑异端，教廷传教士告密诬陷。通篇谕旨虽然成于盛怒之下，近乎语不成句，但天主教残暴偏狭，教廷传教士品德有亏的迷信画像已初步绘成。

相比之下，儒教敬天之道，则无求佑求福之弊。对此康熙解说道："中国称上帝，人人皆知，无不敬畏。即朕躬膺大宝，凡事法天，罔敢或敢。六十年来，朝乾夕惕，祗承帝命。中国敬天之道如此，岂尔西洋只知为造物主区区祈福求安者，所可比拟哉？况祈福求安，与佛道之异端何异？"①

显然，对康熙帝来说，"敬天"之道，并不是向某位充满嫉妒的人格神祈祷。儒教所谓敬畏天命，虽上至天子，亦必恪尽职守，勤勉有加，而且时时不忘严格自省，丝毫不敢怠惰放逸。舍此而向上天祈福求安，则不免落入异端！神明崇拜，往往被学者视为儒教是否是宗教的本质特征，然而换个角度来看，康熙强调从祈祷求佑转向努力在尘世上见证"天意"，与基督教新教神学家加尔文的先定论（predestination），在践行层面上不无相似之处。

思想史和宗教史学者可能会马上质疑：康熙在多大程度上理解（或曲解）了天主教的神学？或者，康熙与天主教神学家嘉乐辩论时祭出词源学和比较神话学的法宝，是否真正可靠？然而，对于困扰于儒教复杂形态的研究者来说，这类专业问题不妨暂时搁置以待来者；而这场儒耶交锋更重要的意义可能在于，康熙帝与天主教最后摊牌之际，终于把在日常情况下隐匿不彰的儒教原则，从历史的深处，推向了前台。

而康熙帝对于"利玛窦规矩"的真正态度，在此也彻底表明。他之所以要求入华传教士坚持遵守"利玛窦规矩"，并非出自宗教认同的亲和，或者源于对宫廷耶稣会士的宠信。从康熙对儒教的阐释中我们可以看出，他认同的儒教，是超越教派认同的，代表着东亚世界秩序的帝国儒教观，而"利玛窦规矩"对康熙帝

①《清中前期西洋天主教在华活动档案史料》第一册，第 45 页。

来说,则意味着天主教传教士对于天朝世界秩序的基本认同。

五、多民族国家的前近代知识构建

有一种观点认为,与 19 世纪鸦片战争之后中国社会上出现的基督教案相比,18 世纪初的礼仪之争是一场比较纯粹的文化冲突。这种说法不无见地,但反观清初诸帝对儒教知识的系统构建,这场争议与其说是一场中西思想文化的冲突,毋宁说是全球化的天主教与东亚儒教所代表的这两种世界秩序的一次碰撞。对于清朝这样一个以少数民族为统治核心的新兴王朝来说,什么样的儒教观符合国家的根本利益,或者说何种国家意识形态,才能回应统一的多民族王朝所面临的知识构建问题,无疑是一场关乎生死存亡的挑战。

雍正五年(1727)四月初八,汉地相传佛诞之日,恰逢葡萄牙使臣麦德乐(Alexandre Metello de Sousa Menezes)觐见。雍正帝借此机会,特发上谕,向西洋使臣及臣工百官阐明他的政教思想:

> 向来僧道家极口诋毁西洋教,而西洋人又极诋毁佛老之非。彼此互相讪谤,指为异端,此等识见,皆以同乎己者为正道,而以异乎己者为异端,非圣人之所谓异端也。孔子曰:攻乎异端,斯害也已。岂谓儒教之外,皆异端乎?凡中国、外国所设之教,用之不以其正,而为世道人心之害者,皆为异端也。……即如巫、医二者,虽圣人之所不弃,然亦近异端,而巫以祀神祇,医以疗疾病,皆不得不用者,至村巫诱人为非,庸医伤人之命,此即巫、医中之异端也。可因其异端有害于人而不用药乎?……同一事,而其中之是非邪正分焉。是者、正者,即为正道;非者、邪者,即为异端。故所论只在是非邪正之间,而不在人己异同之迹也。……中国有中国之教,西洋有西洋之教,彼西洋之教,不必行于中国,亦如中国之教,岂能行于西洋?如苏努之子吴尔陈等愚昧不法之辈,背祖宗,违朝廷,甘蹈刑戮而不恤,岂不怪乎?西洋天主化身之说,尤为诞幻,天主既司令于冥冥之中,又何必托体于人世?若云奉天主之教者,即为天主后身,则服尧之服,诵尧之言者,皆尧之后身乎?此

则悖理谬妄之甚者也。……揆之，天下之人，存心不公，见理不明，每以同乎己者为是，以异乎己者为非，遂致互相讥排，几同仇敌。不知人之品类不齐，习尚亦不一，不能强之使异，亦不能强之使同。且各有所长，各有所短，惟存其长而弃其短，知其短而不昧其所长，则彼此可以相安，人人得遂其用，方得圣帝贤王，明通公溥之道，而成太和之宇宙矣。①

雍正帝这番论说，正面陈述了他对儒家东亚世界秩序的认识。这份上谕以满汉两文发布之后，立即被转译成葡文、法文、拉丁文，寄往里斯本、巴黎及罗马教廷②。这是清朝宗教政策史上的一份重要文献。直到晚清处理基督教案，仍有臣工提出，应予以参考③。对于宗教要服务于清王朝的利益，雍正帝直言不讳："西洋人精于历法，国家用之"；蒙古尊信佛教，"故欲约束蒙古，则喇嘛之教，亦不可弃"。甚至包括隆重接见葡萄牙使臣，也是因为"其国王慕义抒诚，虔修职贡，数十年来，海洋宁谧"。

大部分传教士都认为，雍正帝骨子里是一个反宗教者，缺乏其父皇那种对于天主教的好感，以及对西学的求知欲与好奇心。他当着葡萄牙使臣麦德乐及众西洋传教士的面，高调抨击天主教"道成肉身"之说属于异端的姿态，引起了麦德乐的担忧。就像18世纪葡萄牙人前往里斯本的滨海宫前观看宗教裁判烧死异端的火刑一样④，得知苏努之子吴尔陈要为信教而殉道的传闻之后，麦德乐向传教士表示，一定要前往刑场瞻仰⑤。最后，他向雍正帝请求解禁天主教并归还各省教堂。但雍正帝把西洋使臣的"无礼请求"，归咎于传教士没有完整无误地翻译他的观点。这一点上雍正帝很像康熙，他似乎真的坚信，如果西洋人理解了他的论据，就会充分认识到自身的荒谬之处。

雍正郑重指出，儒教传统对历史上佞佛佞道的君主，一向持否定的态度，因

---

① 第一历史档案馆编：《雍正朝起居注册》第二册，北京：中华书局，1993年，第1175—1177页。

② Renée Simon, éd., *Le P. Antoine Gaubil S. J. Correspondance de Pékin 1722-1759*, Genève: Librairie Droz S. A., 1970.

③ 参见方浚师著、盛冬铃点校：《蕉轩随录续录》卷六，"世宗论异端"条，北京：中华书局，1995年，第214—217页。

④ 戴维·伯明翰著，周巩固等译：《葡萄牙史》，北京：商务印书馆，2012年，第62—63页。

⑤ 宋君荣著，沈德来译：《有关雍正与天主教的几封信》，载杜文凯编：《清代西人见闻录》，北京：中国人民大学出版社，1985年，第141—169页。

此不要期望他像先帝那样支持天主教！雍正帝还在圆明园内,又一次不容辩驳地向众西洋人神父谴责了道成肉身、天堂地狱的荒谬之处。他以类似康熙帝的口吻提出,天主教实际上同喇嘛教、回教以及其他一切信仰均有相似之处,并直接批评说:"我们满洲人祭祀立的杆子,岂不比尔等的十字架,要少几分荒谬吗?"①

雍正帝强调,清朝不会推行任何形式的国家教会化,更不会转向崇奉天主教,或宠信藏传佛教。他所理解的儒教,是人尽其才的圣帝明王之道,与排他性的宗教认同截然不同。因此,儒教异端学,同样不以宗派之同异,来判定异端与否。用雍正帝自己的话说,"用之不以其正,而为世道人心之害者,皆为异端也"。不论是天主教,还是巫医僧道乃至儒教,皆有可用之处,也可流入异端。这一点,有别于康熙帝晚年将天主教等同于"二氏异端"的批评。康熙帝以天主教流入二氏异端小教而将其禁教,而这是否意味着也要将释道二教拘于绳墨?康熙地生前没有明确说明。显然,雍正不愿意以此为由查禁天主教。

雍正帝要对付的,是更加复杂的认同政治。在他看来,强调夷夏之防的民族主义儒教,才是当下最大的"异端"。

雍正帝在上谕中提到,"儒教异端"表现之一是"流言邪说";而且特别指出:"若云奉天主之教者,即为天主后身,则服尧之服,诵尧之言者,皆尧之后身乎?此则悖理谬妄之甚者也。"显然,雍正帝最担心的"异端",莫过于以尧舜为号召的儒教华夷观!如果儒生士子借"服尧之服,诵尧之言"的传统,发展出一套"尧舜苗裔"的排他性儒教学说,清朝的多民族国家秩序,无疑将面临空前的认同挑战!

雍正帝的这一担忧,并非空穴来风。明清鼎革以来,顾炎武、黄宗羲、王船山、颜元等儒家知识精英,都不约而同地将清初征服者"薙发""易服"等等暴政,理解为儒家社会秩序或儒教命运的根本威胁。不论是顾炎武(1613—1682)提

---

①宋君荣原文为"La percheque nous, Mantcheoux élevons dans nos ceremonies est-elle moins ridicule que votre croix?"载 Renée Simon, éd. , *Le P. Antoine Gaubil S. J. Correspondance de Pékin 1722-1759*, p. 143;与作者译法略有不同的中译本,参见宋君荣著,沈德来译:《有关雍正与天主教的几封信》,载杜文凯编:《清代西人见闻录》,第141—169页。

出的"亡国"与"亡天下"之别①,还是颜元(1635—1704)所预言的儒家"恐遭焚坑清流之祸不远矣"②,均暗含对清朝统治的敌视与抵制。清初的这种认同危机,造就了一种保教卫道式的儒教观。不少汉族儒家精英强调,明亡于士人之空疏,实学之不讲,并将矛头直指窜入了释、道思想的宋明理学。他们一面强调经世实学,一面严辟二氏异端。在康熙禁教之前,出于卫道思想对天主教的攻击,即不绝于耳。天主教之外,释道二教、回回、左道,甚至倡优、盗贼、穷民、乞丐,都成为儒教政教"必欲去之而后快"的敌人③。而颜元在民间反"异端"同时,大倡"我中国的师""中国的神",天朝之人"求道当求我尧舜周孔之道"④,其中夷夏之防的观念,呼之欲出。

因此,在康熙帝斥天主教为"和尚道士异端小教"之后,如何防止以"反异端"为号召的民族主义儒教观抬头,对雍正帝来说,是一场政治考验。雍正要在"夷夏"与"中外"两条阵线上,找到微妙的平衡。这时,严拒国家教会主义的诱惑与倡导超越性的儒教认同,也就成为雍正帝的自然选择。

六、关于本卷:微观社会史下的概念谱系

认同政治,不论是反历史,还是乞灵于历史,都将在当今世界扮演举足轻重的角色。根据不少观察家从亨廷顿(Samuel Huntington)及福山(Francis Fukuyama)那里获得的灵感,我们的多元世界,已经步入"儒教文化"与"新教文化"的竞争时代。这种"形势"下,回顾一下基督教新教传教士来华之前,天主教普世秩序与儒教东亚世界秩序的碰撞历史,可能仍然是一种有益的尝试。

麦克法夸尔(Roderick MacFarquhar)认为,清初的中国礼仪之争,让耶稣会丧失了使基督教成为某种"中国宗教"的机会。在为张彦(Ian Johnson)新著《中

---

① 顾炎武《日知录》卷十三引《孟子》称:亡天下是"仁义充塞,而至于率兽食人,人将相食"。
② 颜元:《习斋四存编》,上海:上海古籍出版社,2000年,第188页。
③ 李塨:《平书订》,四存学会校刊,卷一,页二。
④ 颜元:《习斋四存编》,第166—167页。

国灵魂》撰写的书评中,他仍征引作者的话,将中国宗教文化的特点,形象地描述为"没有什么神学、基本上没有教士,也很少拥有固定的崇拜场所"①。现代中国学者也开始概括这类"非排他性"的文化包容,但多从儒家思想出发,称其为"和而不同"。

本卷《新史学》收入的论文,除了杜赞奇教授的研究之外,几乎不约而同地采取了微观研究的策略,具体问题,五花八门,似乎也可以说是"和而不同"。不过,仔细体会现代学者从君子人格里总结出来"和而不同"的儒教形象,不难察觉,前述康雍二帝将儒家政教看作东亚世界秩序的观念,已悄然退场。取而代之的,实际上是带有儒者气质的现代性概念;真正得到发展的范畴,是更加内化和个人化的儒教场域。这种日趋内化、个人化的现代性儒教,已经呈现出宗教化的社会学特征,实则与儒教论战中所谓的儒教"宗教化"、甚至"国教化"的主张,最容易声气相通。

在这个问题上,杜赞奇(Prasenjit Duara)为本卷《新史学》提供了一个据称修订后更为"尖锐的论点"(sharpened argument)。他在查尔斯·泰勒(Charles Taylor)以及何塞·卡萨诺瓦(Jose Casanova)的宗教世俗化理论基础上,考察了欧洲、中国以及日本的宗教认同历史,并敏锐地提出,中国在现代化过程中,成功地摆脱了"政教合一"的"宗教认信化"(confessionalization of religion)模式,在全球化历史上,具有重要的个案意义。

相对宗教世俗化理论来说,国内学者对于"宗教认信化"理论比较陌生。而"认信化"的概念,也多被不准确地译为"教派化"或"宗派化",反而使这一理论更加费解。"认信"一词,拉丁语为confessio,原意是"所承认的",在教会里指忏悔或"悔罪经",后词义延伸,也指教团、教会。"认信化"主要背景是宗教改革以来,新教各派强调恪守基督教教义的完整性与权威性,因而使得"认信"逐渐成为宗教社区的边界乃至地方认同的表达,进而促成村落、社区乃至国家与宗教认同的高度重合;在新教认信化运动的影响下,天主教社会也相应地出现了类似的

---

① Roderick MacFarquhar, "China's Astounding Religious Revival: *The Souls of China: The Return of Religion After Mao*, by Ian Johnson," *The New York Review of Books*, 64(2017 No.10).

趋向①。

杜赞奇注意到，宗教认信化运动，不仅是宗教改革与反宗教改革斗争中欧洲民族主义社会的塑造者，而且还充当了17到19世纪荷兰、英国、瑞典、德国等新兴欧洲列强"宗教—民族"认同的纪律保障者。这一早期民族主义形式，推动欧洲形成宗教、地方、政权三位一体的融合，成为近代西方国家长期支持不同形式的国教的基础。相比之下，成为政治准则的世俗化的政教分离原则，却要迟至19世纪末到20世纪初，才在西方推广开来。因此，在20世纪亚洲的现代化论者来看，西方输出的"宗教认信化"与"宗教世俗化"，都是"宗教—民族"认同的自我改造技术，因而也成为研究近代亚洲殖民主义、民族主义的重要内容。

上述论点的提出，为我们思考儒教秩序与天主教、新教全球化传教运动的互动关系，不乏启发之处。宗教改革与反宗教改革的三个多世纪，也是中国礼仪之争以及大量基督教案发生的历史时代。在宗教世俗化运动波及中国之前，欧洲兴起的国家教会主义，即以不同程度的"国教化"认同，影响过中国的政教秩序。从这一角度来理解民族主义儒教思潮以及儒教国教化运动的近代复线历程，则不论是天主教普世教会的全球化秩序，还是儒教的东亚世界秩序的历史过渡形态，都将得到较好的呈现。而研究者不难于此感受杜赞奇氏敏锐的历史洞察力。

在分析理路与具体案例方面，杜赞奇与本卷其他作者的研究，构成了很好的"对话"。例如，杜赞奇从非亚伯拉罕宗教文化的角度，重点梳理了中国政教在历史上的超越性权威类型。他比较注重"绝地天通型"的权威象征意义，并对韦伯社会学关于中国宗教缺乏超越性资源的判断，提出了反思。笔者同意其对韦伯论点的否定，但对韦伯观点的问题所在，在导论中暗示出不同的思路，正好互相参看。

此外，杜赞奇将中国历代王朝对于民间千禧年主义运动以及救世团体的扶乩活动的警惕，理解为统治者对民间纵向获取"超越性"宗教权威的忧虑。高万桑（Vincent Goossaert）、山田贤与王见川三位教授的论文，恰好为深入上述讨论，

---

① 提起宗教认信化在欧洲的影响，莱比锡大学柯若朴教授指出：尽管实行严格的政教分离原则，但德国很多中学，依然按照认信化的宗教社区传统安排节假日。例如，天主教宗教背景的学生，在新教社区的中学上学，也只能依照新教社区的假期放假。

提供了绝佳的案例。

高万桑一向注重在道经中发现明清社会史上的难得面向。他提交的关于清代士人救世神学的论文,即注意到不仅地方士绅参加"劝化救劫类"道经的编撰,甚至乾嘉名臣朱珪,嘉庆皇帝的老师,也积极参与其中。山田贤教授的论文也与近代扶乩团体有关,但重点集中在清末民初的四川地方社会。山田贤是研究清代长江中上游移民运动及区域社会的权威学者,此次通过考察辛亥革命前后四川地方善会,精彩地解读了地方秩序变迁中的基层社会精英,是如何从地方化的视角认识辛亥革命的。而民间宗教专家、民间文献收藏家王见川教授,则从民国高僧印光法师的文献中,整理出不少近代善社以及扶乩团体的珍贵线索,对思考帝制取消之后扶乩团体的历史命运,提供了很好的观察。

将"精英末世论"纳入整个清代儒教史的视野,是一个具有前瞻性的课题。因为在宗教社会学理论中,末世论往往被理解为表现活跃的社会动力,因而也被看成"宗教复振力"的组成部分。传统的韦伯社会学认为,儒教是缺乏超越性资源的文化代表,而末世论也被当作儒教之外的异端思想。上述研究,揭示了清代社会不同层面的"精英末世论",使我们有理由反思经典宗教社会学关于中国宗教的基本预设。

柯若朴(Philip Clart)教授与曹新宇的两篇论文,注重从微观的仪式实践中,把握民间教团的复杂认同。柯若朴通过对儒宗神教仪式文本的系统研究,重点辨析了民间教团自称"儒教"时,想要通过"儒"来表达何种认同。另外,他提到的19世纪中叶澎湖出现的文人领导下鸾堂的特点,与山田贤关于四川善会的研究颇能互补,为更大范围呈现清代士绅宗教社会的图景,提供了文献佐证。而曹新宇对华北民间教派的田野调查则发现,明代卫所制所强化了的军户宗族文化,为了满足民间教派地方化的要求,创造性地改造了华北乡村的宗族仪式和族谱文化,成为民间教团的跨地域活动的重要保护机制。

民间仪式,如何参与并影响了宋代以降,特别是明清以来地方社会的构建,近年来引起学界的广泛兴趣。张超然教授和姚春敏教授的这组论文,在解读道教科仪地方化,以及村社如何超越土地所有权的变迁,稳定了村落边界等问题上,提出不少新的见解。张超然从湖北麻城地区的清微科仪抄本的解读中,考察

　　了道教仪式如何在服务民间的过程中，受到民间信仰的影响。而姚春敏则利用大量村社碑刻，对山西泽州的社界与村界的关系，进行了深入剖析。泽州的个案显示，村社在日常化祭祀的组织、摊派过程中，形成了重要的公共财产观念和地缘秩序，而这种秩序在清代已经定型，为独立的村落逐渐取代里甲、保甲制度成为基层社会的政治主体，奠定了重要的基础。

　　武内房司教授提供的案例，则突破了明清时代的传统边界，将视野扩展到了中国周边的越南。近年来，武内房司倡导以"跨界"的全球化视角，研究东亚的民众思想运动。他注意到 19 世纪中叶以降，闽粤移民将民间宗教经卷传播到越南之后，经过越南本土宗教家的改造利用，对当地的民族主义运动产生了重要影响。本文的案例，则通过法国殖民当局在越南的法文档案，探讨了中国民间宗教的千年王国思想，如何在越南本土化之后，成为越南南部反殖民主义运动的重要知识资源。这一研究无疑对关注清代民间宗教运动的学者，提供了有益的比较视野。

　　沈艾娣（Henrietta Harrison）教授的论文，同样关注天主教全球化与本土化的关系。沈艾娣是当今欧美汉学界为数不多的受过严格西方古典学训练的汉学家。她精通中古拉丁文、希腊文，长期利用罗马教廷传信部档案、那不勒斯中国学院档案、耶稣会档案以及天主教其他各修会档案研究中国近代史。值得一提的是，沈艾娣对天主教全球化的这项个案研究，没有采取"中西文化冲突"这样典型的天主教在华传播史的分析视角。她的这篇关于亚松达信仰的论文，从一个家境清贫、谦卑无闻的意大利修女亚松达的微观考察入手，细腻地分析了亚松达在清末山西乡村的修道院因病去世后，因死时散发香气，被教会认可为奇迹。亚松达的遗物，也被当作可以治病的圣物，在当地及更大范围的宗教医疗空间使用。作者从医疗社会史的微观视角入手，提出如何认识全球化的一体性问题。最后她着重指出，实际上是欧洲与中国宗教文化的相似性，帮助天主教圣物治病的传统，毫无障碍地被当地民间医学所吸收，至少天主教医学传教为代表的西医中传的全球化运动，并非是欧洲医学单向输入中国的过程。

　　将上述在传统史学研究看来多少属于"边缘叙事"的论文，在统一的名目下编辑成卷，并不容易。撮其指要，强为之名，或可称为"异端录"。原因很显然：

天主教流入释道二氏异端的依据,是康熙帝的圣谕;规定儒教及中国民间宗教事涉异端,是颜当主教颁发的禁约。必须指出,天主教神学家颜当主教禁止中国礼俗的原文,是指责其为"迷信"(superstition)。这一观念到了19世纪,被新教传教士再度引入中国,不仅将天主教攻击为迷信,一切中国"奉神尚鬼"之俗(麦都思语),均被新教教界斥为迷信。而此后,汉语词汇"迷信"的使用,出现了增长。起初多作动词,后渐改为名词,并逐渐成为一个高频率使用的概念。义和团运动之后,汉语"迷信"概念的使用,达到了高峰,而"宗教—迷信"的对立,经过两个多世纪,被意外地建构出来。这是1693年中国礼仪"禁令"颁布以来,"异端学"在中国概念史上最为重要的一次转折。

最后,说明一下,出于便于论述和其他显而易见的原因,本文未曾对"儒教""儒家"等词,先行给出任何的定义。若有热心读者提出"儒教"概念从何而来,甲书引作某,乙书复引作某之类的问题,笔者在此提前表示感谢,但对此类问题,将一概忽略,并在今后亦不准备予以回答。

[致谢:笔者谨向本卷各位作者、译校者,以及本刊召集人孙江(本卷日文论文编译者)、杨念群、黄兴涛三位教授,致以最诚挚的谢意!特别是杨念群教授以难以想象的耐心,勉励笔者克服各种困难,完成本卷的编撰工作。没有他的信任、鞭策与鼎力相助,这卷《新史学》是不可能顺利出版的。]

儒教认同的民间实践

孔子与灵媒："民间儒教"是否存在？*

柯若朴(Philip Clart)** 撰

毛　鹏译　曹新宇校

在大多数研究领域中,最基本的问题往往也最难解决。宗教学家虽在某些特定宗教的生活、信仰、教义、实践等领域,积累了大量研究成果,但迄今也未就"宗教"的定义达成共识,哪些可容纳于这一"标签"下,哪些又不能？同样,研究"儒教"的学者对其所选课题的基本问题,也很难解决,比如:儒教究竟是哲学,还是宗教？我们是否可以称它为"教",还是直接称它为"儒家传统"或"儒家思想"？

本文涉及有关"儒教"的一个基本问题,即"民间儒教"是否存在？或者说,在中国民间文化中,有多少可以理解为儒教的成分？这一问题尚未得到令人满意的解答。笔者并不将"儒教"标签简单贴在与之类似的民间文化上,以此来回答这一问题,而是考察了"儒"这一标签在 20 世纪民间教派中的使用。本文通过讨论有意识地以"儒"为名的教派,我们的问题将不再是这些教派是否为儒教,而是在它们自称"儒教"时,想要通过"儒"来表达什么？借助剖析民间教派对儒教的解释与"利用",我们便可从侧面观察民间儒教的问题。同时,这样一来,也反映了"民间儒教"可能包含着的一个重要面向,即民间宗教"借用"了"儒教"这一称呼。

*英文稿初刊于T'oung Pao 89(No.1):1-38,此次中译稿经作者重新修订。
**德国莱比锡大学中国文化与历史专业教授。

4

一、台湾民间宗教中的"儒"

在台湾民间宗教中,找寻贴有"儒"这个标签的事物,你首先看到的,可能并非某种教义,而是仪式。谭维理(Laurence G. Thompson)在他发表于1981年的一篇文章中,以北港地区的一座妈祖庙朝天宫为研究对象,区分了"民间的"与"经典的"两类仪式①。为前去朝拜妈祖主庙而举行的典型民间仪式,在朝天宫占据主流地位。与此同时,另外一套与之迥异的"丁祭"仪式,也是一年两次,如期举行。这种旧式的丁祭,由一群身着纯麻长袍,并裹着黑色棉马褂的男性举行。复杂的仪式程序,每一步都由一位"通赞"来宣布。祭司们献祭猪、羊,负责进香,诵读赞颂妈祖的"祝文",执行"三献礼""三奠酒",并在仪式结束时焚烧祝文。仪式的不同阶段之间,由一系列伴随着鼓、钟、笛声的三跪九叩礼隔开。谭维理并未告诉我们祭司团体如何选出。在祝文中,他们以固定的格式相区别,"主祭生甲及陪祭生乙、丙、丁,与之一起的还有乡绅、商人、寺庙主管",换句话说,即地方精英。谭维理没有使用"儒教"一词来称呼这种经典的仪式,而是名之为"官方式仪",并且认为这一仪式"源出于儒家经典,后来在帝国政府的礼书中获得了指导地位"②。

尽管普通民众并不参与"官方式仪",但也熟知这种仪式的主要部分。而且,总体说来,通过"儒"或"正统"所提供的信息,笔者也已经认识了这一仪式③。它的典型特征包括:仪式参与者身着"儒服"(长袍马褂),"三跪九叩",设有"通赞"一职,诵读并焚烧祝文,"三献礼"与"三奠酒",仪式过程庄严肃穆,以及仪式空间独特的层级式划分。事实上,这种仪式更成熟的形态也见于台湾孔庙所行典礼。只是,这些主要由政府资助的,人为历史化重塑出来的仪式,它们

---

① Laurence G. Thompson, "Popular and Classical Modes of Ritual in a Taiwanese Temple," *Bulletin of the Society for the Study of Chinese Religions* 9, 1981, pp. 106-122.

② 同上,第116页。有关这种礼仪的规范,见陈运栋:《台湾的客家礼俗》,台北:台苑出版社,1991年,第146—179页。

③ 1993—1994年间,笔者在台湾中部地区开展了田野调查工作,集中关注于一个台中的鸾堂。

对于普通民众的影响微乎其微。这样看来,朝天宫这一研究范例的重要性,恰恰在于以它为代表的社区寺庙所行仪式,尽管与上述"官方式仪"相类似,或者有所简化,但前者由地方社会自行发起,而非后者那样,经过政府资助举行。朝天宫的这类仪式,大约自清代开始,一直延续至今。

除了朝天宫这类社区寺庙以外,与其所行仪式相类似的儒家礼仪,也用在一些大姓家族的宗祠中。作为一种可供人们选用的礼仪,这种儒家礼仪比我们在对其有所忽视的台湾民族志中所见,更加普遍。近来,台湾学者李丰楙研究了专业人群在他所称"儒家礼仪"中扮演的角色,指出,这些所谓的"礼生"在台湾地方寺庙所行仪式中,早已历史性地产生了显著影响。他认为,事实上在佛教影响开始增强的 1945 年以前,恰恰是礼生与道士代表着可资最广泛利用的礼仪职事人员。礼生的礼仪知识已经编纂成册,一方面是公开印行的礼书,诸如朱熹著《家礼》、吕子振著《家礼大成》,另一方面则是仅仅在礼生内部流通的各式抄本。一些情况下礼生与道士相互竞争,但更为普遍的则是互为补充。因此,社区寺庙及私人丧葬举行的复杂仪式,往往分为礼生与道士两个部分,每一部分都根据仪式的需要,包含有特定内容。实际上,这种礼生与道士之间的互动,为我们展示了地方社会不同礼仪传统间的相互影响①。

由于台湾礼生使用的礼书,与中华帝国广泛流布的礼书间相互关联,因此,类似于台湾礼生所行的仪式也可在台湾以外地区见到。丁荷生(Kenneth Dean)描绘了一个福建地方家族所行"儒家典礼",并将这一典礼与他所称北港朝天宫的儒教礼仪相联系。他强调,这种典礼仅仅由精英人物,而非整个家族来举行,其用途主要在于标识主祭者的精英身份②。与此相类似的用途,也见于甘肃省的一个孔姓村庄在重修孔庙时所举行的仪式中。20 世纪 80 年代末 90 年代初,景军对这一村庄的仪式做了研究。在这里,拥有记忆并精通复杂仪式语言及

①李丰楙:《礼生与道士:台湾民间社会中礼仪实践的两个面向》,载王秋桂、庄英章、陈中民编《社会、民族与文化展演国际研讨会论文集》,台北:汉学研究中心,2001 年,第 331—364 页。
②Kenneth Dean, *Taoist Ritual and Popular Cults of Southeast China*, Princeton:Princeton University Press, 1993, pp. 158-159.

程序的能力,帮助一群家族耆老建立起了他们的宗教权威。景氏的研究所涉及仪式,与台湾礼生所行之礼有着诸多相似,这包括了在举行仪式时排斥民众,或者使这些民众仅仅沦为"观礼者"的精英主义趋势①。另一研究范例来自裴达礼(Hugh Baker)在 20 世纪 60 年代,对香港新界一个家族的研究。该家族在举行春祭时,"部分使用了一种外地话,据当地村民说,这是清朝官员的语言,但它与满清官话之间其实并没有几分相似"。传统上只有家族耆老与拥有功名的人,才有资格参加春祭,其他人则被排斥在祭堂之外。伴随着清朝科举制度的崩溃,这些限制稍显宽松,但是正如 20 世纪 60 年代的仪式所反映的那样,这些仪式仍旧存在着明显的精英特征②。

最后,笔者简要述及姜士彬(David Johnson)发表于 1997 年的一篇文章,正是这篇文章在一定程度上鼓舞我做出了现在的努力。文章作者调查了山西西南部的寺庙节庆——"赛",强调了存在于这些节庆中的神话主题、价值及仪式所反映出的儒教特征。有关这些节庆中的宗教仪式,他写道:

> 它们的主要仪式,更像是在宗祠及孔庙中举行的,令人感到压抑、肃穆的典礼,而非我们通常认为,比如由中国东南部道教科仪所代表,充满着生气与感情色彩的乡村宗教仪式。这里明显存在着一些不见于国家祭仪及祖先祭祀中的成分,但是这种仪式在整体上的"儒教"特征,则是可以肯定的。③

姜士彬在以"儒教"标签表达其困惑的同时,主张承认儒教在民间宗教中的应有地位,并为此提出了"赛"与他"姑且名为'儒教'之间的联系"这一充分例证④。

以上学者的研究,清晰表明了在有关中国民间宗教的民族志中遭到相当忽视的仪式,存在于中华文化圈的不同地理区域之中。或许有人认为,对于学者而

---

①Jun Jing, *The Temple of Memories: History, Power, and Morality in a Chinese Village*, Stanford, CA: Stanford University Press, 1996.

②Hugh D. R. Baker, *A Chinese Lineage Village: Sheung Shui*, London: Frank Cass & Co. Ltd., 1968, pp. 64-65.

③David Johnson, "'Confucian' Elements in the Great Temple Festivals of Southeastern Shansi in Late Imperial Times," *T'oung Pao*, 83(1997), pp. 159-160.

④同上,第 128 页。

言的这些仪式,不过是清代拥有功名的人们控制下的宗教实践的残存,而非真正"活着的"民间宗教之组成部分。然而,时至今日,清亡已近九十载,科举废止也已历经百年,这些仪式却也仍旧活跃于台湾、香港地区,并在大陆也呈现复兴之势。因此,对于这些仪式,它的地域及地方差异、社会载体及其与帝制晚期国家祭仪之间关系的更深层研究,应当极大地推动学界剖析民间宗教实践中一个迄今仍被忽视的维度。

本文余下部分,笔者集中关注了台湾的一种扶鸾教派,即"鸾堂"。这些鸾堂,一方面借用了"儒教""孔教""儒宗神教"①等称谓,明确自认为儒教,另一方面还有意识地采用了上文讨论中所涉及仪式,作为其自身"商标"②。鸾堂的仪式与教义的发展,为我们提供了以下具有启发作用的例证:为了创造出一种新式宗教运动的传统,并为这一传统在高度多样化的台湾宗教市场开拓出一片富有特色的"利土",民间宗教"借用"了一些在自己的认知看来,符合"儒教"本质特征的"元素"。通过对以"儒"为自我称谓的教派进行考察,我们便能初步窥探出儒教在台湾文化中的民间形式。

二、大陆及台湾地区的早期扶鸾运动

台湾地区的鸾堂传统,始于1853年一个在澎湖岛的首府马公成立的宗教团体。是年,马公文人将一灵媒送往福建泉州府,在那里的"公善社"学习使用乩笔。同年,在这个灵媒返回马公后,一个以宣讲《圣谕》、劝人向善为宗旨的鸾堂"普劝社"宣告成立。普劝社的活动逐年减少,到了1885年,中法战争期间法国军队占领澎湖,它便完全停止运作。两年后的1887年,由六名"生员"带领,筹集起了复兴普劝社所需资金,此后它改称"一新社"。在一新社的主持下,由经过

---

① David K. Jordan and Daniel L. Overmyer, *The Flying Phoenix: Aspects of Chinese Sectarianism in Taiwan*, Princeton: Princeton University Press, 1986, pp. 79,149.

② 李丰楙经过调查后发现,相当一部分礼生(精通礼仪的人)同时也是鸾堂的成员。因此,在礼生与鸾堂之间似乎存在着一种选择性亲和关系。见氏著《礼生与道士:台湾民间社会中礼仪实践的两个面向》。

仔细筛选的"讲生"定期举行宣讲。我们找到了这些讲生中比较有代表性的一些人，诸如八品顶戴林陞，以及童生郭鄂志、许占魁、高昇、陈秉衍。这类宣讲，主要用来对《圣谕》以及一些关注于公共道德的善书进行讲解，包括《圣谕广训》《感应篇》《阴骘文》。1891 年，一新社成立了一个有组织的下属机构"乐善堂"，专门用它来扶鸾创作可能用于该社宣讲中的新善书。这些完成于 1891—1903 年间的新善书，被一新社视为台湾最早的扶鸾善书之一种，冠以《觉悟选新》之名，整理出版。大约同一时期，台湾岛北部的宜兰县文人，也在从事着相类似活动，并于 1890 年编写了可能是台湾历史上真正最早的扶鸾善书。宜兰县在当地拥有功名之人领导下的鸾堂极其活跃，由此也滋生出了遍布整个台湾中北部地区的新式教团①。

19 世纪后期的鸾堂是一种文人领导下的宗教团体。这些宗教团体借助神祇所作"乩示"来重申传统价值，试图阻止这些价值的衰落。扶鸾所得"神谕"及道德说教，通过宣讲及善书，再次传递给普通民众。这些向外的活动，我们最容易察觉。但是，从一开始，鸾堂就具有关乎其成员精神需求的内在功能。尤其作为宗教机构，古往今来便致力于其成员自身的超度。

在台湾鸾堂的观念中，超度基本意味着"神化"②。这是鸾堂成员"鸾生"的终极目的，希冀自己死后能够羽化成神。而此目的的实现，依赖于长期的修道，至于修何种道，则由神明通过其乩示告知。尽管不同的鸾堂在所修"道"的具体内容上会有所差别，却也仍旧存在着一些共同特征。人们的修道，主要是修持日

---

① 对于澎湖岛及台湾地区鸾堂历史发展的概述，主要参考了以下著作。宋光宇：《解读清末与日据时代在台湾撰作的善书〈觉悟选新〉》，见《宗教与社会》，台北：东大书局，1995 年，第 1—65 页；王见川：《清末日据初期台湾的鸾堂——兼论"儒宗神教"的形成》，载《台湾的斋教与鸾堂》，台北：南天书局，第 169—197 页；李世伟：《日据时代台湾儒教结社与活动》，台北：文津出版社，1999 年；王志宇：《台湾的恩主公信仰——儒宗神教与飞鸾劝化》，台北：文津出版社，1997 年。有关台湾鸾堂早期历史的英文著作，见 Philip Clart, "The Ritual Context of Morality Books：A Case-Study of a Taiwanese Spirit-Writing Cult" (Ph. D. dissertation, University of British Columbia, 1997), part I, chapter 2。

② 以下对鸾堂信仰系统的概述，大部分基于笔者对当代台湾中部地区鸾堂的研究。但是，正如鸾堂善书中所见，这些当代鸾堂的信仰与早期鸾堂的信仰之间存在着延续。因此，它们可以被看作是 19 世纪晚期以来鸾堂信仰系统中的基本元素。另外，这里需要指出的是，笔者对鸾堂信仰系统所做研究，乃是根据善书中教派领导者在其"官方"视角下所做记录。事实上，它与教派成员基于自身对该教派的认同程度而持有的实际宗教信仰相比照，两者只会在一定程度上有所重叠。

常道德，即在生活中对于仁、义、礼、孝等基本美德的实践。一旦人们将这些伦理典范成功地植入其日常生活，那么他们便可达到一种永恒的诚、和、静之状态，而这又能极大地促进其修道历程中"灵性"的开悟。

修道被理念化为一种学习的途径。鸾堂好比学校，神明为老师，鸾生为学生。这一理念也反映在鸾堂所用术语中，鸾生称呼他们的教派神明为"恩师"，自称"生"或"弟子"，他们努力学习得自于神明的"圣训"，这些圣训即其教科书。"学习"有无进步，依据"功"与"过"来评判。为此，一些鸾堂也使用了"功过格"，一种决定人们功过多少的善恶行为记录簿①。有关人们功德积累的结算，即在其成为鸾生时于天国所建"鸾籍"，决定了人们死后是堕入地狱，转世为人，还是上升天国，羽化成神。后者的实现，要求人们的功德积累拥有显著盈余。同时，这些积累下来的功德也决定着人们死后获得神职的级别，下等的，中等的，还是高等的。

即使人们已经成"神"，也要继续修道，以使自身更加完美。鸾书中记载着大量的善人轶事。这些"善人"在其死后成了一些村庄的土地神，他们继续努力修道，并以近乎完美的方式履行其职责，数年之后，便可升任城隍。由此以往，进一步的修道又使他们得以获取某一重要的关公庙宇中关公一职。最终，如果他们的修持并未偏离正道，那么便可赴任天国神职。此后，修道并不因此而中断，持之以恒，又可逐级升任天国更高神职。这样看来，修道为中国民间众神的等级系统引入了一套动态体系。几乎所有的神祇称谓，都仅仅代表由一系列拥有功德之灵魂持有的神职官号。尽管中国的各种神祇为数众多，依旧不能满足在鸾堂中产生的，已经"证道"了的灵魂之"果位"所需。因此，鸾堂始终倾向于创造出新的神明官职，为已证道的灵魂创造职位空间。这也意味着人们有可能找到一些只见于鸾书中，而为别处不载的神祇。不论是否为鸾生，都可以将自己的功德转输给其或许仍旧在地狱中接受教化的先祖，并记入他们先祖自己的功德簿中，以此来帮助其先祖达到获得重生或者成为神明所要求的功德数量。这样看

---

① 有关"功过格"的研究，见 Cynthia Brokaw, *The Ledgers of Merit and Demerit：Social Change and Moral Order in Imperial China*, Princeton：Princeton University Press, 1991。沉雅礼（Gary Seaman）研究了 20 世纪 70 年代台湾中部一个鸾堂所用功过格，见 Gary Seaman, *Temple Organization in a Chinese Village*, Taipei：The Orient Cultural Service, 1978, pp. 58−62。

来,人们去世了的先祖也有获得某一神职的可能,而这又使得神明数量进一步膨胀。人们为了自己与先祖的投生或成神而创造功德,最便捷的方法即向鸾堂捐献钱财。毫无疑问,像这样的灵魂超度变成了鸾堂重要的收入来源。

从一种更为宽广的历史视角来看,台湾的鸾堂乃是因应 19 世纪普遍的社会、政治、文化剧变,由在中国大陆发展起来的宗教组织经过地方化演变而产生的。这片很大程度上在中国宗教历史中仍属未知的领域,正是笔者目前所从事的研究所在。我现在的看法是,这些鸾坛代表了此前由地方精英资助下,两种有着明显区别的宗教组织,即扶鸾道坛与慈善团体之融合。

宋代以降,扶鸾道坛通常集中关注于一类特殊神仙。每隔一段时间,道坛成员便通过扶鸾与这些神仙进行沟通,最普遍的"乩仙"是吕祖、张三丰、文昌帝君。道坛成员与其护佑神之间的关系,仿效了道教的模范弟子与其宗师。成员们的终极目标是在他们为得道成仙而进行的宗教修持中,获得"神启"。诸如《化书》《吕祖汇集》《张三丰全集》这类集子,构成了这些道坛编写的主要鸾书①。

另一方面,帝制晚期相当于"扶轮社""狮子会"一类的慈善团体,由富裕的绅士与商人组成,从事于各类慈善活动,最常见的像舍药施棺、敬惜字纸、举办宣讲、刊印善书②。

大约在 19 世纪中期出现的新式鸾坛,结合了扶鸾道坛的内部结构与慈善团体保守的社会改良思想,并受一种千禧年式的使命感所驱使。这一使命感突出

①有关这些鸾坛的二次文献非常稀少。相关研究包括:Anna Seidel, "A Taoist Immortal of the Ming Dynasty: Chang San-feng," in William Theodore de Bary(ed.), *Self and Society in Ming Thought*, New York: Columbia University Press, 1970, pp. 483-531;黄兆汉:《明代道士张三丰考》,台北:台湾学生书局,1988 年;Terrence G. Russell, "Chen Tuan at Mount Huangbo: A Spirit-Writing Cult in Late Ming China," *Asiatische Studien*, 44(1990), pp. 107-140;Terry F. Kleeman, *A God's Own Tale: The Book of Transformations of Wenchang, the Divine Lord of Zitong*, Albany, NY: State University of New York Press, 1994; Monica Esposito, "Longmen Taoism in Qing China: Doctrinal Ideal and Local Reality," *Journal of Chinese Religions*, 29(2001), pp. 191-231; Mori Yuria, "Identity and Lineage: The *Taiyi jinhua zongzhi* and the Spirit-Writing Cult of Patriarch Lü in Qing China," in Livia Kohn and Harold D. Roth(eds.), *Daoist Identity: History, Lineage, and Ritual*, Honolulu: University of Hawai' i Press, 2002, pp. 165-184.

②有关明清时期慈善团体的研究,见 Joanna F. Handlin Smith, "Benevolent Societies: The Reshaping of Charity During the Late Ming and Early Ch'ing," *Journal of Asian Studies*, 46(1987), pp. 309-337;梁其姿:《施善与教化——明清的慈善组织》,台北:联经出版事业公司,1997 年。

表现在一个广为人知的神话故事中。玉皇大帝因人类陷入道德堕落的深渊而生愤怒,决定发动一场大灾难,灭亡整个人类。以关圣帝君为首的一些神明恳求玉帝不要"玉石俱焚",而是应该宽恕"善人"。他们还祈求玉帝延缓灾难的降临,以便其获得劝化人类改良道德的时机。玉皇大帝愠色稍解,允许了他的这些下属通过降鸾临凡,以他们的教化革新人类。后来,这些神明便借助扶鸾建立起了一些鸾坛,用来记录神谕,并通过善书与宣讲来传播这些神谕。

这一神话故事表达了受过教育的地方精英在面对传统秩序的衰落时,深感不安。他们通过在灾难来临前,将协助诸神改革人类邪恶行径作为自己的义务,从而把致力于他们所生存时代道德革新的鸾坛运动合法化。服务于"劝人向善"这一目的,鸾坛并不满足于仅仅为其成员主持降鸾,而是积极地借助于宣讲,将神谕传播给那些未受过教育的普通民众。与道教修行的神秘色彩相比,鸾坛更加关注对于传统道德标准的重申与发扬。虽然这种道德式的面向在扶鸾道坛中同样重要,但是仅仅是在新式鸾坛的眼中,这些道德面向才成了其存在的唯一目的。这一差异明显存于两类鸾坛的著述中。扶鸾道坛倾向于编写道徒传记,汇集降坛神明的作品(包括其诗篇)及有关教义的文章与善书。而新式鸾坛几乎全部致力于善书的编写,无论就其书名还是本质而言,它们都属于扶鸾善书。在这些新式鸾坛看来,所谓的修道,本质上即修持居于首要地位的"道德"——要成仙,即要修善,而不是修持某种神秘实践。另外,一些新式鸾坛(包括大多数台湾鸾堂)的仪式集中关注在"武圣"(关圣帝君)这一在鸾坛经典神话中居于领导地位的神明之上,而不是关注其前身扶鸾道坛早已触及的其他神明,这也象征性地表达了上述差异①。

---

① 在这些神明中,孚佑帝君非常突出。在台湾鸾堂中,人们崇奉孚佑帝君为恩主之一。但是,很显然孚佑帝君处于关帝的下属地位。与此不同的是,在全真教盛行的大陆地区,比如广东的鸾坛中,孚佑帝君却扮演着比关帝更为重要的角色,见 Bartholomew P. M. Tsui, *Taoist Tradition and Change: The Story of the Complete Perfection Sect*, Hong Kong: Christian Study Centre on Chinese Religion and Culture, 1991;志贺市子:《近代中国のシャーマニズムと道教:香港の道坛と扶乩信仰》,东京:勉诚出版公司,1999;Shiga Ichiko, "The Manifestations of Lüzu in Modern Guangdong and Hong Kong: The Rise and Growth of Spirit-Writing Cults," in Kohn and Roth, *Daoist Identity*, pp. 185–209。"群英坛",一个位于四川地区的鸾坛,在 1863 年出版了有关孚佑帝君的善书《救生船》,从该书中"孚佑帝君"所作"圣谕"可以清晰看出,他的职责仅仅在于协助关帝领导时下拯救人类的行动,见 Clart, "The Ritual Context of Morality Books," part I, chapter1。有关《救生船》的内容总结,见 Jordan and Overmyer, *The Flying Phoenix*, pp. 49–50。

　　人们普遍认为，新式鸾坛所传播的道德规范即是儒家传统的一部分。将这种传统道德规范与鸾坛对关圣帝君的崇拜相结合，这使得大多数鸾坛自我认同为儒教，而且在外界看来也的确如此①。然而，有趣的是，基于笔者目前所做研究，以"儒"这一术语明确作为教派自称，仅仅出现在民国早期。当时，儒教不再是公共秩序的一部分，而成了人们需要遵循的众多教化之一种。葛维汉（David C. Graham）记述了一些 20 世纪 20、30 年代的四川鸾坛，这些鸾坛即自称"儒坛"②。

三、儒宗神教

　　与儒坛活跃于四川同时，台湾北部一位极具影响力的正鸾生（灵媒）杨明机（1899—1983），主张为那些联系紧密的鸾堂背后共同的宗教系统，创立了"儒宗神教"这一称谓。儒宗神教，或其全称"儒宗神教道统克绍真传法门"，最早在 1919 年通过天帝的乩示，授予三芝地区的鸾堂"智成堂"，但当时并未就这一称谓做出更深层的解释。后来，智成堂的正鸾生杨明机，前往台北协助创建"赞修宫"。以赞修宫作为新的基础，杨明机与智成堂合作编辑了一部为接受儒宗神教称谓的鸾堂所通用的科仪书，即《儒门科范》。该书出版于 1937 年，首次正式

---

①与大多数民间神灵相类似，关圣帝君的"教派"血统非常模糊，见 Barend J. ter Haar, "The Rise of the Guan Yu Cult: The Taoist Connection," in Jan A. M. De Meyer and Peter M. Engelfriet (eds.), *Linked Faiths: Essays on Chinese Religion and Traditional Culture in Honor of Kristofer Schipper*, Leiden: E. J. Brill, 2000, pp. 184-204。然而，明清时期，关圣帝君经历了一个逐渐"儒教化"的过程。民间意识将他与儒教的"文圣"孔子相比照，视其为"武圣"。清朝通过赐予他"关夫子"的头衔，试图吸纳这一"儒教化"了的神明，而这又使他再次处于一与孔子相补充的关系下，见 Gunter Diesinger, *Vom General zum Gott: Kuan Yü (gest. 220 n. Chr.) und seine "posthume Karriere"*, Heidelberg: Haag & Herchen, 1984, pp. 250,252。
②David C. Graham, "Religion of the Chinese in Szechwan," *Chinese Recorder*, 66(1935), pp. 363-369, 421-428, 484-490, 547-555; David C. Graham, *Folk Religion in Southwest China*, Washington, D. C.: Smithsonian Press, 1967. 最近几年，在一定程度上，这些"儒坛"有所复兴，见于一：《四川梁平"儒教"之考察》，载《民间宗教》1996 年第 2 期，第 281—290 页。

尝试以权威方式，将鸾堂的仪式程序与通用准则规范化①。

《儒门科范》分为三部分内容："天部""地部""人部"。"天部"有关于"儒宗神教"的序文，以及一些用于重要神明诞辰与其他仪式中的"表文"。这些重要神明包括（按顺序）：玉皇大帝、三官大帝、释迦牟尼佛、太上道君、至圣先师孔子、观世音大士、五恩主（关圣帝君、孚佑帝君、司命真君、豁落灵官、岳武穆王）。"地部"有用于"醮礼"及其他一些超拔仪式中的疏头、牒文。"人部"有各类神明的"宝诰"、两套"醮科"、一部《无极内经》的摘要本。《无极内经》是《中庸》的一部注解，于1907—1922年间由西昌地区的一个鸾坛扶鸾而来，最早经同善社云南分社刊印发行。

除了上述三部分内容以外，《儒门科范》在其开篇序文中还包括有一段明显抄自另一部礼书中的"祀圣礼法"，以及该"礼法"在儒宗神教庙宇内的使用说明。此外，还有献给一些神明的"祝文"与"祭文"。这些神明包括孔子、仓颉圣、文昌帝君、关圣帝君、朱衣神君、孚佑帝君、紫阳朱子、大魁神君②。

《儒门科范》记录了一种新式宗教运动为自己创造"传统"的尝试，笔者试图进一步分析这一"传统"的建构过程。通过阅读"天部"中的内容，我们明显可以看出，《儒门科范》并没有以一种与佛、道二教相区别的狭隘教派意识来理解儒宗神教的儒教身份，而是凭借一种开放的、融会的方式对此加以诠释的。包括人与"神"在内的所有作者，都强调大道无二，"三教归一"。然而，《儒门科范》将儒教传统置于首要地位，佛、道二教则是儒教的补充。"三教归一"的实现，必须经由儒教传统才能达到。有关儒教的首要地位，可以从儒宗神教的祭坛布置看出：无极天尊作为道的化身，由一盏明灯代表，居于祭坛最高位置。无极天尊以下，依先后顺序分别排列着孔子、老子、释迦牟尼佛，再往下即"五恩主"之牌位。正是五恩主通过他们自己的"乩示"，将鸾堂的关注点，引向对人世的教化（《儒门科范》，页34—35）。

对于儒门在传统上没有一套完整的科仪，《儒门科范》深表遗憾。该书认为

---

① 有关杨明机的生平，见王志宇：《台湾的恩主公信仰》，第51—56页；李世伟：《日据时代台湾儒教结社与活动》，第122—125页。
② 在第三版《儒门科范》中，额外增添了一部各类礼书的辑本。

造成这一情况的原因是，"儒门孔道，教人正心修身，克己复礼，未与醮谢、超拔等事"（《儒门科范》，页30）。佛、道二教早已提供了科仪服务，"道专为度阳，醮谢等事。释专为度阴，超拔诸苦"（《儒门科范》，页29）。然而，举行斋醮、祈福、超拔等事，实为人类所必需，任何一个追求自我完善的宗教系统，都必须提供它们。现如今，五恩主借助乩笔传播其普世教化，致力抚平当下人类在灵魂与文化上的裂痕，并引导人类重归于唯一的道。与此相类似，就引导人类生活所不可或缺的仪式而言，一种将其统一化的努力便显得必要。因应于此，《儒门科范》中写道，"夫释道二门，皆有法节。惟儒门神道设教，虽多传经典，未有一定法门。兹奉道祖之命，略将三教归一之法门，安排样式，以为一定之崇奉"（《儒门科范》，页34），这样一来，儒宗神教便得以"辅宣圣未伸之至意"。在孔子降笔所作序中，他本人也赞成这一说法，"其所造《儒门科范》，以助吾教前途"（《儒门科范》，页22）。甚至连老子也以同样的方式作序，对《儒门科范》中仪式内容所起作用，大加赞赏，"其间之表、疏、牒、文，可堪为酬谢庆吊之妙用，辅孔道未尽之旨，改革浇风，肃整陋习，大有裨益世道人心，为宗教社会之木铎也"（《儒门科范》，页23）。

毫无疑问，这是在替"斋醮"等明显非儒教的元素，融入一部以儒门为宗的科仪书做潜在的正当性辩护。在该书"天部"中的许多地方，这种辩护表现得非常清晰，如文昌帝君所作神谕，"咨尔智成、赞修南北各堂，欲以科仪之请，儒宗独立法门。事关古来未有此举，故前经诸真向阙陈情。阙案未决，恐儒门圣道，不关醮谢超拔等式，致招释道之徒，目为旁门"（《儒门科范》，页33）。的确人们对于儒宗神教自认儒教的批评，一直以来就是援引《论语》里"子不语怪、力、乱、神"这句话，认为鸾堂对降鸾神明的核心关注，以及这些神明乩示中提及的地狱、神仙、因果报应等奇异现象，与孔子所言明显矛盾。

《儒门科范》从直接与间接两方面，对这一批评做了回应。直接的回应见于孔子降笔为该书所作序文。文中，孔子反驳了时人对于"子不语怪、力、乱、神"的理解，认为这句话应该读作"子不语怪力、乱神"，如此一来，孔子对于"正统"神明这类超自然现象的关注，便没有什么不妥。间接方面，该书多处提及古今异质，因而今日也需要不同于往昔的方法。正是由于当今世界的严重危机，才需要神明临凡,指引人类步入正道。而《易经》所言"以神道设教",则是在当今社会条件下,对于人们试图改变世道人心所需方法的"经典"支持。这一方法既不可避免,也唯一适用。同时,"以神道设教"也是儒宗神教为其所主张的宗教修持方法,最常援引的权威论据之一。事实上,"神教"一词,即是源出于此①。

在论述了《儒门科范》为争取补充儒教传统不曾涉及的方面,从而表现出的基本融会特征后,我们着眼于该书所描述的一些科仪。书的开篇提到了两类行于孔庙中的"丁祭"。这种复杂的丁祭,它的仪式被简化为"三进香""三奠酒"与"三献衣"三项程序,在保留了原来仪式基本结构的前提下,引入一种专用于儒宗神教庙宇内的祭礼中(《儒门科范》,页9—11)。对于原来仪式中的许多内容,像"瘗毛血""望燎""盥水"等礼,"可有可无,不必拘也"。至于如此改动的目的,书中明确有言,"以上定其便捷之献礼,易于学习。"

《儒门科范》将这一简化后的儒教礼仪,与有关完整版丁祭的描述,一同置于书首序文部分,意味深长地在开篇便宣示了儒宗神教的儒教身份。考虑到这部科仪书中提到的其他仪式,明显源自非儒教的传统,因此该书之所以将这一"宣示"置于如此显要的位置,便不难理解。超拔仪式(《儒门科范》,页192—228)抄自龙华派的科仪书,龙华派是一种流行于台湾"斋堂"中的宗教传统②。"地部"中的斋醮仪式,则是明显源自某一种道教"模型",笔者尚未找到其准确

①《易经·观卦》,参见不同译本:Richard Wilhelm and Cary F. Baynes (trsl.), *The I Ching or Book of Changes*, Princeton, NJ: Princeton University Press, 1967, p. 486; Z. D. Sung, *The Text of Yi king (and Its Appendixes)*: *Chinese Original with English Translation*, Shanghai: China Modern Education Co., 1935;1983年,台北文华图书公司重印了该书,见该版第91—92页。查阅台湾"鸾堂"的历史,对于孔子不语"神"这一问题,已经有多种颇具创造性的方式予以解决。普遍采用的策略,是寻找与古圣贤的灵媒及占卜活动相关的实例,见陈南要(陈静庵):《儒宗神教的考证》,台中:鸾友杂志社,1974年,第28—29。1980年,一个特别有趣的事例出现在乩示中,这一神启证明了是孔子授权发明了扶鸾,而且孔子本人及其弟子都是首个"鸾坛"的成员。这是一个有关凭借乩笔来创作"即时神话"的很好例证,见 Clart, "The Ritual Context of Morality Books," pp. 238-240。

②《儒门科范》所载超拔仪式,与龙华派的礼书《龙华科仪》(台中:民德堂,1992年)所载,有着明显的相似。但是,《儒门科范》的作者并未将《龙华科仪》,或者更早的《大乘正教明宗宝卷》(《龙华科仪》即从此宝卷中辑出),作为其直接的来源,更为可能的来源是在龙华派"斋堂"中广泛流传的《香花科仪》。笔者在一份二次文献中,找到了《香花科仪》对超拔仪式的有关记载,很显然,当时极有可能是这部科仪书的某一个版本,成了《儒门科范》所载仪式的主要来源,见林美容、祖运辉:《在家佛教:台湾彰化朝天堂所传的龙华派斋教现况》,载江灿腾、王见川编《台湾斋教的历史观察与展望》,台北:新文丰出版公司,1994年,第191—252页。

的文本来源，但这一来源（如果能确认的话）可能会是一部在地方道士内部流通
的礼书，杨明机与他的合作者通过这些道士，应该接触过这部礼书①。

　　既然《儒门科范》中提到的大部分礼仪材料，都是源出于道教及民间教派，
那么这是否意味着，该书开篇序文中有关儒教礼仪的材料，以及"天部"中对儒
教继承者身份的宣示，都仅仅是一种为"混合型"教派提供儒教正统"外衣"的策
略？可以肯定的是，《儒门科范》的作者的确持有一种融会型的宗教世界观。但
是，问题在于，这一融会型的世界观并没有将儒教置于同佛、道二教相等同的地
位。该书作者非常肯定地主张"以儒为宗"，这表现为以下几点：儒宗神教祭坛
的设置，《儒门科范》开篇序文及"天部"中对于有关儒教主题的强调，以及"人
部"中《无极内经》的内涵意义。更为重要的是，各种道教及龙华派的科仪只在
需要时才偶尔举行，而儒教祭礼先于降神仪式，换句话说，它才是鸾堂主要的、定
期的、有计划举行的仪式活动。因此，鸾堂中儒教仪式仍旧最为显著，它也是儒
宗神教所有仪式活动中最为显著的"商标"。借助这一商标，儒宗神教便可与同
样大量借鉴仪式的道教及龙华派相区分。

　　儒宗神教仪式的特异性，是其根植于 19 世纪后期由地方绅士倡导的台湾扶
鸾运动的结果。这些绅士的穿着及其所行仪式，更接近于一种庄严的"官方式
仪"或儒教仪式，而这一仪式在日据时代的鸾堂中也得到了延续。日据时代的
鸾堂，其成员的身份结构已经发生了改变。传统意义上的绅士逐渐消失，转而由
商人、企业家、富裕农民、学校教师构成的地方精英，获得了鸾堂的领导地位。但
是，这些地方精英领导下的鸾堂，依旧保留了儒教的特征。其中缘由，笔者以为
有如下两点：首先，儒教为这些地方精英在面临殖民政府日益增强的"日化"压
力时，提供了参与并支持他们所认同的中国核心传统的机会②。就这一缘由来
看，在日本政府官办学校系统外开设书房的古文教师，他们在鸾堂中的积极活动

---

①《儒门科范》记载的一些"宝诰"，与全真道的科仪书《太上玄门日诵》（台北："中华民国儒教会台
　北市分会"，1986 年）所载完全一致。《儒门科范》所载各类仪式的非完整形式，同样可以在大渊忍
　尔收藏的道教科仪书中找到，遗憾的是笔者尚未见到有哪一种仪式的完整版本，在二者的记载中
　全然一致，见大渊忍尔：《中国人の宗教仪礼》，东京：福武书店，1983 年。
②"民众自觉参与中国社会的'大传统'"，这仍旧是流行于当下台湾鸾生群体中的一种主要激励因
　素，见 Jordan and Overmyer, *The Flying Phoenix*, p. 8。

有着非常重要的意义①。其次,儒教这一商标给予了儒宗神教名下的鸾堂一种共同的身份标识,以便它们能够将自己提供的仪式服务,与来自他者所提供的相区别,同时使得它们有能力与后者相竞争,即便这些鸾堂也"借用"了后者的仪式。这种竞争关系大多发生在儒宗神教与龙华派斋堂之间,传统上龙华派斋堂占有台湾一些地区葬仪市场的很大份额。鸾堂通过牢固的儒教认同,得以在提供龙华派仪式服务的同时,并不影响到它们的儒教身份,而且也不会削弱它们与龙华派的竞争地位②。

四、圣贤堂与《鸾堂圣典》

杨明机将台湾鸾堂统一于儒宗神教名下的努力,并未立即见效。起初只有少数台湾中北部地区相互联系着的鸾堂,同意将儒宗神教作为它们的名称,将《儒门科范》作为它们的指导书籍。1945 年,台湾光复以后,儒宗神教这一标签吸引了更多的附众,《儒门科范》也经历了两次修订,增加了一些新的内容。作

①有关台湾鸾堂与书房、书院之间的关系,以及"汉文"(以闽南书面语发音的古文)教育与日据时代鸾堂运动之间关系的研究,见宋光宇、李世伟:《台湾的书房、书院及其善书著作活动——从清代到现在》,载《第一届台湾儒学研究国际学术研讨会论文集》(下册),台南:台南市文化中心,1997 年,第 1—75 页;李世伟:《日据时代台湾儒教结社与活动》,第 369 页及其后述内容。台湾光复以后,在国民党禁止民众使用台湾方言的政策影响下,传袭下来的"汉文"继续为鸾堂所关注,见 Jordan and Overmyer, *The Flying Phoenix*, p. 13。位于台中的"武庙明正堂"(详下)作为笔者田野调查的中心,初看之下,似乎由于它在降鸾时使用国语,因而不太重视古文教育的问题。但是,仔细研究后就会发现,年轻的"鸾生"常常簇拥在庙宇主管的周围,由该主管向他们讲解如何用闽南书面语唱诵古诗。这座庙宇的主管,也即其创建者,是生活在日据时代弥漫着传统思想的鹿港地区一位书房教师的儿子,他接受了非常好的训练,精通于古典学问。
②沉雅礼(Gary Seaman)在其对 20 世纪 70 年代的南投县鸾堂所做研究中,强调了鸾堂在举行葬仪中的重要地位,见 Gary Seaman, *Temple Organization in a Chinese Village*, p. 69。传统上,在南投县的葬仪市场中,龙华派斋堂占有更为重要的地位。遗憾的是,作者并没有提到这一鸾堂所用礼书。不过,由于这个鸾堂似乎也是儒宗神教宗教网络中的一部分,故不能排除它用到《儒门科范》这一礼书的可能性。

为杨明机与一贯道密切联系的结果，无极老母也被引入儒宗神教的神谱①。1978 年，超过五百个鸾堂派出代表，决定组建"中华民国儒宗神教会"。至此，儒宗神教正式成立，作为大部分台湾鸾堂所代表宗教系统的名称②。

然而，这一时期，最初组建儒宗神教的旧式乡村鸾堂，它们的"创造冲动"早已为大量新式鸾堂所取代。其中最具影响者，大多位于台中，诸如"圣贤堂""重生堂""圣德宝宫""武庙明正堂"。作为"先驱"的圣贤堂，首先于 1962 年成立，上文提到的其他鸾堂，在这之后的不同年代，从圣贤堂中分离产生。就这些新式鸾堂的仪式来看，圣贤堂对于儒宗神教的主要贡献是，它在 1979 年编写了一部新的科仪书《鸾堂圣典》③，并以该书代替了已显过时的《儒门科范》。《鸾堂圣典》以简单易懂的白话写成，将仪式类型缩减至两种，一种用于定期扶鸾降神（《鸾堂圣典》，页 12—13），另一种用于像关圣帝君的诞辰这类特殊祭祀（《鸾堂圣典》，页 24—26）。这两种仪式，都是《儒门科范》所描述仪式的摘要版，而《儒门科范》所述事实上已经是对于一种原始礼仪的精简。尽管如此，《鸾堂圣典》记述的仪式还是保留了基本的礼仪结构，用来标识这些新式鸾堂的儒教身份。由于新出现的城市鸾堂，不愿卷入当地社区所举行的公共的或者私人的仪式，因此《儒门科范》中记载的道教及龙华派科仪也被完全剔除④。与此相应，这些新

①不同版本的《儒门科范》，在各处庙宇中屡屡重印。在笔者搜集到的版本中，有竹山县克明宫 1973 年第三版，克明宫在 20 世纪 30 年代，参与了首版《儒门科范》的编辑。笔者的另外一种复印本，根据的是斗六县福兴宫道元堂 1973 年第二版。除了这些庙宇免费发放的版本以外，笔者在台中一家书店发现了一部 1988 年出版于台南的商业版，冠名《正宗道门科仪》，售价 200 新台币。

②这仅仅是为了建立台湾鸾堂的联合组织而进行的诸多尝试中的一种。早在 1969 年，就已经成立了"台湾省圣教会"，在经过长期"沉寂"后，它转变成了一个在 2000 年在台湾注册的"中国儒教会"，见李世伟：《"中国儒教会"与"大易教"》，载《台湾宗教研究通讯》，2000 年第 1 期，第 93—99 页。大约同时，一个独立的联合组织"中国关圣儒宗神教会"也告成立，见《圣修杂志》，云林县口湖乡埔南村：圣修杂志社，1999 年。迄今为止，这些试图将"鸾堂"统一在一个更高级别的联合体之下的尝试，都极为"短命"。可能是因为，每一个鸾堂的自治权，以及通过它自己的神谕所实现的合法化，这些都易于抵消任何对某一在全岛范围内具有代表性身份的鸾堂进行授权的行为。

③《鸾堂圣典》，台中：圣贤杂志社，1989 年。

④然而，《鸾堂圣典》还是有选择性地辑录了一些用于这类礼仪中的，有关纪念与祈祷的仪式。这些仪式摘自于一部附录在《鸾堂圣典》中的礼书，该礼书由基隆地区的醒修堂在 1972 年编写。20 世纪 70 年代，这一礼书开始以《圣佛仙神祝文》之名单独流通，见《圣佛仙神祝文》，基隆：醒修堂，1976 年。

式鸾堂认为它们肩负双重使命,一方面为鸾生提供自我修持的场所,另一方面通过著述、刊印、发行善书,致力于整个社会的道德改良。经过圣贤堂重新定义后的新式鸾堂,其自我认知,在《鸾堂圣典》中确立的所有儒宗神教旗下鸾堂都须遵循的十条堂规中,有着最恰当的阐释。

鸾堂堂规

第一条:本堂以儒为宗,以神为教,藉飞鸾提醒人心,以孝悌忠信为立身之本,礼义廉耻为洁身之根,凡入鸾为鸾生者,必须奉行。

第二条:凡本堂之鸾生,宜衣冠整肃,礼貌端庄,入堂或退堂,必须恭行三鞠躬礼,以敦礼仪。

第三条:凡本堂之鸾生,应遵圣训,尊师重道,尊奉长上,鸾友相亲,患难相助,过失相劝,和气相处。

第四条:本堂以宣扬孔孟道德,复兴中华文化,指导民生,引人向善,作良民为职责。

第五条:本堂并非营利机关,亦非异端之邪说,不许借神之名去做坏事,应借神之名去做善事。

第六条:凡本堂之鸾生,应遵国法,守己安分,严戒奸淫赌盗,不许搬弄是非,积怒成仇。

第七条:凡降鸾期日,鸾生应虔诚认真效劳,圣神登鸾之际,或宣讲圣训之时,应肃静待立,恭聆圣训。

第八条:凡本堂之鸾生,乃负代天宣化之责,应始终一贯,效劳造功,终身奉行,不背誓言,如故意乖违,迷途失足,必招天谴。

第九条:凡本堂之正鸾生,无非为造功办果,修身立品,必须克尽其诚,仗神消愆锡福,以免生死轮回,无谓空劳无益,退至妄为,以贻身后之嗟。

第十条:凡本堂之鸾生违背本堂规,或一年之内全无来堂效劳者,准予呈报南天关除鸾籍,但如有不得已事情者,不在此限。

(《鸾堂圣典》,页26—27)

如果我们试图从这些"堂规"中,引申出一套教义体系,笔者以为可以总结如下:

鸾堂的使命在于宣扬儒教教化。在"鸾堂"看来，这些教化就是"宗"，代表着中国文化的核心。鸾堂对于这些教化的传播，引领着中华文化走向复兴。而儒教教化的核心即"孔孟道德"，具体而言，就是第一条堂规所言"八德"。借助鸾堂所传播教化，普通民众得以"向善"，鸾生则能自信自净，行善积德，终至超越生死轮回①。

　　一旦我们跳出《鸾堂圣典》的视域，去检视"圣贤堂"的其他著作，便能很容易地找到有关上述教义思想的明确表述：

　　　　本堂所谓鸾堂之称，乃以儒为宗，以神为教，故曰"儒教神宗"。因奉天命，普化苍生，救世度众，劝人行善之圣地，故赐号曰"南天直辖鸾堂台中圣贤堂"。

　　　　本教由来已久，乃正宗中国之圣教，设砂盘，以桃枝为笔，藉神灵挥鸾阐教，题诗文以提醒人心，守三纲五常，遵四维八德，改革异端邪说，摒去邪教，破除迷信而归正道。此乃鸾门挥鸾以宏扬孔孟道德，唤起民族精神，爱护国家，劝化大众弃恶从善，辅助政府治安之所不及者，此乃本堂唯一之宗旨也。②

为了更好地评估这一教义思想的儒教宗旨，本文余下内容，笔者通过阐述位于台中的武庙明正堂所编写教义总论，来扩展儒宗神教的教义纲领。

---

①对于《鸾堂圣典》所提及鸾堂的两类宗教认同，非常值得我们去关注。一方面，正如《鸾堂堂规》所述，鸾堂的确存在着儒教式的主张。但是，在《鸾堂圣典》的其他内容中，它又承认扶鸾源自道教，并将"扶鸾阐教"归入"积善之道派"（《鸾堂圣典》，页13）。"中华民国道教会"已经采纳了《鸾堂圣典》对于扶鸾所作解释，并将"借助念诵《太上感应篇》与修持《文昌帝君功过格》"的道教教团，视为上述"积善之道派"，见"中华民国道教会"：《我们对道教应有的认识》，台中：慈德慈惠堂，1991年，第66页。《鸾堂圣典》极为"勉强"地（"不可否认"……）承认了鸾堂与道教之间的联系，而且紧接这一话语，该书笔锋一转，又认同了"扶鸾阐教"的儒教根源。由此我们可以看到圣贤堂内部两种不同派系间的"妥协"，一派坚持儒宗神教的传统，另一派则维护一种道教立场。圣贤堂中一位拥护道教立场的鸾生在专心致力于创办《圣贤杂志》的同时，也作为工作人员，服务于同"圣贤堂"仅一墙之隔的台中道教协会。
②《圣贤真理》，台中：圣贤杂志社，1989年第1辑，第3页。

五、武庙明正堂与《天道奥义》

本文对于《儒门科范》及《鸾堂圣典》作为科仪书的强调,使得我们对于"民间儒教"这一问题的思考,始终集中在仪式而非教义宗旨上。尽管儒宗神教对于这类仪式的使用,已足以使它自名儒教,但是笔者仍然试图进一步深入这一问题,探讨儒宗神教的教义是否也具备儒教色彩,如果是,又是在什么意义上才具备。

一般而言,鸾生之所以视其宗教活动为儒教的,乃是因为这些宗教活动极为强调修持道德,具体而言即修持我们在《鸾堂堂规》中所见,作为"孔孟道德"核心的八德。这种对于道德修持的强调,是将 19 世纪新式扶鸾运动与其道教"先驱"相区分的主要特征之一。获得"成仙"的唯一前提在于"行善积德",而非"打坐"或某种神秘实践。这一观点在 19 世纪中期一个四川鸾坛的神祇所降乩示中,得到了恰当的说明。这一神祇借助降鸾告知人们,他自己"不炼金丹不习禅",但也仍旧通过得自于宣讲的功德,羽化成神[1]。直到今天,台湾的鸾堂还是一如既往地主张道德修持的首要地位。事实上,对于道德的修持,恰恰是鸾堂自我理解的核心所在,除非放弃自己的教派身份,否则,这一首要地位是不会发生变动的[2]。

但是,这里存在如下问题,对于道德的修持,乃至八德观念,是否仅仅为儒教所特有？从儒教"内行的"观点来看,的确是的。然而,宗教史家同样也可毫不费力地证明,在佛、道二教中也存有这一思想。事实上,在我们阅读了鸾书之后,便会发现,对于八德等道德观念的修持,掺杂了大量明显源自非儒教的伦理关怀,诸如"斋食"与"返璞归真"。因此,或许可以这样理解,鸾生所关注的道德修

---

[1]《救生船·类序》,第 1 页,见 Clart, "The Ritual Context of Morality Books," p. 33。

[2] 见笔者就台湾鸾堂与一贯道关系问题的有关讨论。Philip Clart, "The Phoenix and the Mother: The Interaction of Spirit-Writing Cults and Popular Sects in Taiwan," *Journal of Chinese Religions*, 25 (1997), pp. 1-32.

持,本质上更像是一种融会型的伦理共识,一种在民间宗教范围内普遍认可的中国传统道德,而不是特指儒教,而且,这一理解也可以用来解释鸾书中公开表达的鸾堂教义中明显的融会内容。不过,它并不能适当地处理以下问题:何以鸾生始终坚持将这一不同宗教传统间的"类并",固定在儒教传统之下。因为,很显然这种"坚持"并非仅仅停留在口头说教的层面,而是伴随着对于儒教经典的系统参考。

白诗朗(John Berthrong)在其著作《"儒道"的转化》中,将"儒者"定义如下:

> 人们通过对于经典的阅读、解释与实践,成为"儒者"。这些"儒者"对于经典的解读范围,从纯粹实用主义一直到明显的"唯灵论"。事实上,对于大多数"儒者"而言,当他们遇到经典中诸如"道""太极"等术语象征着的终极、超验"指示物"时,这种阅读必然会产生出宗教意识……再次强调,成为"儒者"意味着"献身"于经典,而不是任何一种对经典所作的哲学或宗教式解读。①

由此看来,所谓"儒者"的本质,即其与经典的创造性互动,这在鸾堂与其他一些教派传统中都能见到。大部分注释儒家经典的鸾书,都集中关注于《中庸》《大学》,原因是人们相信这两部相当简短的著作包含着"儒道"的精华。我们应该还记得,《儒门科范》中记载有一部注释《中庸》的鸾书,即《无极内经》,它由一个与同善社保持联系的鸾堂在民国初期编写。除此之外,笔者还搜集到了两部此类鸾书,一部是首次出版于1926年左右,与救世新教相联系的《大学证释》②,另一部是出版于1947年的《学庸浅言新注》③。这些鸾书至今尚在刊印,流通于台湾、香港地区的庙宇、教团以及海外华人团体中④。

紧扣本文主旨,笔者将注意力集中于一部在台湾儒宗神教传统下编写的,极

①John H. Berthrong, *Transformations of the Confucian Way*, Boulder, CO: Westview Press, 1998, pp. 6-7.
②《大学证释》,台北:世界红卍字会台湾省分会,未署日期。
③《学庸浅言新注》,香港,未署出版机构,1991年。
④有关这些"鸾书"的研究,见钟云莺:《试论〈学庸浅言新注〉对"格物致知"之诠解》,载《中华学苑》,1999年第53期,第203—226页,及氏著《民国以来民间教派〈大学〉〈中庸〉思想之研究》,台北:玄同文化,2001年。

具影响力的教义类书籍。普遍认为，该书对儒宗神教的教义作了最富雄心的总结，这就是《天道奥义》，一部由台中的武庙明正堂在1981—1982年间扶鸾而来的善书①。

1976年，武庙明正堂从圣贤堂中分离出来，此后受到了轩辕教②与一贯道的影响。即便如此，武庙明正堂对于道的理解，以及它的修持观念，仍旧坚定不移地遵循着儒宗神教的传统③。这由下文所引，形成于1980年的有关鸾门之定义，可以明显看出。这一定义，与更早出现于"圣贤堂"的文献相比，共享着同一精神：

> 鸾门，又称圣门、儒门，或圣堂、鸾堂。盖鸾乃承天应运，以儒为宗，以神为教，藉挥鸾提醒人心，弃恶从善，改革异端，破除迷信，而归证道也。是故，鸾门之阐教，乃阐明天道真理，以启悟人心规正，立德行善，修己度人，化俗移风，成为康乐人间。

> 所以鸾门一切礼节，均出于儒家之礼教。凡入鸾门、身为鸾生者，如入学堂为学生一样，应尊师重道。所谓尊师者，尊敬圣神为师，尊圣神之训，学习礼教，研味圣训，作为修身之德范。所谓重道者，尊重圣道之理，亦即重视道德，行为不越轨，心正而无邪。④

1982年，正值兴盛期的武庙明正堂出版了《天道奥义》，作为对其教义系统的总结。降示了《天道奥义》一书的主神是无极老母，这也清晰地表明了一贯道对武庙明正堂的影响。同时，这种影响也表现在该书引入了以无极老母为核心的典型教派神话。值得注意的是，武庙明正堂将这一神话主题植入了一个更加

---

① 《天道奥义》，台中：鸾友杂志社，1984年。相关学者在其著述中首次提及该书，见郑志明：《评论台湾民间鸾书〈天道奥义〉的形上理论》，载氏著《台湾民间宗教论集》，台北：学生书局，1984年，第151—173页。笔者的研究与郑氏不同，郑氏在其著作中比较单一地关注了《天道奥义》对儒家经典的解释。

② 有关轩辕教的论著，见 Christian Jochim, "Flowers, Fruit, and Incense Only: Elite versus Popular in Taiwan's Religion of the Yellow Emperor," *Modern China*, 16:1 (1990), pp. 3–38。

③ 有关武庙明正堂的更详细论述，见 Clart, "The Ritual Context of Morality Books" 以及 "The Phoenix and the Mother"。

④ 《大汉天声》，载《鸾友》，第267期，第9页。两年后（《鸾友》，第324期，第9页），这一定义被以相似的措辞做了重申。圣贤堂与武庙明正堂有关这一定义的陈述，由同一位叫作"勇笔"的灵媒扶笔揭示。另外，勇笔在1976年转投武庙明正堂。

基本的结构中。这一结构源自对大量的经典，诸如《中庸》《道德经》《易经》《论语》等所作解释。

《天道奥义》一书的目的在于宣化"天道"，解释"天"的同时，也阐明人们修道的义务。该书所援引各种经典，最重要的是《中庸》与《道德经》，前者提供人道观，后者提供宇宙观。全书共分 24 章，每章讨论一个重要问题或观念。限于本文主旨，笔者主要关注该书对于经典术语的使用，特别是源出于《中庸》者。笔者以为，程颐之所以将《中庸》标榜为"孔门"之"心法"，即"中道"[1]，部分是由于《中庸》在民间的"宗教精英分子"中极为流行，而这些"精英"从帝制晚期一直到今天，早已形成了一种"定见"，即视秘传的信条为终极真理的"心法"。《天道奥义》并不例外，它建构起一种"道统"观念，作为儒教"心法"的传承脉络。

> 天道即天理也，天道欲传于世，上天乃先降生圣主轩辕黄帝。黄帝战榆罔，灭妖人蚩尤，一统天下而创建中国，在生三百余岁，修天道一百余年而得道，在鼎湖龙驭，白日升天。

> 黄帝传位于圣孙颛顼，并将道统传于颛顼。黄帝训颛顼云："爰有大圜在上，大矩在下，女能法之，为民父母。"[2]大圜者天也，大矩者地也，法天法地，即可治民。

> 溯天道之道统，皆有渊源，自轩辕黄帝，得天道而升天，道统一直传于尧帝，尧传于舜帝，舜传于禹帝，禹传于汤王，汤传于文王，文王传于周公，周公传于老子，老子传于孔子，孔子传于曾子，曾子传于子思，子思传于孟子，孟子继而一脉相传，迄今不绝。

> 自黄帝传至尧帝，天道之心法真诠曰"允执厥中"[3]四个字。由舜帝传下之天道心法真诠曰"人心惟危，道心惟微，惟精惟一，允执厥中"[4]十六个

[1]英译参见陈荣捷（Chan Wing-tsit），*A Source Book in Chinese Philosophy*，Princeton：Princeton University Press，1963，p. 67。

[2]试比较《吕氏春秋·序意》中的相关记载。译文见 John Knoblock and Jeffrey Riegel，*The Annals of Lü Buwei*，Stanford：Stanford University Press，2000，p. 272。

[3]《尚书·大禹谟》。英译文见 James Legge，*The Chinese Classics*，Hong Kong：Hong Kong University Press，1960，vol. 3，pp. 61-62。

[4]同上。

字。故,后世以此十六字谓"天道心法十六字真诠"。所以,中国固有文化,
系继承天道之道统者也。

(《天道奥义》,页15—16)

总体看来,这一"道统"更接近于朱熹的说法,同时也与新儒家的道统相一致。
其间的主要区别在于,《天道奥义》将老子作为孔子之师,引入这一道统,这也表
现了在该书的融会特征下,儒、道二教的一致性,并且也证明了书中将《道德经》
与《中庸》相结合,作为其主要援引的经典之做法是正当的。甚至于,据该书相
同篇章记载,这一道统一直传承至今日之鸾门,"藉神教以化人,飞鸾提醒人心
向善"(《天道奥义》,页17)。

《中庸》作为儒教"心法"的承载者,成了人类获得拯救的"桥梁",即《天道奥
义》所言"天道","天与人之桥梁"(《天道奥义》,页22)。尽管正如婴儿之于无极
老母,人类也是自天国降生,但是他们已经堕入自私与腐化之中,看不到自己能够
回归原始家乡的"本来面目",所以这一"桥梁"终究是必要的。包括道教术语(长
生不老)与教派术语(回归家乡、无生老母)在内,都表达了在人类与天国之间所隔
"深渊"上,架起"桥梁"这一观念。但是,《天道奥义》的作者在说明这一回归天国
之"道"时,还是选择从儒家传统中汲取资源,将"良知"与"良能"视为人类所拥有
的,在其与天国所隔"深渊"上架设桥梁的"潜力"。具体就"良知"与"良能"来看,
正如"行"比"识"更重要,"行"的功德积累也要多于"识"一样,"良能"同样也比
"良知"重要(《天道奥义》,第四章)。《天道奥义》一书多次引用《中庸》篇首那
句广为人知的话语,"天命之谓性",以此来说明人类准备回归"天道"。同时,回
归"天道",需要修行取自于《中庸》的三种"功夫",即性功、教功、曲功。

《中庸》是一部天书。《中庸》:"自明诚谓之教,诚则明矣,明则诚
矣。"①所以修天道者,有三条之路线,即"性""教""曲"之功夫。

一、性功——"穷理尽性,以至于命"②,性功为修天重要功夫。"自诚

---

① 《中庸》,第二十一章。试比较理雅各(James Legge)的不同翻译版本,见 *The Chinese Classics*, Vol.
1, pp. 414—415。
② 《易经·说卦》,第一章。试比较不同的翻译版本,见 Richard Wilhelm and Cary F. Baynes, *The I Ching or Book of Changes*, p. 262; Z. D. Sung, *The Text of Yi king*, p. 339。

明谓之性"，即顿性①，一言而悟道，孔子之朝闻道，亦为顿悟②。顿悟多为生而知之，有道根者，听一言而大悟，直接通天，自是捷便，惟不可强求。

二、教功——"自明诚谓之教"，用一种修养的方法，再恢复灵明。灵、明二字为道的光辉，灵明之照，即道之精进。修道的功夫，均是修明，要在少私寡欲。人性之暗澹，即是魔道，即坠入地狱。修道订有戒律，修道者应所遵循。藉此以正心修身，去掉私欲。欲净则明德现。故修道的功夫在"明"；明明德，则近于天道矣③。

三、曲功——"其次致曲"④，曲者抱一也。精神集中，念"天母至尊无极老母"，无论行走坐卧，有闲则念之，专心在念。起初声音很高，渐念渐低，以至无声，达于静止。曲功简便易行，惜世人不知抱一之应用也。

性、教、曲，三条道路，都可达到诚的境界，"诚"有六段功效："诚则形，形则著，著则明，明则动，动则变，变则化，惟天下至诚，为能化。"⑤

（一）形——"进于道"，为入道之初，此形字不是有形之形。道是混元，先天地生，道不可闻，不可见，恍恍惚惚。老子称曰："无状之状，无物之象。"⑥亦可知"道"之精微，所求者在用明的功夫。

（二）著——"德润身"⑦，为形容道之成长。道之成长，为气质之变化。气质之变，在修养之励进，则可进德修业也。

（三）明——"含弘光大"⑧，这是修道的重要功夫，明则洞烛隐微，辨别善恶，达于不惑境界。

---

① 《中庸》，第二十一章。试比较不同的翻译版本，见 Legge, *The Chinese Classics*, Vol. 1, p. 414。
② 试比较《论语·里仁篇》。Legge, *The Chinese Classics*, vol. 1, p. 168。
③ 试比较《大学》，第一章。Legge, *The Chinese Classics*, vol. 1, p. 356。
④ 亦见于《中庸》，第二十三章。"其次"的意思是，比上一章中提到的"天生至诚"的圣人次一等。至于"曲"的意思，它是过去几个世纪的注释家所面临更为棘手的问题之一，因为它通常的意义并不能很好地融入这一语境（见理雅各的翻译与讨论，*The Chinese Classics*, vol. 1, p. 417）。笔者遵循了本文中的这一理解。
⑤ 《中庸》，第二十三章。试比较不同的翻译版本，见 Legge, *The Chinese Classics*, Vol. 1, p. 417。
⑥ 《道德经》，第十四章。试比较不同的翻译版本，见 D. C. Lau, *Lao Tzu*, p. 70。
⑦ 《大学》，第六章。试比较不同的翻译版本，见 Legge, *The Chinese Classics*, Vol. 1, p. 367。
⑧ 《易经·坤卦》。试比较不同的翻译版本，见 Wilhelm and Baynes, *The I Ching or Book of Changes*, pp. 386-387; Z. D. Sung, *The Text of Yi king*, pp. 15-16。

（四）动——"为道也,屡迁,变动不居,周流六虚"①,道之动,是自然的运转。修道不完全用静功,也注意动功。静动是互用,这是很微妙的。

（五）变——动而后变,变中万象杂陈,即现世之境界。"道也者,妙万物而为言者也。"从万物之变化,看到宇宙之微妙。变者,幻相也。不变者,乃是真实的。

（六）化——由变而化,"赞天地化育,与天地同参",这是天人合一的境界,亦即升化。化者又返于道,道是创造宇宙万物的主宰,返于道,即合于主宰,这是化境界,也是修道最高的目标。

性、教、曲,是修天道的三条大道,修道者当遵循此三条道路,作自己的规范。拳拳服膺,必能渡过苦海,达到彼岸而登极乐。不知修道者,难免走入歧途,或坠落深渊,希诸迷子,速猛醒!

（《天道奥义》,页82—84）

上述修"天道"的三种"功夫",又与取自《大学》中的一套"六阶"模式,即"止""定""静""安""虑""得"相结合。在《天道奥义》的解释下,"止"意味着使心宁静,免受日常生活的烦扰,通过对"天道"的信仰与皈依来实现;"定"意味着不动身心,通过借助吐纳功夫与节食所行"炼气"来实现;"静"通过少私寡欲来实现,"安"通过自然无为来实现。人们思虑"道"的神秘性,终至得道,由此回归"故乡之极乐无极天"(《天道奥义》,第十四章)。至于三种"功夫"及"六阶"模式的结合,《天道奥义》阐述如下:

止——由止而形,形者立也,道形于中也。

定——由定而著,著者成长也。

静——由静而明,明者光华也。

安——由安而动,顺者自然也。

虑——由虑而变,变者阴阳不测之谓也。

得——由得而化,化者超生了死也。

（《天道奥义》,页72）

---

①《易经·系辞·下传》,第八章。试比较不同的翻译版本,见 Wilhelm and Baynes, *The I Ching or Book of Changes*, p. 348; Z. D. Sung, *The Text of Yi king*, p. 328。

28

对于这种修持方法的理解，不应简单视其为一种内向型的实践，而是应该将它与"内圣外王"这一观念相结合来看待。

> "内圣"在克己，将自己先克制的很清洁，而无半点私欲，私是我执，欲是物执，则物我两忘。而后才可"见素抱朴"①。当从致良知用功夫，良知本是人之原有，惜为物欲所蒙蔽，只要去掉私欲，则良知自然出现，即所谓"尽性"也。良知即性，复其本来的性，亦致良知也。所以，意诚、心正、身修，即内圣之道，亦即修内果也。
>
> "外王"在救世，牺牲自己的利益，以帮助别人，则兼爱之精神也。外王进道，原因在"起良能"。良能为宇宙的动能，此种动能，至大至刚，弥漫于宇宙之间，即浩然之正气也。凡是牺牲自己利益，而帮助他人，其良能必有所发挥。其牺牲愈大，良能的发挥亦必愈大。浅言之，亦即布施济困，乐助等之造功德，亦即造外功也。

（《天道奥义》，页 41—42）

"内圣外王"，就要内外同修。最终，判断修"天道"是否成功的标准，即在于将自己的"德"整体延伸于他人及社会的程度。《天道奥义》用"五德"与"七善道"，来具体指代这一标准。所谓"五德"，包括个人修持所获"德"，以及延伸于家庭、乡村、国家、天下之德②。所谓"七善道"，包括在居住地区多行善事，心地善良、胸怀宽广，以恻隐仁爱之心救济苦难众人，言而有信，行政人员多行善政，做事努力、再接再厉，及时行善、过犹不及。

上述引文，仅仅是摘取自一个涉及面非常广泛的论述中的一些片段。对于这一完整的论述，更应受到深入的研究，这也是笔者此后所计划从事的一项工作。本文引用这些材料的目的，并非给予建基在《天道奥义》之上的教义系统以完整阐述，而仅仅在于借助它们来强调，鸾堂尝试将儒教传统作为其主张的宗教修持路径之凭据的严谨态度。如果成为一名"儒者"，确如白诗朗所言，意味着致力于对儒家经典的阅读、解释与实践，那么毫无疑问，《天道奥义》的确算是一部儒家著作。同时，这些材料也证明了这种尝试的融会特征。引文中反映出来的鸾堂对

---

① 《道德经》，第十九章。试比较不同的翻译版本，见 D. C. Lau, *Lao Tzu*, p. 75。
② 改写自《道德经》，第五十四章，见 D. C. Lau, *Lao Tzu*, p. 115。

于《中庸》《大学》的解读,常常是非正统的,明显受到了道教思想的启发。事实上,《天道奥义》极为有趣的一个特征恰恰在于,它通过道教理念来解读儒家经典,反过来又以儒家学说来解读道教经书(例如"五德"观念,就是源自《道德经》第五十四章)。而通过《天道奥义》将老子引入新儒家的道统,这一解读方式也被证明是正当的。这样一来,不论是《中庸》《大学》《易经》还是《道德经》,都可以理解为对于唯一的道所作的诠释,并且不同类型的著作间还能互相参照。

就武庙明正堂的仪式来看,同样也存在着明显根深蒂固的融会特征。这些仪式与我们在《儒门科范》中所见有着类似的形式,即简化后的儒教礼仪在降鸾仪式的核心部分,以及在庆祝神明诞辰所行仪式中,都占据着优势地位。除此之外的其他次要仪式中,则有着突出的多元色彩。或许正是武庙明正堂在1988年引入的"丁祭",对其仪式系统的融会多元性,作了最好的证明。在丁祭的核心部分,是一种儒教类型的祭礼,与这一儒教祭礼同时并存的,还有"祭祖""缴书""礼斗""灵疗",以及完全由佛教徒来举行的"普度"①。因此,儒教仅仅是组成武庙明正堂宗教多面体中的一面,当然,也是起着根本决定作用的一面。在面对当代台湾社会大量可供选择的宗教传统时,武庙明正堂的成员恰恰选择了儒教,作为他们共同的身份认同。通过上文中所提及独特的解读方式,武庙明正堂的儒教仪式及其善书中的道德教化,与儒家经典达成了一致,也是这种一致性,将武庙明正堂界定为可被人们认可的独特宗教传统,并使它获得了稳定的自治权力,得以自由地与其他竞争性宗教传统相互动,并借鉴后者之长处。

结　论

台湾的鸾堂,是否真的有几分"儒教"意涵?笔者以为,这一问题可能存在

①有关旧式鸾堂与龙华派之间的传统联系,在武庙明正堂中也能够看到。武庙明正堂的诵经团,即由一位在这一传统下磨砺出来的师傅加以训练。而且,对于二者之间仍在进一步深化的联系,更有效的证据是,1994年,有一批来自草屯县的旧式鸾堂惠德宫的鸾生,前往武庙明正堂参与该堂所举行春祭中一个直接抄自《龙华科仪》中的仪式。

三种答案。第一，从儒家"正统"的观点来看，答案是否定的。鸾堂对于灵媒活动的强调，对于神明与神化的关怀，对于儒家经典的"异端"式解读，以及它普遍的融会特征，这些都否定了它的儒教身份。第二，从鸾堂内行的观点来看，答案是肯定的。因为，鸾堂实践着儒教的礼仪，修持八德，以儒家经典来解释它所宣扬的道，并且自称儒教。第三，从研究鸾堂的学者观点来看，答案同样会是肯定的。只是，前提在于将限定形容词"民间的"，置于"儒教"之上。由于鸾堂在其对于儒家经典的解读中，引入了一种融会式的方法，并将其宗教信仰与实践，嵌入那些拒绝将儒教传统与佛教、道教及教派教化相独立的民间框架中，这使得我们不可避免地需要讨论"民间儒教"这一问题。儒家文化可能会是中国传统的核心，但是，如果没有其他宗教、教派传统的补充，它也不会是完整的。正如儒教仪式需要道教及龙华派科仪的补充，儒家经典也只有在借助于中国其他宗教、教派传统进行解读时，才能够完整显示出它对于唯一的道所拥有的全部内涵。

在一定程度上，笔者所使用"民间儒教"这一概念，与分别由台湾学者李世伟、宋光宇，在有关台湾鸾堂传统的讨论中提出的"宗教性儒教"与"宗教化儒学"概念存有重叠①。在笔者看来，之所以将限定词"民间的"置于"宗教性"或"宗教化"之上，原因有二：首先，它表明了儒教思想与实践在经过民间社会的独特解读后，为民间宗教所吸收的事实。其次，这是由于通过给"儒家思想"贴上"宗教"标签，以此来区分它的民间形式，这或许不太恰当地意味着，"儒家思想"的其他形态中宗教领域的缺乏。

基于本文所作论证，笔者提出如下结论：对于那些有意识地强调儒教教化及

---

① 宋光宇：《前清与日据时代台湾的宗教化儒学》，载氏著《天道传灯：一贯道与现代台湾社会》，台北：诚通出版社，1996年，第307—313页；李世伟：《日据时代台湾儒教结社与活动》，台北：文津出版社，1999年，第87页；另外，王见川描述早期台湾鸾堂的扶鸾活动为"儒家的通俗化、宗教化"，见王见川：《清末日据初期台湾的鸾堂——兼论"儒宗神教"的形成》，载《台湾的斋教与鸾堂》，台北：南天书局，第187页。

仪式的混合型教团,我们可以放心使用"民间儒教"这一概念①。除此之外,笔者同样提倡使用本文所主张的研究方法,对相关问题进行更深入的探讨。这一方法就是,从民间对"儒"这一术语的使用,而不是从预先建构的"民间儒教"定义入手,以此来获得文化史视野下,我们所称"儒教"的轮廓,这也将有助于减少我们研究中的专断成分。台湾的一些学者,已经着手于相关问题的研究。例如前述李丰楙对于礼生传统的研究②,以及他的学生钟云莺为我们提供的,有关教派解释《大学》《中庸》的有趣研究③。随着这类研究的增多,有助于我们更加清晰地认识有关"儒"这一术语在台湾及大陆民间宗教中的内涵。在此基础上,我们最终才有可能更好地理解儒教在中国文化中的位置。

---

① 除了鸾堂以外,"民间儒教"这一称呼,可能也用于像一贯道这类教派。一贯道所表现出的,它对于儒教主题的偏好,已经引起了一些学者的注意,见唐亦男:《试看台湾一贯道对儒家的融合与运用》,载《第一届台湾儒学研究国际学术探讨会论文集》(下册),台南:台南市文化中心,1997年,第77—95页;Christian Jochim, "Understanding Sectarian Popular Confucianism: The Way of Unity (Yiguan Dao) in Postwar Taiwan"(该文提交于第六届北美台湾研究年会,哈佛大学,2000年6月16—19日);Christian Jochim, "Popular Lay Sects and Confucianism: A Study Based on the Way of Unity in Taiwan"(该文提交于"中国古代宗教思想及实践"研讨会,加拿大英属哥伦比亚大学,2000年9月14—15日)。就一贯道而言,它对于儒教的强调,这一特征似乎主要是在其更晚近的发展阶段才形成。因此,马来西亚学者苏庆华(Soo Khin Wah),提出了有关一贯道的"儒教化"观点,见Soo Khin Wah, "A Study of the Yiguan Dao (Unity Sect) and Its Development in Peninsular Malaysia", (Ph. D. dissertation, University of British Columbia, 1997), chapter 6. 尽管周克勤(Christian Jochim)在其有关一贯道的研究中,使用了"民间儒教教派"这一称呼,但他对这一称呼的使用主要是基于一贯道对儒家经典的态度,而不是就一贯道本身而言。笔者认为,这说明了在相当晚近时期发生的,有关儒教定位的宗教运动中,出现了术语之间的相互"妥协"。
② 李丰楙:《礼生与道士:台湾民间社会中礼仪实践的两个面向》。
③ 钟云莺:《试论〈学庸浅言新注〉对"格物致知"之诠解》。

祖家的宗族:儒家社会的异端实践*

曹新宇**

直到 2012 年 10 月份之前,万全县没人知道"普明爷爷"李宾后代的任何消息。

普明是李宾的道号,他本是明朝嘉靖年间万全右卫膳房堡长城一带戍边的守军。传说他平时最喜欢参禅打坐,而他的妻子也有夙慧,于是夫妇一起修道,双双得道成真。二人最爱扶危济困,显灵助人。从那起,这对神仙夫妇就被大家亲近地唤作"普明爷爷"和"普明奶奶"。关于普明的传说,万全人几乎无人不知。其中最著名的一个故事,是清朝乾隆年间直隶总督方观承派兵拆了普明在膳房堡的大庙,还刨了他的坟(也有人说,普明对此早有预见,清兵什么也没挖出来)。方观承因此遭到报应,被皇帝削职为民,穷愁潦倒,最后瞎眼讨饭,一直流落了到口外①。

方观承膳房堡拆庙一节,不全是传说。乾隆二十八年(1763),清廷在膳房堡大庙查出"逆词",乾隆皇帝极度重视。一时间风声鹤唳,方观承亲自查办,刨毁了大庙内普明夫妇的坟塔,将尸骨剉碎扬灰。李家后人凡"称佛作祖",建有坟塔的,也都被刨毁。几个在大庙抄过"违碍"经卷的道徒,遭到镇压。然而,严厉的查禁,似乎并没有终止当地人对普明的崇拜,到同光之际,便开始有人暗中恢复,又在原址重建起了大庙。1947 年李世瑜在其导师贺登崧(Willem A. Grootaers)的指导下在万全县进行实地调查,就"发现"了这座大庙。李世瑜注意到,

---

* 中国人民大学重大基础研究项目(14XNL002)阶段性成果。

** 中国人民大学清史研究所教授。

① 李宾、方观承传说的演变历史,参见拙稿《明清民间教门的地方化:鲜为人知的黄天道历史》,《清史研究》,2013 年第 2 期,第 1—25 页。

围绕这座祖庙的十几个村子，以及县西南边分散的一些村子，形成了都以普明崇拜为核心，但并不相互统属的几派，他们都自称是"黄天道"或"黄会"。普明爷爷李宾，就是他们的创教"祖家"①。

黄天道是中国本土人类学调查最早发现的民间秘密教派。李世瑜的这项调查，也因此受到海内外学界的瞩目②。但直到90年代后期，这一领域的进展，仍主要体现在清代档案整理和民间道书发掘这两个方面，田野调查开展得并不顺利。

办案奏折显示，这个教团带有较多"异端"特点。方观承等人调阅了多年来的"邪教"案卷之后，竟然向乾隆皇帝奏称，黄天道"普明一脉"，"实为数十年来所犯诸案邪教之总"③。但方观承对办理此案非常谨慎，虽然刨坟毁庙，耸人听闻，却并未真正扩大办案对象。当清廷调查清楚李宾本人没有直系男性后代之后，放过了对李家旁支的屠戮④。清廷的推测，不无道理，从我们2012年最新调查获得的民间道书来看，黄天道确实影响范围广阔。李宾嘉靖三十八年（1559）创立"黄天道"⑤，主要在直、晋等地传播，而到万历年间，已经传到了江南和宁夏。另外，道书上记得很清楚，普明奶奶（道号"普光"）是普明死后重要的黄天道领袖⑥！

---

①贺登崧是比利时圣母圣心会（C. I. C. M）神父，辅仁大学人类学研究院方言地理研究室教授。他主持的宣化、万全一带的方言、庙宇调查，是其在大同地区调查的继续。万全庙宇的调查，见 Willem A. Grootaers, "Temples and History of Wan-ch'üan（Chahar）：The Geographical Method Applied to Folklore," *Monumenta Serica：Journal of Oriental Studies*, 8(1948)：209-316。另见李世瑜：《我的治学道路》，《社会历史学文集》，天津：天津古籍出版社，2007年，第1页；及氏著《现在华北秘密宗教》，成都：华西协合大学中国文化研究所、国立四川大学史学系联合印行，1948年，第9页。

②李世瑜调查对海内外人类学界的重要理论影响，见 C. K. Yang, *Religion in Chinese Society* , Berkeley：University of California Press, 1961, pp. 230-232；Emily Martin Ahern, *Chinese Ritual and Politics* , Cambridge：Cambridge University Press, 1981, p. 90。

③《军机处录副奏折》乾隆二十八年四月初五日兆惠、钱汝诚、方观承等奏折，《历史档案》1990年第3期，第33页。

④参见拙稿《明清民间教门的地方化：鲜为人知的黄天道历史》。

⑤《普明遗留周天火候金丹蜜指心印妙诀》，载曹新宇编：《明清秘密社会史料撷珍·黄天道卷》第2册，台北：博扬文化事业有限公司，2013年。

⑥参见新发现经卷《普明古佛遗留青龙宝赞》，载《明清秘密社会史料撷珍·黄天道卷》第5册；关于黄天道在清末的传播，笔者将另文详述。

新发现的黄天道的"异端"形象和广泛影响，提出的疑问比解答的更多。但一切预示着民间教团与乡村社会的深层关联。究竟是什么样的联系，能够有效地消解乾隆皇帝的严酷镇压，而让黄天道继续暗中传播呢？

那些档案中供出拥有族谱、刊印过经卷，但在官方文献中一闪而过的李家后人，就真的弃绝了祖先创下的教团，永远和那些"邪教"没有任何联系了吗？他们的供状，反映出这支族人原本是朝着华北宗族社会的士绅化路径迈进的人家。不知今天我们还能否寻访到他们的任何踪迹？

乡村社会宗族与宗教的历史关系，一向受到学界的重视。近30年来，研究近世中国社会变迁的学者，在田野调查中，收获了大量的第一手资料，大大丰富了我们对明清以来地方社会历史的认识。但这类调查对于研究民间秘密宗教的直接价值仍然有限。除了丁荷生（Kenneth Dean）、郑振满两位教授在福建莆田、泉州等地的调查，囊括了三一教、先天道在村庙里的碑铭，能够让我们一窥基层乡村社会宗族与民间秘密教派关系的材料，还是太少①。

而专门研究这一领域的学者，海外研究者还很少通过田野调查获得宗族方

①参见郑振满：《明清福建家族组织与社会变迁》，长沙：湖南教育出版社，1992年。Zheng Zhenman, *Family Lineage and Social Change in Ming and Qing FuJian*, translated by Michael Szonyi, Honolulu: University of Hawai'i Press, 2001. 郑振满、丁荷生编：《福建宗教碑铭汇编：兴化府分册》，福州：福建人民出版社，1995年；郑振满、丁荷生编：《福建宗教碑铭汇编：泉州府分册》（三册），福州：福建人民出版社，2003年。Kenneth Dean and Zheng Zhenman, *Ritual Alliances of the Putian Plains Vol. 1: Historical Introduction to the Return of the Gods*, Leiden: Brill, 2010. Kenneth Dean and Zheng Zhenman, *Ritual Alliances of the Putian Plains Vol. 2: A Survey of Village Temples and Ritual Activities*, Leiden: Brill, 2010; 以及 David Faure and Helen F. Siu, eds., *Down to earth: the Territorial Bond in South China*, Stanford: Stanford University Press, 1995. David Faure, *Emperor and Ancestor: State and Lineage in South China*, Stanford: Stanford University Press, 2007. 近代以来香港、广东、东南亚的例证，参见志贺市子：《近代中国のシャーマニズムと道教：香港の道坛と扶乩信仰》，东京：勉诚出版公司，1999年；以及 Marjorie Topley, "The Great Way of Former Heaven: A Group of Chinese Secret Religious Sects: A Group of Chinese Secret Religious Sects," *Bulletin of the School of Oriental and African Studies*, University of London, 26(No. 2 1963): 362-392; Marjorie Topley, "Chinese Religion and Rural Cohesion in the Nineteenth Century," in Jean DeBernardi, eds., *Cantonese Society in Hong Kong and Singapore*, Hong Kong: Hong Kong University Press, 2011, pp. 241-272.

面的材料①。大陆、港、台学者方面，王尔敏先生曾利用清代官书，研究过大乘教祖师滦州石佛口王森家族的背景②。大陆学者当中，秦宝琦先生对浙江庆元县斋教祖师姚文宇、贵州龙里先天道祖师袁志谦宗族情况的调查，澄清了一些重要史实③。路遥先生对山东单县八卦教祖师刘佐臣的宗族背景做过调查。但很可惜，八卦教在清朝犯案之后，单县刘姓的族谱上，已经删除了刘佐臣一支的记录④。这些零星的探索，主要还是作为传统史料的补充。而换一个角度来看，利用近年来发现的秘密宗教材料，探索乡村宗族历史，特别是秘密宗教传统深厚的北方农村宗族的历史，更是没有先例。

不过，这些蛛丝马迹也反映出来，清朝《圣谕广训》上的"笃宗族以昭雍穆""黜异端以崇正学"这些官话，不能全信。很多清代族谱上，不也经常把"宗族""保甲"说成具有防范"邪教"的功能吗？宗族在更大范围的明清秘密宗教的"地方化"历史上，扮演了何种角色？族谱上那些"国家话语"的官样文章，是否有其社会史上的意义？回答这类问题，显然要有更多第一手的调查材料，仅靠在档案馆、图书馆里看历史档案与传统文献，是远远不够的：档案、官书里的秘密宗教史，是秘密宗教的"镇压史"⑤，办案过程中没有进一步穷究下去，档案的记录，也

---

① 如 Susan Naquin，"Connections between Rebellions: Sect Family Networks in Qing China," *Modern China* 8(3): 337-360；Thomas David DuBois, *The Sacred Village: Social Change and Religious Life in Rural North China*，Honolulu: University of Hawai'i Press, 2005；关于西方学界以及台湾的有关研究综述，参见康豹：《西方学界研究中国社区宗教传统的主要动态》，《文史哲》，2009 年 1 期，第 58—74 页；及氏著《从地狱到仙境——汉人民间信仰的多元面貌：康豹自选集》，台北：博扬文化事业有限公司，2009 年。

② 参见王尔敏：《滦州石佛口王氏族系及其白莲教信仰传承》，《"中央研究院"近代史研究所集刊》，1983 年第 12 期，第 12—40 页。

③ 参见秦宝琦：《明清秘密社会史料新发现——浙闽黔三省实地考察的创获》，《清史研究》1995 年第 3 期，第 87—95 页。其他大陆学者相关研究，参见林国平：《林兆恩与三一教》，福州：福建人民出版社，1992 年；王熙远：《桂西民间秘密宗教》，桂林：广西师范大学出版社，1994 年。

④ 参见路遥：《关于八卦教内部的一个传说》，《世界宗教研究》，1994 年第 3 期，第 52—62 页。另外，路遥对"梅花拳"等拳会首领的宗族背景调查，参见氏著《义和拳运动起源探索》，济南：山东大学出版社，1990 年。90 年代之后，路遥对民间秘密教门的调查，主要转向收集公安档案中的近代道书，见氏著《山东民间秘密教门》，北京：当代中国出版社，2000 年。

⑤ 参见曹新宇：《从非常态到常态历史：清代秘密社会史近著述评》，《清史研究》2008 年第 2 期，第 133—138 页。对于民间秘密宗教传统史料的局限，参见竺沙雅章：《中国佛教社会史研究》，东京：同朋舍，1982 年；及 B. J Ter Haar, *The White Lotus Teachings in Chinese Religious History*，Leiden: E. J. Brill, 1992.

就戛然而止。中断了的档案线索，迫使我们转向更大范围的探索，把目光投向那些"隐匿"起来的社会史。

一、万全发现的《老祖家谱》

普明祖李宾去世后，没有留下男丁。普明派下的黄天道二十四会，似乎渐渐归附了他的妻子普光。方观承查办万全膳房堡逆词案，已向乾隆皇帝奏明他的调查：普光的两个女儿，长女普净与次女普照，也都没有留下男性继承人。后来接管教务的，是普照之女普贤。方观承精明地让皇帝知道，从前明以来，除了那位"自附元恶"的康熙年间岁贡生李蔚之外，李家与黄天道的关系，越来越远。李家后人的回禀，是同样的说法，并以家谱来证明，乾隆年间膳房堡李姓，已经不是黄天道祖师普明的嫡系子孙。

2010 年，北京印刷学院的范继忠教授介绍万全县文化局的学者张振山先生与笔者认识。振山提出，由笔者开列一份需要收集资料的清单，他来协助调查，共同研究当地的历史文化。振山是个艺术家，对家乡的热土极有感情，又富有工作效率。我们谈得很投缘，合作调查很快开展起来。2012 年 10 月 17 日，张振山先生在万全县水庄屯村民李万孝家发现了一份旧家谱，随即电话通知，并把影像资料传给了笔者。

这本家谱引起我们极大的兴趣，是因为《家谱》上明代的祖先中出现了李宾的名字。如果这部《家谱》确系出自黄天道祖师李宾家族，其史料价值自然不言而喻。但家谱的藏主李万孝先生，对于"李宾"是谁，似乎毫不知情。李万孝先生 75 岁（2012 年），只有小学文化程度，他仅隐约知道，李家历史上曾经出过一些"人物"，就是《家谱》上用小字注着"文生""武生""武举"的那些先人的名字。李万孝没有听说过，《家谱》上的李宾与黄天道普明有什么瓜葛。这让振山怀疑，难道只是碰巧找到了历史上的一位同名人而已。乾隆二十八年黄天道"逆词"案，直隶总督方观承率人在当地刨坟毁庙，人人惊骇，轰动一时。这个案子在万全县留下的传说，很多当地人耳熟能详。如果说今天李氏族人反而对此一无所知，确实令人难以置信。

会不会是李家"为亲者讳"，不愿在家族中保存这类历史记忆的缘故，在族谱上有意掩盖、剔除了"不妥当"的内容？还是这份家谱，压根儿就与黄天道创教祖师李宾无关？弄清这些问题，显然需要下番功夫。

（一）老祖家谱的形制与内容

李万孝的这份家谱，是一个长方形的硬皮小折本，共 11 折，装裱尚属讲究。折本首页正中，题"老祖家谱"四字，下附短序一篇。折本背面，饰有手绘的俎豆、香烛等等传统祭礼的图案。这部家谱只是一个简谱，里面除了"嘉庆十三年"五字，并无其他年代题识。

严格地说，这本《家谱》是一张简单的"宗图"。《家谱》中收录了家族内男性成员的世代、名字，但没有他们配偶的任何记载，更没有任何李家女性后裔的记录。《家谱》上从始祖李昌算起，共收 17 世的家族成员。但从第 14 世以降，族人渐多，小折本篇幅有限，已无法全部填入。所以，14 世之后，仅选填本枝的族人。因而，我们可以看出《家谱》藏主李万孝的名字，也忝列谱上，但笔迹不同，为硬笔填写，算下来是第 19 世。从始祖起，依次为"李昌—李志道—李运国—李宝（李宸、李宾……）—李存贤—李府—李永才—李蔚（李蕡……）— 李天成—李连科—李一文—李茂林—李大干—李蟠元—李子昌—李春祥—李廷明—李世清—李万孝"。

《老祖家谱》小序不长，上面记着：

> 原籍山西太源（原）府寿阳县北章径南里村人。于洪武二十五年抽军二名，至万全左卫上牛角堡居住。身荣万全左卫百户之职①。后至正德年间，将李志道兑梢至万全右卫膳房堡边上守墩。军房一所，坐落马神庙街；军地卅亩，坐落堡西南。先人所留宗图一纸，未经订缉，后至嘉庆年间，于是缉之。盖订缉家谱，所为后人将先祖留宗图一纸，看为故纸；亦为（惟）恐后人起冲先人之名也。

---

① 左卫的"左"字，已被改写为"右"，但改动痕迹明显，原字显然为"左"。

图1　《老祖家谱》(局部,清末抄本,嘉庆十三年底本),张振山摄

可能由于篇幅所限,这篇序文中间省文之处不少。如洪武二十五年(1392)从太原府寿阳县北章径村"抽军二名",序中并未说明是谁,也未指出二人当中,是何人(或谁的后人)"身荣万全左卫百户之职"。若不细读,会认为《家谱》上的"始祖李昌"就是最初从山西迁到万全左卫牛角堡的始迁之祖。但序中又说,正德年间将二世祖李志道"兑梢至万全右卫膳房堡边上守墩"。显然,带李志道赴万全右卫膳房堡的,是始祖李昌。计算一下时间,洪武二十五年(1392)即便至正德元年(1506),已相隔104年。若"始祖李昌"于正德年间将"李志道"携至万全右卫膳房堡,便不可能洪武二十五年从山西迁来。

因此,家谱上所谓"洪武二十五年抽军二名,至万全左卫上牛角堡居住",实际上是李昌的祖上,即"山西太原府寿阳县北章径村"南里抽充籍军的二人之一。二人在家谱上没有留下姓名,如果不是这份家谱转抄时省略,就是在清嘉庆十三年修谱之时,明初从山西迁来的李姓祖军,已经湮没无闻。而家谱上的一世祖李昌,应该是从万全左卫移居万全右卫的李姓"始祖"。他在膳房堡的差事是守墩,财产即《家谱》上所说的"军房一所,坐落马神庙街;军地卅亩,坐落堡西南"。这些军房、军地,即本户李姓"应继人"可以继承的东西。

（二）家谱的考证

这份家谱中,李宾是四世祖,其父李运国为谱牒中的三世祖,祖父即二世祖李志道,而李宾的同父兄弟有李宸、李宝(见下图2)。

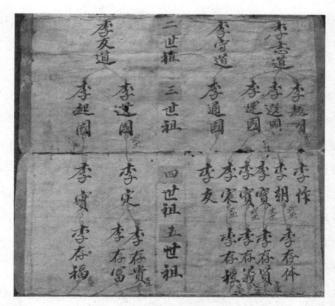

图 2 《老祖家谱》(局部，清末抄本，嘉庆十三年底本)，张振山摄

《老祖家谱》上的世谱，与我们从清朝档案中整理出来的李家谱系，大致相合。档案记载李宾是膳房堡守军，胞兄为李宸。《家谱》上也说李家为军户，第四世同父兄弟，也有李宸与李宾的姓名。不过，清代档案仅有李宾胞兄李宸的记载，而《家谱》上记载李宾兄弟三人。黄天道李宾是否有其他兄弟？档案阙如。

李宾兄弟几人，李世瑜 1947 年调查有所反映。他在膳房堡西南大庙普佛寺内发现普明祖的墓碑，碑文即称"明故高祖行三李公讳宾之墓"①。另外，黄天道内部道书的记载，可以补充这方面的材料。我们新发现清代黄天道宝卷《古佛遗留三极九甲天盘偈》概括普明的身世，有"身姓木子居北燕，二木生身昆弟三"的话，这是说普明姓李(木子)，母亲林(二木)氏，昆弟三人②。看来，黄天道道书上也说祖师李宾家里兄弟三人。除了档案上指出的李宸之外，李宾应该还有一位胞兄。

_____

① 李世瑜：《现在华北秘密宗教》，第 15 页。
②《古佛遗留三极九甲天盘偈》，载曹新宇主编：《明清秘密社会史料撷珍·黄天道卷》第 2 册，第 272 页。

看来，《老祖家谱》中李宾兄弟三人的记载，与黄天道祖师李宾的情况相合。如果这份家谱可以得到确认，黄天道祖师李宾的另外一位胞兄的名字，应该就是李宝。

那么，李家那位因有佛号"普慧佛"被乾隆皇帝点名咒骂的岁贡生李蔚，是否能在这份《家谱》上找到呢？在家谱的第八世一栏，我们发现了李蔚的名字。李宸、李宾是《家谱》上的四世祖，这样算来，李蔚当是李宸的四代孙（李宾四代侄孙），李运国五代孙。这一点，与康熙二十五年（1686）李蔚主持刊刻的《清静无为妙道真经宝忏》卷末题识"祯陵古郡萃贤堂明孙五代李蔚"相合①。另外，康熙二十五年李蔚刊刻经卷时，其弟李贲忝列名字。这个李贲，在李蔚故后，接管经卷，充当会首。此节直隶总督方观承调查得很清楚。而在《家谱》上，我们也发现了李贲的名字，与李蔚同属八世祖（见下图3）。

图3　《老祖家谱》（局部，清末抄本，嘉庆十三年底本），张振山摄

不过，乾隆二十八年直接涉案的李姓，如李蔚之子李景膺、嫡孙李遐年、李贲之孙李昌年等人的名字，都没有出现在家谱上。也许是李景膺、李遐年、李昌年等人，牵涉黄天道"逆词"案，李姓家族在修谱时，有意识地把他们的名字从族谱上删去了吧②。

---

① 曹新宇：《明清民间教门的地方化：鲜为人知的黄天道历史》，第5页。
② 明清时期民间教派因犯案而被族人从族谱中删去名字的例子不少。山东单县八卦教老教首刘佐臣家族的类似案例，参见路遥：《关于八卦教内部的一个传说》，《世界宗教研究》，1994年第3期，第52—62页。

张振山先生对于这个解释，好像不能完全满意。他仍旧不大相信，如果这部《家谱》属于黄天道祖师李宾的家族，李家后人会完全不知情。

但这份家谱告诉我最强烈的信号，不是与清朝档案上的细节能不能——符合，而是家谱小序中提到的山西寿阳！如果我没记错的话，李世瑜先生1947年调查，收获的一篇碑文上说，民国年间将黄天道回传到万全的"任老师"，也是来自寿阳。

万全县南赵家梁普佛寺内曾有一块民国三十年的石碑①。李世瑜调查曾录文如下：

> 惟黄道复生，光绪十九年于山西寿邑，任老师独驾孤舟至赵家梁村，接续传发（登），亲传黄天大道，与赵先师进有承接法船，单渡缘人。后嗣赵师尔理，授法高莫，涉水登天，普结善缘，因梦修洞，优容怜老，至诚焚香，万代觉醒。忽悟原照，忆榆林街天花洞，想是天感时至，愿舍己址村南朱家地一亩余，建设庙堂，永远为众善之舟航，称黄道万古之基础。……②

碑文中的山西寿邑，就是寿阳。而最近我们新发现大型帛书宝卷，乾隆二十九年（1764）《朝阳老爷遗留末后文华手卷》、乾隆三十二年（1767）《灵符手卷》，都是寿阳所制③。这份记有李宾名字的《老祖家谱》所说的原籍，又是寿阳！

我几乎不假思索地作出了决定，马上就去寿阳。

二、祖师的原籍

《老祖家谱》上说李家原籍为"山西太原府寿阳县北章径南里村"。北章径现称"北张芹"村，今属山西省寿阳县平头镇。寿阳县位于太原、井陉之间，西迤

---

① 李世瑜先生另说石碑年代为民国十三年，可能有误。参见李世瑜：《社会历史学文集》，天津：天津古籍出版社，2007年，第313页。
② 李世瑜：《现在华北秘密宗教》，第16页。
③ 参见拙稿：《明清民间教门的地方化：鲜为人知的黄天道历史》。

太原,东通井陉。《太原府志》称其形势:"枕连恒岳,联络太行。奇峰东列,为畿
甸之右襟;层峦西峙,为晋藩之左辅。"可见明清时期,太原府以东的寿阳,实际
上是被太行山脉包裹起来的一处交通要地,为太原东出太行的"必经孔道"①。
我们到达太原,已经 10 月底。这里是典型的黄土高原地貌,大部分树叶已经落
尽,庄稼也收割干净,露出大片大片的土原。北张芹位于太原和寿阳之间,西距
太原 45 公里,并不太远,东距寿阳县城 25 公里。我们决定先到寿阳,再去北张
芹等村②。

　　北张芹村基本上是一个单姓村,除了很少的几户散姓,几乎全部姓李。这里
的李姓,已有 600 年以上的历史。同在寿阳县位于本村西南的南张芹、平头镇、
韩沟村的李姓,都属于"一李"的同宗。但寿阳李姓没有公共的祠堂,整个宗族
保持着一种松散的联络。北张芹村的李姓,有一种较小的"家布",只记录了近
支五代祖先的资讯。而且家布绘成的时间较晚,不是前代的遗物。家布上还为
将来的子孙,预留了很多代的空位,似乎是一种没有修纂好的"半成品"。但寿
阳平头李姓曾修过一种比较大的"家布",由东、西、南、北四大股的各支李姓轮
流掌管,每村掌管一年,过年祭祖时"请出来"张挂,也要像红白喜事一样,邀请
族人来聚会吃饭,热闹一番。

　　据我们调查,北张芹李姓在历史上好像没出过什么特别有名的"大人物"。
不像村东 20 里的平舒村,清朝嘉道年间出了体仁阁大学士祁寯藻这样的名人,
如今可以大规模地修造祠庙、博物馆,靠接待外来游客来发展旅游经济。现在,
北张芹村的青壮年村民,多外出务工,这种每村一年轮流掌管家布的传统,也没
有维持下来。家布落到了韩沟村一位 70 多岁的老爷子李子荣(化名)家里,李
姓宗族内部谁要请"家布",就去找李老爷子。

　　北张芹村中有一条路,向南穿过现在的 G307 号公路,通往村南黄土原上的
一片祖坟。这片祖坟已有很长的历史,村民都说,李姓的祖先,至少有二三十代
都葬在那里。很多小坟,都有五六百多年的历史,其中三个最大的祖坟,年代已

---

① 〔清〕龚导江纂修:(乾隆)《寿阳县志》卷一形势,第 21a—21b 页。
② 本次山西的田野调查(2012 年 10 月 23 日-2012 年 11 月 8 日),由中国科学院的赵涛博士协助完
　成,谨致谢忱。

不可考,可能是李姓老祖的坟茔,但墓碑在"破四旧"运动时都已被毁,现在已没有人知道从什么朝代开始,李姓的墓地就建在这里。

北张芹村最著名的传说,就是关于李姓祖坟的故事。这片黄土原上的坟茔,被村民称为"莲花坟"。因为从远处看去,这片坟地所在的这片黄土原,在地质作用与流水的侵蚀下,天然地形成几个状如花瓣的土原,整体上宛若一朵夏日出水的莲花。据说,在相当于莲花花蕊的位置,就是李氏宗族的祖坟。而过去村里通往祖坟的路边,还有一条叫做"泉富沟"的水道(之前没有被任何公路隔断),这路就是那朵"莲花"的径蔓。泉富沟的尽头,是村里"太阳庙"的一处水池。村民都说,那朵"莲花"的根就在太阳庙的水池当中,这个水池,就是滋润"莲花"的灵泉。

寿阳的气温比太原还低,田地里的庄稼早已收割。可以清楚地看到"莲花坟"所在黄土原原来的轮廓。尽管近年来修路及工矿工程对地貌的破坏与改动很大,但那朵由土原构成的"莲花"的"花瓣",还是依稀可辨(见下图4)。

图 4　北章径(北张芹)村的莲花坟,赵涛摄

村民传说,由于莲花坟得了太阳庙里水池的滋养,李家在历史上出了一位"佛祖",在塞北某地,"修炼成佛"。太阳庙是在 1947 年解放战争中被毁掉的。通往莲花坟的"泉富沟",很长时间以前,就已经干涸。

太阳庙的传说,引起了我们的注意。因为寿阳、平定一带,似乎没有听说过普遍的太阳崇拜。但在黄天道的传统中,对太阳的崇拜却非常突出①! 显然,这一宗教的影响,极可能是外来输入的结果。

但当接受我们采访时,北张芹村的李姓,似乎没有一个人说得清太阳庙的来历,也不知道他们李家"佛祖成道"的具体地方。有人含糊地说,李家佛祖好像在左云、右玉一带得道。左云、右玉是山西北部与内蒙古接壤的两个县,地处雁北地区,是明代大同以西两个卫所的领地。对他们来说,左云、右玉,就是"塞北"地区的代名词吧。但是,个别村民知道,李家佛祖的道号是普明! 调查的结果似乎不错:北张芹村知道本村族人普明在塞北"修成佛果"。

三、祖师的家布

当我们最终在韩沟村看到李姓那张巨大的家布时,李家佛祖的秘密,浮出了水面。现在可以肯定,北张芹村的佛祖普明,就是万全黄天道的祖师"李普明"! 也可以肯定,河北万全李万孝先生家藏的《老祖家谱》就是黄天道李宾家的族谱! 因为在这张家布上写得很清楚:"普明佛"。与普明并列的,还有他的妻子"普光佛"。

普明、普光夫妇,是韩沟李姓家布上,为数不多的拥有画像的人物,大部分的李姓宗族成员,仅仅拥有一个手绘的牌位,可供填入姓名。普明夫妇在这张家布上占据了很特殊的位置,他们的画像后面,还绘制了火焰状的背光,以说明他们不同寻常的神圣身份(见下图5)。

---

①黄天道崇尚丹功,崇拜太阳,参见马西沙、韩秉方:《中国民间宗教史》,上海:上海人民出版社,1992年,第437—442页;《太阳开天立极亿化诸佛归一宝卷》,载张希舜等编:《宝卷初集》第7册,太原:山西人民出版社,1994年。

Ⅰ

Ⅱ

Ⅲ

	Ⅰ	
	Ⅱ	Ⅲ

图 例

图 5. 山西寿阳北张芹村李姓宗族家布(局部),赵涛摄

　　保管这份家布的李子荣（化名）先生，好像比北张芹村的村民，知道更多的掌故。他告诉我们，李家坟地，原有碑碣近十通。直到 20 世纪 50 年代末到 60 年代，才被砸毁或改作他用。这一时期李家莲花坟的墓地，也被毁掉不少。但据老辈村民说，清末还有人从塞外回来寿阳，到北张芹村李姓祖坟上拜墓。他记忆中，外边来上坟的人最后一次祭扫，似乎就在 40 年代末，具体哪一年已不记得，但动静很大，一次就来了三十多人，在村里住了半个多月，整天在坟前吹打诵经，拜墓献祭。

　　而韩沟村另一位热心乡梓历史的受访者李金（化名）先生则告诉我们，旧说莲花坟本来很灵异，如果有人愿意守在坟地等到夜半子时，就会看到莲花开放，放出宝光。后来，此事被一个"南蛮子"听到，知道"莲花"里面一定藏着"宝贝"，就整夜蹲守在坟地里，一直等到"莲花"开放。莲花一开，南蛮子就立刻上前把宝贝盗走。莲花坟的风水因此遭到破坏，李家也就再没出过什么重要人物①。

　　盗宝与风水的故事，并不是韩沟村独有的传说。但重要的是，在我们采访的村民中，李金先生是唯一知道普明佛是在河北万全县修炼成道的！不仅如此，他还告诉我们，他二十多岁时（1950 年），曾听父辈们说过，寿阳的李姓，也曾远赴坝上万全县的普明佛大庙去拜庙。

四、想象的宗图与宗族

　　相对寿阳李姓 600 年以上的历史，李子荣保管的这张家布，只是李姓宗族历史很小的一个"局部"。它所记录的开端，甚至比李万孝家的《老祖家谱》还要晚很多。

　　家布的"始祖"，是从这支李姓在清代的祖先李良及赵氏算起的。始祖李良及赵氏画像两侧绘制的楹联上面写着："春礿夏禘诚尽致祭之意，秋尝冬烝果竭叩祀之情。"李良显然没有获得过什么重要的功名，家布上为他写的"头衔"，是

①这是华北地区流传颇广的"南蛮盗宝"故事的另一个版本。

"皇清待赐府君"这样的鼓励子孙显亲扬名的"套话"。从李良、赵氏起，共有五世祖先(含配偶)拥有画像。五世以下，随着人口滋生，显然家布上已经没有空间再为族人画像了。

普明与普光的画像，就在始祖李良和赵氏下面，位置很突出。同排右边是始祖李良的"长子李让、宋氏之位"；左边是李良"次子李运、苏氏之位"。下一排分别是李让后裔"让子讳居仲、杨氏之位"及李运后裔"运子讳居仁、辛氏之位"。

排列出家布上这些宗族世代的细节，就会发现，原来普明与普光的牌位与画像，是被生硬地"挤进"家布里面的。普明生于明正德八年(1513)、普光生于嘉靖二年(1523)，一张始祖是清朝人的家布，怎么会有明朝正德、嘉靖时人的空间呢？

也许在坚信"客观历史主义"的史家来看，寿阳这张家布的"历史性"，还不及万全的《老祖家谱》。至少，《家谱》上面明初在山西抽充籍军的信息，是可以在《明实录》以及各种官书、地方志里得到证实的历史。

但是如果寿阳李姓的这张家布，只是将普明夫妇放置在族谱当中某个"想象"的位置上，那又说明了什么呢？

无疑，普明、普光对寿阳李姓是很重要的。不论他们在家布上占据的中心位置，还是莲花坟与太阳庙的传说，都很清楚地表明这一点。普明佛是清朝才被吸收到原籍的宗族当中的，原籍李姓，已经不知道普明在宗谱里的恰当位置。他被置于某位始祖的下面，只是表明他重新回到了宗族内部！他"得道成佛"之后，在宗教的帮助下，返回原籍，又被编入族谱。

值得注意的是，尽管李宾祖籍的宗族，已经无法按照任何宗法上的原则，为他找到宗族中的应有的位置。但是，这并没有对他顺利"回籍"构成什么障碍。

某种意义上，这就像是民间道门与乡村宗族之间漫长的往来过程中的一场"谈判"。"谈判"的结果，是在族谱上，象征性地为民间道门开辟了一个显要的位置。当然，也为那些张罗"归宗认祖"的万全黄天道，开辟了一个实际的场域。有意思的是，经过这样挖补、填充过的"家布"，表面上好像没有发生过任何变化，就像是其他所有按照儒家宗族理念编纂的族谱、宗图一样，乍看上去，依旧秩序井然。

　　令我们好奇的是，这张家布上普明与普光的牌位，被分别写成"普明佛李本
之神位、普光佛河氏之神位"。李宾与李本的发音相去不远，是否传抄中无意间
的讹误，不得而知。但普光（道书内称为王氏）为何变成了河（何？）氏，显然不像
是笔误。

　　没有更多的新发现之前，我们最好不要臆断这里面的原委。又何况，这次
"回归"原籍，实际上，帮助乾隆二十八年险些遭受灭顶之灾的万全黄天道，成功
地躲过了貌似无所不能的乾隆皇帝的严厉追查。

救世神学与劝善挽劫

扶乩与清代士人的救劫观

高万桑(Vincent Goossaert)*撰　曹新宇译

　　中国历史上,由道士(少数时候也有和尚)传出上天"降示"的经本,不乏"末世论"的思想①。人总是需要上天的启示,恰好反映出人世的苦难是普遍事实:人类正滑向堕落之深渊,亟须通过某种新的拯救方式,救度自己(或某些"种民")出离苦海,免于在即将降临的大劫当中罹难。在两千多年的道教历史上,总是不断出现"神示"。如果有人汇辑这条历史长河中的起起落落,写一部有关道教末世论的"长时段"历史,倒是极可能获得成功。末世论的思想特征,在有些历史时期表现得异常强烈,而其他时期,则似乎不甚显著。当然,"世界末日"本来就是如此,不论观念上怎样变迁,"末世"总会横亘在属于将来的视域之中,阻断现世的一切。

　　本文关注的,是由清代(18、19世纪)精英文人成员汇辑刊刻的扶乩(亦称

＊高万桑(Vincent Goossaert),法国高等实践研究院(EPHE)教授,研究生院院长;香港中文大学兼任教授,曾任日内瓦大学、中国人民大学客座教授。本文谨献给过早离开我们的两位重要学者:莫妮卡(Monica Esposito,1962—2011)和鲍菊隐(Judith M. Boltz,1947—2013),是她们的著作及灵感,启发了笔者写了这篇论文。笔者同时感谢维习安(Christian Wittern)提供《道藏辑要》测试版的使用,感谢王大为(David Ownby)、柯若朴(Philip Clart)、康豹(Paul R. Katz)、森由利亚、志贺市子对本文初稿所做的评论。本文最初几稿,曾提交"道教的命运概念"(埃尔兰根,2013年6月13—14日)、"戦争・災害より見た近代東アジアの民衆宗教"(学习院大学,东京,2013年6月22日),及"中国宗教史上的末世论"(巴黎,2014年4月10日,王大为与笔者共同主持)三次学术会议。我非常感谢祁履泰(Terry Kleeman)与武内房司邀请我参会,并提供绝好的机会,与相关的学者讨论拙文的一些思考,也感谢柯若朴在上述巴黎会议上提出的洞见。本文在日本的会议文稿,《近代道教の終末論:明清期における扶鸞と士大夫層における終末論の勃興》,梅川纯代译,发表在武内房司主编:《戦争・災害と近代東アジアの民衆宗教》,东京:有志舍,2014年,38—62页。本文在德国的会议文稿,"Modern Daoist Eschatology: Spirit-writing and Elite Soteriology in Late Imperial China",发表在*Daoism: Religion, History & Society*, 6, 2014, pp. 219-246。此次中文版发表之前,笔者对论文做了重要的补充和修订。

①所谓降示的经文,此处指上神赐给世人的经文,这类经文要求其内容必须原封不动地传抄散发。

"飞鸾""降笔"）鸾书①。这类经卷所宣扬的"末劫观"，通常以"灾劫"为重。
"末劫"话语，在何种程度上，应该划入"末世论"的范畴，尚存争议，这一点，我将
在结论部分予以说明。我认为，对这一话语的讨论，应将其置于早期及近代末世
论的"弥赛亚式"救主思想之嬗变当中寻求理解，因此，也应将其置于更为宏大
的末世论话语场景内加以观察。目前，学界所知较著名的道教"末世论"文书，
如《女青鬼律》（4世纪）及《洞渊神咒经》（5世纪），都可断定为中古时期的道
经②。而我这里集中论述的，是较为晚近的经文，它们与较早的中古道经之间，
既有延续，又有创新。这一特点，是理解此类文本的关键。因而，我在此提倡
对这个问题（道教史研究的其他方面也是如此），要进行两类时间尺度的研
究：其一，是贯穿整个道教史、重视延续性的长时段；其二，是针对专门研究对
象的特定时段。而具体到本文，则有三个相关的时段：首先，即"长时段"；其
次，是12世纪以降的历史时期，通过"降笔"获取神谕的专门技艺即出现在这
一阶段，这一时期也产生和发展了扶乩的相关话语；第三，是清初及清中叶的
特定时期，这时，出现一种与其他末世论经文迥然不同的，专属精英文人话语
的末世论文本。

在转向具体的历史叙事之前，必须对我们的分析范畴下一番定义。尽管末
世论（有关"世界末日"的话语）的种类很多，但是所有末世论文本的主导类型，
都是末日灾难，即在一场预定的浩劫当中，通常为上天派遣恶魔给人间降下灾难
（烈火、洪水、战争、瘟疫），而大多数人将注定毁灭。

这种末日灾难，被看作是一"劫"之终（the end of a kalpa），接下来，是新劫期
之始。因而，末劫并非某个特定的时刻，也不是绝对时间的终止。有些人可以免
遭此劫，中古道经上将这些幸运者称为"种民"，这就是所谓的"度劫"，或者"救
劫"。有些时候，某位"救主"，或者"弥赛亚"式的先知，比方说"弥勒"下生，或

---

① 笔者在此不准备讨论包括宝卷在内的其他类型明清末世论文本。
② Christine Mollier, *Une apocalypse taoïste du Vè siècle: Le livre des incantations divines des grottes a-byssales* (Paris: IHEC, 1990); Stephen R. Bokenkamp, "Time after Time: Taoist Apocalyptic History and the Founding of the T'ang Dynasty," *Asia Major*, 3rd Series, 7 (1994): 59-88; Anna K. Seidel, "Taoist Messianism," *Numen* 31 (1994): 161-174. 亦见 Erik Zürcher, "'Prince Moonlight'-Messianism and Eschatology in Early Medieval Chinese Buddhism," *T'oung Pao*, 68 (1982): 1-75.

"李弘"降世,将"种民"团结起来;一般说来,他会把"种民"从末日劫难里拯救出来,并为其开创一个和平、繁盛的王国。基督教神学声称,这个王国将持续一千年,因而有了"千年王国"(millenarianism)之说。我们将注意到,此后,末世灾难话语,成了道教经论的固定补充部分。然而,弥赛亚的或者千年王国的元素(特别在清代及近代),却往往被剔除出去;或者,至少是彻底重塑。早期道经救世传统中的救主,通常都要下界临凡,托生为人王;而现在(至少是在精英书写的末世论话语中),救主仍旧是住在天上。不过,他会通过日常化的启示(扶乩)对世人降下训谕。

上述分法,直观整齐。然而,落实到具体的文本,则难免碰到方凿圆枘,难以厘清的情况。这里最重要的关键词"劫",即有多种不同用法,便是不易分类的一例。清代的"神谕类"经卷(以及其他经本),在"劫"的用法上,就非常复杂多变,既有对早期用法的直接继承,也有新赋的意义。便于分析起见,本文将上述情况分为以下几类:

(一)劫(或劫数、劫运),指称某一场灾难(甚至疾病),通常是作为某种罪孽的惩罚。主要见于清代鸾书(与中古道经上"劫"的意思迥然不同),"劫"的这一概念,将其与某种道德世界的运转紧密关联,一旦作孽,报应总是如影相随。

(二)劫,指世人通过磨难考验的特定条件;最显著者,是人类集体面临的苦难或灾难。

(三)劫(或末劫,大劫),指世界末日(此后,将开启新的劫期)。

可见,"劫"这一个用语,指代极广。它覆盖了从个体到集体,从特定的某次灾难,到天覆地载间整个人类(除了选民之外)都要毁灭的浩劫。因而"度劫"的话语,自然就会指代不同:如何教导个人通过善行补救他们的命运?如何在即将降临的大劫中拯救世人?这种个体命运与集体命运之间的紧张与彷徨,确实是理解末世论道经的一个关键。

一、末世论与早期扶乩类道经

中国宗教的基本经典（包括所谓儒、释、道三教典籍）中，神谕类文书，即便不占大多数，也为数不少。目前发现最早的"扶乩"记载，始于 12 世纪。作为生产"神谕"的一种特殊技艺，扶乩揭开了这类历史长卷的新章。此前，梦兆、附体出神时的狂舞（有时由鼓乐引发）等领悟"神谕"的"技艺"，都已被人类使用了相当长的时间。"技艺"本身在多大程度上，将影响其透露出神谕的内容，还是个未决的问题。因为事实上，许多神谕类文书，从未确切告诉我们，这些"神谕"是如何被昭示出来的。仅以与 12 世纪扶乩兴起关系密切的《太上感应篇》为例①，该经卷问世以来，很快成为最受尊崇的一种善书。晚清入华传教士曾抱怨道：《太上篇》的印数，远远超过了《圣经》！据说，该篇乃"太上"垂训，但是我们并不知道，"太上"是如何降下这篇"训谕"的。但灵媒附体则不同，扶乩的特征之一，就是明确说明它们是扶乩所得的降笔，而不是通过其他神谕"技艺"所创作的。

确切地说，降笔类经卷出现最早的历史记载，始于 12 世纪晚期。从那时起，四川某个虔信文昌帝君的信众网络，开始出产各种文本，其中包括为文昌所作的传记《梓潼帝君化书》（道藏本；下文略作《化书》）。该书记述了文昌的历代化身以及天庭对他的封赐，又说他是如何积德行善，渐渐积功，终至被封为帝君。文昌也通过降谕，垂示经文，其中传播最广，影响最大的有两种：第一种经卷，是南宋乾道四年（1168）降谕之《大洞仙经》；另一种，则嘉定十三年（1220）前后降谕的《高上玉皇本行集经》（道藏本）。前者是上清派的核心经卷，属于早期著名经卷《大洞经》的一个新版本，大概成书于 4 世纪晚期。而不少学者认为后者更重要，因为该经很快成为天庭至尊玉帝的"本经"，所以被广泛应用于近、当代道

---

① 扶乩兴起之研究，见 Judith Magee Boltz, "On the Legacy of Zigu and a Manual on Spirit-writing in Her Name," in *The People and the Dao: New Studies in Chinese Religions in Honour of Daniel L. Overmyer*, ed. Philip Clart and Paul Crowe (Sankt Augustin: *Monumenta Serica*, 2009), 349–388。

教仪轨中。《玉皇经》的成书背景,显然与金宋之际战争频仍有关。经卷详细讨论了劫难临头,如何(通过转诵持念《玉皇经》)使得灾难中的黎庶安泰,经中也允诺将重建宇宙秩序、道德与太平。

制造这类文本的团体,或道坛,已为祁履泰(Terry Kleeman)及谢聪辉的近著所注意①。从学者已经揭示出这些道坛的特征上看,他们已具备明清乃至近、当代扶乩团体所共有的三个要素。第一,围绕降笔神明的信众自称某坛弟子。乩坛是扶乩的实践场所,同时也是同坛信众的社团。入坛弟子从神明那里取得一个"法名"(道名),这就意味着从此已经"名通天府"。南宋末年四川的这些乩坛,似乎都与某些大型道观及道士有关,然而,其中也有地方精英——儒生和官吏的参与。最早为文昌降笔的主要灵媒刘安胜,便是一个未曾为官的儒生,他把地方官员都算作同坛弟子,而这些官员也为"降笔"作序,并散布传播最新扶出的经文。第二,临坛降谕的神灵的角色独特,一般既要在天庭上界地位煊赫,又要关心弟子拯救黎庶。第三,降笔的"神谕"具有强烈的"末世论"色彩。正如前文所述,中国历史语境下的许多"神谕",很自然地属于末世论启示。12世纪以降,扶乩降笔出产的经文,都是这个古老传统的继续,但也为这一传统增添了大量新的内容。

上述"末世论"要素,在托名文昌降笔的文献中即有体现:其中一篇甚至颂其"宝号"(或圣号)为"救劫大慈悲更生永命天尊"②。而这方面最为显著的文本,则是《元始天尊说梓潼帝君本愿经》(道藏本)③。该经卷应为宋绍熙五年(1194)以后的降笔④,但脱胎于更为早期的《化书》等经。《本愿经》解释了玉帝是如何在检校"图箓"(善恶簿)之后,发现人类已经罪孽山积,于是推定劫运,救

---

①Terry F. Kleeman, *A God's Own Tale: The Book of Transformations of Wenchang, the Divine Lord of Zitong* (Albany: State University of New York Press, 1994); "The Expansion of the Wen-ch'ang Cult," in Patricia Buckley Ebrey and Peter N. Gregory eds., *Religion and Society in T'ang and Sung China* (Honolulu: University of Hawai'i Press, 1993), 45—73; 谢聪辉,《〈玉皇本行集经〉出世的背景与因缘研究》,载《道教研究学报:宗教、历史与社会》2009年第一期,第155—199页。
②在《太上无极总真文昌大洞仙经》(道藏本)、《清河内传》(道藏本)可以发现这一"宝号"。
③《道藏辑要》收入该经略有不同的另一版本《元始消劫梓潼本愿真经》,该经名更彰显其末世救劫的性质。
④参见祁履泰(Terry Kleeman)所撰提要,载 Kristofer Schipper and Franciscus Verellen, eds., *The Taoist Canon: A Historical Companion to the* Daozang (Chicago: University of Chicago Press, 2004), 2:1207.

令诸天魔王降灾人间,殄灭人类,靡有遗类。但在诸天真人、圣众的祈请之下,元始天尊委任文昌降坛飞鸾宣化,降笔消劫,拯救黎庶。经卷上称①:

> 委行飞鸾,开化人间,显迹天下。盖此末劫实未可除,若欲消之,此神其可。吾当为汝等召之,俾救度末世,勿使类绝。

二、从宋代至清代

12 世纪以来,出产"降笔"的道坛非常活跃,而且数目激增,可谓不可胜计。它们的形态更为多样,但依旧保持了上面定义的三要素,秉承着末世论的思想。13 至 15 世纪,这些团体的某些经文(包括科仪、修真文、歌诀、神仙传、经卷),也被收入了《道藏》。其中显著一例,是元末明初福建福州附近崇奉徐氏兄弟(徐知证、徐知谔兄弟)的道坛所出的大量降笔②。其中一种篇幅很短的经文,记载了道教神谱上地位极高的灵宝天尊的降谕,声言历数已终,人道将穷,而众生不知解悟,因此派徐氏兄弟下界显迹,教化世人,消灾度厄③。

大劫临头,通过扶鸾"降笔",示下善书以消劫解厄。这一主题,与文昌的神格密切相关,不过,其他神明,很快加入这一行列,并宣称承担同样的角色。可以说,这类神明中影响最大者,是稍后流行起来的真武,亦称"玄天上帝"。文昌之后,托名真武的降笔,数量非常可观。元代大德六年(1302)年刊行的真武降笔经文,就是显著的一例。真武降笔,显然是《玉皇经》的某种继续,这些降笔,结

---

① 《元始天尊说梓潼帝君本愿经》,第 2b 页;亦见《化书》序:"吾先奉玉帝敕,授以如意飞鸾墨迹于天地之间也,救末劫,爰命梓潼君也。"第 6b 页。
② Schipper and Verellen, eds. , *The Taoist Canon* , 2:1210-1216; Edward L. Davis, "Arms and the Tao, 1: Hero Cult and Empire in Traditional China," 载《宋代の社会と宗教》(东京: 汲古书院, 1985), 1—56 页;"Arms and the Dao, 2: The Xu Brothers in Tea Country," in *Daoist Identity: History, Lineage, and Ritual* , ed. Livia Kohn and Harold D. Roth (Honolulu: University of Hawai'i Press, 2002), 149-164.
③ 《灵宝天尊说洪恩灵济真君妙经》(道藏本)。值得注意的是,《道藏》中另一种不具年代,但极可能是元明之际的经卷《太上金华天尊救劫护命妙经 》(道藏本),也属于末世论性质的经卷。

成所谓的《武当山玄天上帝垂训文》①。该经反复强调末世灾难，人间充满各类魔王恶鬼，乃至末劫终临；它也号召世人敬奉真武，信奉真武的垂训，以求消劫免厄。经中称道②：

> 记录作善作恶，较量罪福重轻，轻则减死一半，重则死绝灭门。

> 善者得见天日，恶者不见太平，信者得度末劫，不信丧命亡魂。

现存该经的文献不足，尚无法弄清其在明代经卷编纂中的演变情况。两个世纪（明初至明中叶）之后，大约在17世纪初前后，这类文书进入了一个新的阶段，当时出现了更多的扶乩团体，出产的经文数量更多，种类更为繁杂。而从这时起的文献，就不仅限于孤立的经本，我们能够看到的信息更为丰富的文集，详细记载了生产及其传播这些经文的团体。

这一时期，文昌仍然是扶乩崇拜的一个主要神祇，继续源源不断地发展出重要的经论。当时刊刻一种主要的文昌降笔文集，《文帝救劫宝经》（或《救劫宝章》）③，汇辑了文昌"救劫"或"挽劫"的经文。该经同样收入了《道藏辑要》，但用了另一个经名：《元皇大道真君救劫宝经》。这一经本的源头尚不明确，但康熙时期的文献，已经提到此经④，因此可以大致断定是17世纪中期的文书。该

---

①《武当山玄天上帝垂训文》明刊本（年代不详），收入《藏外道书》，成都：巴蜀书社，1992—1994年，第22册，第416—418页。这部经卷日后被改名为《玄天上帝金科玉律》，见 Vincent Goossaert, *Livres de morale révélés par les dieux, édités, traduits, présentés et annotés* (Paris：Belles‐Lettres, 2012)，53—67；及王见川：《真武信仰在近世中国的传播》，《民俗研究》2010年第3期，第90—117页，特别是106—110页。这部经卷着重强调的末世论主题，在南宋淳熙十一年（1184）的一篇真武降笔当中已经出现。见《太上说玄天大圣真武本传神咒妙经》（道藏本）。

②《武当山玄天上帝垂训文》，第1b页。

③收入《增订敬信录》乾隆十四年（1749）、道光十一年（1831）刊本，第50a—59a页，见《三洞拾遗》，合肥：黄山书社，2005年影印本，第5册，第714—718页；以及《重刊道藏辑要》（1906原刊），成都：巴蜀书社，1995年影印本，第9册，第439—441页。

④《文昌祠丁守宪生位记》，载陈僖（康熙时期）：《燕山草堂集》，《记》卷三，第11a—12a页，收入《四库未收书辑刊》，北京：北京出版社，2000年，第8辑，第17册，第532页；及《镜善汇编序》，载姚文然（1621—1678）：《姚端恪公文集》，卷13，第26a—27a页，收入《四库未收书辑刊》第7辑，第18册，第361页。

经有些内容,直接引自另一种重要的文昌经卷《文昌帝君阴骘文》①,因而其成书时间,可能就在《文昌帝君阴骘文》刊行后不久。到 18 世纪,《文帝救劫宝经》已经广泛流传:当时几种流行的善书集都收录该经,这些善书集,也包括始刊于乾隆十四年(1749)的《敬信录》。

《救劫宝经》有一篇序文,警告世人劫运将临,文昌受命于天帝(明清经卷中常指玉帝)②,救度众生。文昌则警戒世人,度众挽劫,世人当"回心"修行,每日持诵四位天尊圣号,朔望诵《救劫经》及《太上感应篇》一篇,以消罪愆。接下的六章经文,集中论说了世人应尊奉的(实际上也是所有的善书都强调的)基本懿德,并列举大量轶事,来证验善恶果报,毫厘不爽。最后一章,又回归到末世论主题上面,并且讲到整个人类的集体命运。文昌在序文中描述了自己在"劫数来时"的角色③:

> 吾愍劫运之临,世人造恶,无有穷已。今遣十恶大魔三百万、飞天神王三百万、神兵神将一千六百万,以五道雷神主之,收取恶人。又大风、大雨、大水、大火、大疫并作,以收恶人,用充劫运,罪罚不远,深可哀怜。吾今为度脱众生,私露天机。

总体而言,《救劫宝经》与早期的文昌经卷,有许多母题是共通的。然而,《救劫宝经》里的文昌,被赋予更为重要地位。因为派下魔王神兵神将,殄灭恶人的神灵,正是文昌本人。另外一个新的特征,是文昌与"善书"观念及"天条"观念之间的紧密联系。对善书的重视,是因为信奉文昌,必须每日念诵《太上感应篇》方能消灭罪愆;而对无所不包的"天条"的强调④,则为个人受到命运的惩罚,以及整个人类面临的灾难,提供了逻辑基础。

---

①《文昌帝君阴骘文》及其断代问题,见 Goossaert, *Livres de morale révélés par les dieux*, 15-24;及酒井忠夫:《增补中国善书の研究》,东京:国书刊行会,1999 年,上卷,第 509—544 页;又见 Kleeman, *A God's Own Tale*, 77, 282;及氏著:"The Tract on the Hidden Administration," in *Religions of China in Practice*, ed. Donald S. Lopez Jr. (Princeton: Princeton University Press, 1996), 70-71.
②译者按:此与《元皇大道真君救劫宝经》所说文昌"私露天机"不同。
③《元皇大道真君救劫宝经》,第 1b 页。
④关于道教经卷、仪轨及训诫中"天条"的主题,笔者计划另文专述。

三、18 世纪经卷当中的末世论主题

对于《文帝救劫宝经》编纂者的信息，我们几乎是一无所知。然而，更晚近经本，情况则非常不同，其社会、组织、思想背景，往往有详细的记载可考。大型文库的"典藏化"编纂运动，是 18 世纪中国的一种风尚。而本文所述的典藏化编纂运动，主要指两个彼此相关的互动过程：其一，指救劫神明的降笔，被系统地集结为大型"全书"；其二，指救劫神明，被系统地扩充到国家祀典的神谱之内。这一典藏化编纂运动，对论述本文的观点非常重要。因为"典藏化"使"降笔"合法化，并且巩固了末世论在清代道教教义中的地位。我在另一篇文章，探讨鸾书"典藏化"的这一双向过程，并进一步讨论下列神灵、人以及经本①；本文只集中讨论末世论的主题。

清初，苏州有一个比较重要的扶乩团体，是当地最显赫的士绅望族成员所创，其中即包括苏州彭氏家族中的一位先公，彭定求（1645—1719）。他的名字，常常作为编者，作序者，或者直接作为"降笔"的领授者，出现在许多善书和降笔类的经文上面。彭便是当地私家乩坛的领袖之一。这些乩坛，多崇奉真武、斗姥、文昌等神。在 17 世纪 60 年代，彭定求将几个乩坛并为一个大坛，名为"玉坛"，敬奉的主神为玉帝②。几十年来，该坛不断扶出降笔的经文。康熙五十三年（1714），这些降笔被编辑成一部规模可观的文集，取名《玉诠》（五卷，收入《道藏辑要》）。严格说来，这并非一部经卷，而是一系列较短的乩文，大多与劫运及修道有关。然而，《玉诠》非常重要，因为这部经卷似乎直接影响了其同时代的，以及此后的很多类似团体（详后）。

尽管末世论并非《玉诠》的核心主题，但它仍旧是编纂这些降笔的苏州精英士人世界观的组成部分。各种降笔强调，神灵所垂训的修行之道，为的是信徒将

---

① "Spirit-writing, Canonization and the Rise of Divine Saviors: Wenchang, Lüzu, and Guandi, 1700-1858", *Late Imperial China*, 36(2), 82-125.

② 普林斯顿大学罗丹宁（Daniel Burton-Rose）的博士学位论文，即以彭氏家族编纂的此类文书为题。

来可以"超劫"（既指个人的业报，也指集体的灾难）。类似的说法，《玉诠》上屡
见不鲜，例如：

> 不知修道乃超劫之具（卷1，页63a）。

> 今诸子果能奉坛，须要远俗，以此心还之大道，此身还之天地，此家还之
> 劫数（卷1，页94b）。

> 所以弭灾消劫者在此矣（卷2，页53b）。

> 炼玄行法，可以降魔救劫（卷5，页8a）。

玉坛的临坛神祇，也纷纷发愿在大劫来临之际救度黎庶（卷1，页33a；卷1，页
99a）。而竟有一篇降笔声言，加入玉坛，即是不堕灾劫的"法门"。

> 何况林林总总之黎庶，未入大坛，未睹法训，岂不堕斯灾劫乎？（卷4，
> 页31b）

> 尚尔徘徊顾虑，甘为末劫之鬼魂，不乐身登于金阙。（卷3，页56a-b）

而这类世界观在清代扶乩团体当中是非常典型的。

清初，出现了不少崇奉吕祖的"新"扶乩团体，这是道经编纂史上的新阶段。
吕祖，即吕洞宾，号纯阳。史载，这位富于传奇色彩的神仙，早在11世纪即受到
崇奉。清初有一个系统整理与扩充吕祖降谕文集的乩坛[1]。这个乩坛，成立于
武昌（今属湖北省武汉市），起初就设在当地文人宋式南的家里。康熙四十一年
（1702）前后，这个团体建起一个道观——"涵三宫"，遂移乩坛于观内[2]。有了
道观，该乩坛得以"体制化"，而且永久地存留下来；后来的一位重要成员，刘樵，
又名体恕，乾隆十四年（1749）革职之前，曾官至知府。刘体恕汇辑了所有经他
考订，确系"正宗"的吕祖"降笔"，其中包括"涵三宫"内的大量乩文。乾隆八年
（1743），文集编纂告竣，名为《吕祖全书》[3]。康熙朝各个扶乩道坛的降笔，特别

---

[1] 吕祖的许多降笔可以追溯到宋代，而清初崇奉吕祖的乩坛，可谓多如牛毛。

[2] 黎志添：《清代四种〈吕祖全书〉与吕祖扶乩道坛的关系》，载《中国文哲研究集刊》2013年第42
期，第183—230页；李家骏：《〈吕祖全书〉三十二卷本与江夏涵三宫》，载《道教文化研究中心通
讯》2012年第26期，第1—4页。李家骏已完成《吕祖全书》研究为题的博士论文（香港中文大学，
2012年），笔者尚未拜读。另见尹志华：《〈吕祖全书〉的编纂和增辑》，载《宗教学研究》2012年第1
期，第16—21页。

[3] 刘樵编：《吕祖全书》，乾隆八年刊本，上海：千顷堂，民国六年（1917）年重刊本。

是涵三宫在 18 世纪前 40 年的降笔,占该文集的很大一部分,这些降笔称"经",比早期的乩文篇幅更长,而且教义也更为复杂。通过这些活动,以宋式南及刘樵为核心的乩坛,极大地改变了吕祖教谕的内容,也改变了吕祖的形象。

在包括《吕祖全书》在内的新辑降笔当中,末世论的教义随处可见。例如,康熙十八年(1679)的一篇在武昌的降笔《五品经》,开篇即称①:

> 己未之秋,上帝震怒,命司过诸神,历察人民罪案,尽依天律,注定劫数。
> 其在劫众生,不可胜纪。

而另一种经文,《三品经》,全名《清微三品至道极玄参同妙典大乘度劫真经》,经名即有明显的末世论色彩。该经为涵三宫乾隆五年(1740)所出降笔,经中非常清楚地指出,"吕祖"即是天命"主持劫会""挽回劫运"之神,他将"广推救劫之仁",以解厄度劫。

《吕祖全书》刊行不久,就影响极广;在此后几十年间,该书多次被其他地域的扶乩道坛修订、增订之后重刊,说明该书曾随着文人的屡次迁播,传得很远。乾隆三十九年(1774)由邵志琳(1748—1810)汇辑刊行的《吕祖全书》,已包括更多新辑入的经卷②。其中一种,是杭州的降笔,即明确用了末世论色彩的经名:《广慧修心保命超劫经》。吕祖也在经中出现,他是"太上"派下为世人解陈灾厄的救世祖师,经中的"劫",同样既表示个人的命运,也表示集体的劫难。

另外一个利用《吕祖》文集,并将其进而改造、扩充的扶乩团体,乾隆五十五年(1790)成立于京师,该坛的核心成员中,有不少高官,还有一个法名"明心"的和尚。这个乩坛的领袖是蒋予蒲(1755—1819)。予蒲,字元廷,嘉庆十一年(1806)至十九年(1814)间,积官至各部侍郎及都察院左副都御史。他们的乩

---

① 《五品经》,《吕祖全书》卷十二,第 2a 页。
② 邵志琳编:《吕祖全书》,乾隆三十九年(1774)刊本,重印本收入《中华续道藏》,台北:新文丰,1999年,第 20 册。黎志添:《清代四种〈吕祖全书〉与吕祖扶乩道坛的关系》(第 216—217 页),列出乾隆三十九年刊本所增补的内容,非常方便比对。

坛，"觉源坛"，在18世纪末至19世纪最初十年间，非常活跃①。"觉源坛"首先重新刊刻了新版的《吕祖全书》，然后开始着手进行一项更为雄心勃勃的事业，这就是嘉庆十一年（1806）年刊行的《道藏辑要》。这一道经丛书，包括三百多种经卷，其中三分之二，选自明（正统/万历）《道藏》，另外大约一百多种（多为扶乩降笔），成文于17、18世纪②。新增的某些经卷，是早期的乩坛降笔（包括"玉坛"及"涵三宫"的扶乩经文），但相当一部分，是"觉源坛"自己的扶鸾乩文。《道藏辑要》因此形成了扶乩降笔典藏化过程的巅峰之作，这一过程的重要特征，即大量选辑围绕吕祖、斗姥、文昌、关帝等神祇集结的道坛乩文。《辑要》是一部特别重要的道经文集，因为它囊括了19世纪初以前，道经教义发展的实况；而在此之后，历史形势的新发展，将引导道经编纂开出新的方向（详下）。

《道藏辑要》中有大量的末世论方面的经卷。除了类似《元始天尊说梓潼帝君本愿经》《文帝救劫经》等18世纪已经流通颇广的经文之外，蒋予蒲周围的扶乩老手们，在"觉源坛"也扶出不少他们自己的经卷。此仅举一例，斗姥降笔之《九皇斗姥戒杀延生真经》，即为我们生动描绘出，由于杀生害命，罪业山积，人类即将在劫难中灭尽。斗姥传训，只有痛改前非，惜命护生，才能挽劫于末世。劫难将至之际，斗姥甚至计算出一种最有效的积德除厄的方式，因而可以最大地争取到避劫的机会：

> 一人行之，可救一身之难；众人行之，可挽世运之劫。（页20b）
>
> 且有不必积至百年，积至数十年，而待劫运之来，始同归于尽者矣。

---

① 蒋予蒲及《道藏辑要》的有关论述，参见 Monica Esposito, "The Discovery of Jiang Yuanting's Daozang jiyao in Jiangnan: A Presentation of the Daoist Canon of the Qing Dynasty"，载麦谷邦夫编：《江南道教の研究》，京都：人文科学研究所，2007年，第79—110页；及氏著："The Invention of a Quanzhen Canon: The Wondrous Fate of the Daozang jiyao," in *Quanzhen Daoists in Chinese Society and Culture, 1500 -2010*, ed. Liu Xun and Vincent Goossaert (Berkeley: Institute of East Asian Studies, 2013), 44-77。森由利亚：《〈道藏辑要〉と蒋予蒲の吕祖扶乩信仰》，《东方宗教》98号，2001年，第33—52页；及氏著："Identity and Lineage: The Taiyi jinhua zongzhi and the Spirit-writing Cult to Patriarch Lü in Qing China," in *Daoist Identity: Cosmology, Lineage, and Ritual*, 165-184；以及《蒋予蒲の吕祖扶乩信仰と全真教:〈清微宏范道门功课〉の成立をめぐって》，载堀池信夫、砂山稔编：《道教研究の最先端》，东京：大河书房，2006年，第82—108页。

② 《道藏辑要》的整理计划，由莫妮卡（Monica Esposito）最初发起，后改为黎志添负责，目前正在为《辑要》编纂详细的提要。

（页 23a）

爰有水火、刀兵、虫蝗、疫疬等事,而为一大劫。然则劫运之来,但就其所积者而言,非谓必至。数十年始成一劫,而中间之肆虐者,反得优游无害也。（页 23b）

致令一身之灾祸益大,举世之劫运益速。（页 28a）

1840 年以降,特别是太平天国战争(1851—1864)时期,末世论话语出现了新的转向,并且呈现出惊人的扩展态势。四川重庆附近的龙女寺里的一个乩坛,从 1840 年起开始传出降笔。这些乩文声言:玉帝发现世人罪孽深重,劫运难挽,因而已决定殄灭人类;只是在关帝祈请之下,才获得暂缓的转机(关帝此刻成为这一时期末世论话语的中心神明和救世主)。于是,关帝与其他上界的圣众,这才得以纷纷临坛降笔,拯救元黎①。王见川追溯 19 世纪背景下这一话语的源流及其迅速传播的情况。从民国初年以降,救世团体编写并散布的末世论经卷(新旧均有)的数量空前②,因而,这一末世论传统一直传到今天。王见川与其他历史学家主张,对传统的善书与 1840 之后乩书经卷,应该加以区分;后者常常与宗教结社传统组织,例如先天道及其分化出的各个支派,也包括各种救世团体,有一定的联系;而且在风格上更加大众化,文辞上末世论色彩更为浓厚。1840 年之后的文本,通常都会提到大劫将临的时间,而且引入"三期末劫"的理论,这些情况在前述经卷当中很少发现③。然而,如果这一时期确实代表了这类经卷编辑与末世思想历史上的一个转折点,应该注意,很重要的是,当时编纂的文本,

①武内房司:《清末四川の宗教運動》,载《学習院大学文学部研究年報》1994 年 37 号,第 59—93 页;王见川:《台湾"关帝当玉皇"传说的由来》,载氏著:《汉人宗教、民间信仰与预言书的探索:王见川自选集》,台北:博扬,2008 年,第 412—430 页;另见游子安:《敷化宇内:清代以来关帝善书及其信仰的传播》,载《香港中文大学中国文化研究所学报》,2010 年第 50 期,第 219—253 页,特别参见第 225—228 页。

②救世团体是民国时期发展起来的宗教运动,这一运动整合了以往的修炼实践与教义(经常是末世论式的),然而其组织形式却是近代化的(大众培训、类似教会的组织构架),参见 Vincent Goossaert and David A. Palmer, *The Religious Question in Modern China*（Chicago：Chicago University Press, 2011）, chap. 4。

③讨论 20 世纪乩坛鸾堂团体及其末世论思想的著作,参见 David K. Jordan and Daniel Overmyer, *The Flying Phoenix：Aspects of Chinese Sectarianism in Taiwan*（Princeton：Princeton University Press, 1986）以及 Paul R. Katz, *When Valleys Turned Blood Red：The Ta-pa-ni Incident in Colonial Taiwan*（Honolulu：University of Hawai'i Press, 2005）。

以新的形式重新表述了宋代文昌降笔已经出现，而且经历了 18 世纪经卷发展出的思想。

四、清代背景下的末世论

与《道藏》相比，17、18 世纪汇辑降笔而成的《道藏辑要》，具有显著的末世论特点。《辑要》目录，包括上述奠基性经卷的文昌降笔，以及玉坛、涵三宫、觉源坛所辑《本愿经》《救劫宝经》等等。更重要的是，参加《道藏辑要》编纂的高官，毫无忌讳地在这些经卷上署名。最突出的一例，可能是朱珪（1731—1807），他公然宣称《救劫宝经》是他主持刊刻的。朱珪是"觉源坛"的成员，而且一生信奉吕祖与文昌。他是当时品秩显赫的高官之一，嘉庆皇帝尚在储君时期，朱珪值上书房，任侍讲学士，是清仁宗的老师。嘉庆日后对朱珪锡赐宠眷甚隆。朱仕途顺利，曾出任督抚；嘉庆四年（1799），太上皇乾隆驾崩之后，仁宗将朱珪召回京师，赐予其更多的荣誉及特权。他实际上是嘉庆六年（1801）文昌加封列入国家祀典的背后力量。换句话说，甚至可以说帝国最有权势的高官，汇辑并刊刻了一套降笔经卷，警醒世人：魔王恶鬼正将要将其全部殄灭。这不是我们可以在标准的有关清代中国及其所谓儒家精英的历史教科书里可以找到的信息。

由于主人公在历史上地位显赫，朱珪在此似乎显得有些异类。但他绝不是唯一的例子；许多 18、19 世纪官员，在这方面都可以将仕宦生涯和经典的正统儒家著述，与丰富多元的个人精神生活结合起来，而在其个体精神世界扮演重要角色的，却可能是修道、扶鸾，乃至崇奉吕祖、文昌、关帝这些神明①。在这些官员

---

① 清代情况类似的完颜家族的例子，参见 Liu Xun, "Immortals and Patriarchs: The Daoist World of a Manchu Official and His Family in Nineteenth Century China," *Asia Major* , 3rd Series, 17. 2 (2004): 161-218; 而俞樾的例子，见 Vincent Goossaert, "Yu Yue (1821-1906) explore l'au-delà. La culture religieuse des élites chinoises à la veille des révolutions," in *Miscellanea Asiatica* , ed. Roberte Hamayon, Denise Aigle, Isabelle Charleux, and Vincent Goossaert (Sankt Augustin: Monumenta Serica, 2011), 623-656。

看来,他们生活中的不同面向,似乎并不存在什么根本性的矛盾。而且,很多情况下,官员的私人宗教世界,在其传记材料中也并无体现;也可能这些材料,已经过其弟子、后代的编辑,任何看似引起争议的,或仅因体例原因,不宜写入标准人物传稿的信息,都在付梓之前,被删削干净。而这些官员关于自己死后的下落,以及在末劫降临之时挽回劫运拯救世人的需要,不可能在官书中公开表述,因而必须在其他的文体,诸如善书和降笔经卷当中找到宣泄的地方。然而,这类文字,往往冠以某些官方祀典之内的神明(特别是嘉庆以降,吕祖、文昌、许逊等流行于乩坛扶鸾的神祇,都被册封纳入祀典)的声威之下,因而构成了一个受允许的空间,也获得部分自由,这对上层士绅表达其世界观,是非常关键的。

在我们考虑当时末世论话语的地位,这种"宽容"可能令人吃惊。构筑起这一话语的许多部分,实际上是由许多民间信众团体(学界常称其为"教派")所推动的,而且在他们的"宝卷"里面,有很多细节的描述①。由于这些团体经常被查禁,有时甚至遭到镇压,而且他们还与千年王国式的叛乱有关,这类话语也颇为犯忌,政治上极为敏感。嘉庆十一年(1806)朱珪将《救劫宝经》编入《道藏辑要》付梓刊行,正值清廷刚刚平定了川、陕、楚汉水上游的一场千年王国式的叛乱,这场战争持续十年(1794—1804)之久,战火所经之地,无不被大肆破坏,饱尝战争蹂躏。没人会想到在这样的背景条件下,某些高官还会刊刻预言世界末日的经文,然而他们竟然还是将其刊行。

这就引出一个问题:这类末世论话语在多大程度上是清代社会允许传播的?可以说,并不是由于宝卷宣扬末世论使得这一话语成为被打压的对象,反而是谁可以,或什么样的方式可以合法地讨论末世论的主题。因此,我提倡将包括《道藏辑要》所收经卷在内的末世论话语,与"宝卷"的末世论区分开来。关注这个问题的学者,强调宝卷末世论与中古道教文书的相似之处,及其延续关系;但往

---

① Barend Ter Haar, *The White Lotus Teachings in Chinese Religious History* (Leiden: Brill, 1992); Daniel L. Overmyer, *Precious Volumes: An Introduction to Chinese Sectarian Scriptures from the Sixteenth and Seventeenth Centuries* (Cambridge: Harvard University Asia Center, 1999); Liu Kwang-Ching and Richard Shek, eds., *Heterodoxy in Late Imperial China* (Honolulu: University of Hawai'i Press, 2004).

往忽略了与宝卷同时代的道教末世论的经卷纂辑①。尽管探索宝卷与中古文献之间的联系前景广阔成果可期,但意识到中国的末世论传统的多元性质同样非常关键,这一传统有多种不同的形态,甚至属于同一时期的文本也是如此。清初及清中叶的鸾书降笔经卷,通常没有宝卷末世论那种以"三期末劫说"为核心的特征②,而是诉诸渐近的,而且可以挽回的人世的衰落;更为关键的是,这种末世论不是那种救世主降临的"弥赛亚式"的——至少严格说来不是。1840 年之前道经末世论,没有说法宣扬救世主,不论是弥勒、李弘,还是下一位皇帝,或其他什么神人,将要下界临凡,召集选民,创建一个太平盛世的王国。相反,弥赛亚式的救世主的角色,是由借助飞鸾宣化的某位神明充当,或是文昌、真武,或是斗姥、吕祖,他们通过扶乩,降下训谕,但通常并不会托生世间,显化为某位具体的人物。这一区别,极为重要:因为这样一来,便没有人会借此宣称自己便是救世主在世间独一无二的化身了——那位拯救黎庶的弥赛亚式的神祇,正在同样的时刻,忙于在全国各地降坛,示下道德教化的训谕。这种弥赛亚式的卡里斯(messianic-charisma)的倍增与扩散,确实,成了某种日常化的形态③,末劫论在政治上最为可怕的面向,即自称"救世主"下凡,或者更糟糕的情况下,径直称帝,被摒除了产生的可能性。总而言之,早期道经里面可以发现的这种王朝更迭的救主思想,这时已不多见了;现在批判的要点,不是某个政权道德上的没落,而是整个人世的堕落。

因此,我建议将清代扶乩道坛群体所创造并传播的末世论话语,及其典藏化产物《道藏辑要》,定义为近代精英末世论。近代,是因为其虽然与早期文本有清楚的延续性,但它也在许多关键之处,进行了创新(特别是以降笔替代了人间救世主),并成为 12 世纪至今汇辑的一大批末世论道经的共同特征。精英,是因

①李丰楙:《救劫与度劫:道教与明末民间宗教的末世性格》,载黎志添主编:《道教与民间宗教研究论集》,香港:学峰文化事业,1999 年,第40~72 页;Sze Tak Pui, "Eschatology in Ming-Qing Sectarian Precious Volumes (*baojuan*) and Its Daoist Elements"(MA thesis, Vancouver: University of British Columbia, 2003)。
②《广慧修心保命超劫经》提及"三期末劫";但应当注意,"三期末劫"的话语,在中古道经当中已经流行,因而并不能看作是"教派"影响的必然标记。
③感谢王大为(David Ownby)提出了"弥赛亚式"社会学动力的"日常化"的概念。

为它是通过士绅阶层成员编纂与传播的，甚至包括上层士绅的重要分子乃至高官，这类文本并不排斥大众参与，但所暗含的宗教诉求与价值观，无疑是精英式的。

这种精英宗教诉求的标志之一，重在修德，并以此为挽劫度厄的主要方法。与这种"修德"有关的内容，并非以所谓儒家为主，因为从宋代以降，善书已经形成影响力极大的"三教合一"的伦理说教话语。其强调的，则是"祸福无门，惟人自招"，即"我命在我不在天"，这是道—儒相济的修身理论基础，及一整套修身救世神学。也许，正是由于道教善书降笔的作者认为，世人修德可以回转人类堕落的趋势，挽劫，并使人类回归上古之淳朴，使得这种末世论话语更加易于社会接受；虽然这些经卷"遣下恶鬼魔王受尽造孽世人"的内容，也不是能被所有的人完全接受。

救劫道书精英化方式的一个后果，是有关劫运周期、末劫时日的推算，不再出现；而末劫何时启动，在运终劫变之前，都要看世人是否真正有悔改的行动，也要看天庭最终的决定；而不像是中古经卷或宝卷的末劫理论那样，预先已将末劫来临的时间，定于"壬申"年，或"甲子"年。劫终并非出于某种必然（诸如元气耗尽），而是要看天庭的裁断，因而劫运本身，也要经过合适的程序才能启动。这是一种给人类以很大机动性的末世论；它也是一种"威胁式"，而不是"命定式"的末世论，如果在大劫面前，我们毫无悔改的作为，听之任之，劫难才会最终降临。然而，尽管善书有关"个人救度"的话语，是非常乐观的（一个人可以通过修德行善在世间获福报，而且甚至可以成神），关于人类的集体命运的话语却相当悲观，在有清一代，似乎更是如此，用恰当的形容中古时期道经的现成的话来说，就是浓厚的社会忧患意识。笼统地说来，加入鸾坛的士绅成员，对自身"得度"，似乎比较有信心；但对他们是否能够"救度"他们周围的大众世人，则信心不足，然而他们感觉，救度世人，又是他们的责任。同时，他们汇辑的降笔，不时地换用关于"劫"字的意义，在一句话中是集体性的浩劫，而下一句中，又成了个人的业报；有些文本非常清楚地表示"包含万有"的世界劫难，而另外一些情况则不是。这种模糊性，并非偶然；对于宣教者或修道善人来说，这是非常有创造性的，他们可以根据宣讲的对象和具体的情境，调整他们的话语，通过末世降临的警示，构建能够引起紧张与关注的感情，而同时劝人在个人的境遇下，思考修善与道德秩序的问题。

与中古道经反映的情况相比，清代精英宗教活动的另外一个特点，是祛魔法事与道教仪轨的渐渐式微。降笔善书提到"魔"，但是，它们只是天庭敕令所派遣，而一个人知不知道这些魔鬼的名字，或除魔的方术，都不大重要：关键是要使得天庭上界回心转意，方可召回这些恶魔①。这种转向，显然与身处官僚化"程序"当中的精英有关。即便这样，仪轨方术也并非全部不见了，《吕祖全书》里面就收入一篇《救劫咒》，《道藏辑要》里面还收录了一部"毗卢遮那佛"降示的救劫鸾书，用以祛除各种招来灾祸的鬼怪②。

如何理解降笔道经中末世论的兴起，仅仅关注其社会环境是不够的。尽管有的时候，末世论经卷的纂辑，与某次重大的灾难有关。正如，13世纪四川战争频仍，确实是纂辑《玉皇经》的一个背景。但上述18世纪的扶鸾道经文集的纂辑，大多数情况下，类似的解释，关联性就比较薄弱，也缺乏说服力。确实，对于发生在19世纪的各类灾难（太平天国战争期间达到顶峰），包括许多官员在内，都是在末世论话语的情境下，对其加以解释的。山田贤专门整理了"救劫善书"的兴起与实际灾难的关联。他注意到的一篇文昌降笔，就垂示嘉庆六年（1801）的大洪灾，实乃大劫将临的警告③。然而，在18世纪，这一话语已经发展起来，而灾难在18世纪还只是被看作局部性的，还很少被看成是威胁整个中国的大劫。我认为，正确理解扶鸾道经在教义上的创新及其末日关怀的兴起的动力，应该从扶乩团体内部探寻。

---

①学界注意到，受上天之命派下瘟疫的"疫鬼"与"瘟神"之间的紧张，便是上述宗教活动"转型"的一个例证；参见 Paul R. Katz, *Demon Hordes and Burning Boats: The Cult of Marshal Wen in Late Imperial Chekiang* (Albany: SUNY, 1995), 49—50。
②《元始上帝毗卢耶说大洞救劫尊经》，收入《道藏辑要》。
③山田贤：《世界の破滅とその救済：清末の救劫の善书について》，《史朋》，30号（1998年），第32—41页。笔者非常感谢志贺市子对该文的推荐。

结论：是否存在一种精英末世论？

本文试图勾勒末世论话语延续性，特别是从宋代以降，到其近代精英形式的长时段图景。我们所熟知的这个世界，到了其末日，而大多数的人类都将毁灭，这种观念自始至终一直活跃，历史上各种体裁的文献均有论及，其中文人"笔记"对末世论主题的探讨相当广泛，表明种种观点均有一定的传播。要把握这种变迁中的末世论究系何指，我们需要与贯穿于扶乩文本中的末世论，保持一定批判的距离。田野调查为基础的研究表明，扶乩团体可以在没有实际上的末世恐慌的条件下，生产、背诵并传播信号强烈的末世论文本[1]。另外，救劫的众仙，向天庭至尊的上神祈求从将临大劫中拯救世人，在某种程度上，成为引起经文的一种"修辞"；这当中某些经文与末劫的观念有关，有些则全不搭界，因而一定不能把所有与"劫变观"有关的文字，都看作是关于"末世"真实焦虑的确证。

柯若朴（Philip Clart）认为[2]，精英扶乩经卷的话语，并非真正的末世论，因为它不去预言某场特定的劫难，也不宣扬末劫之恐怖的情景；它不过是在借用可能的灾难，强调其自身的核心关怀：维系或重建社会秩序。关键在于"秩序"及"失序"，而不是末日。柯若朴甚至认为，我们讨论的经卷，构成了"民众末世论"的某种"反话语"。这一论点，非常值得重视：在许多扶鸾经卷中，提及"末劫"，确实只是当作某种非常模糊的可能性，好像只是为了引导读者或听众关注"修德"内容的一个修辞手法。

然而，我认为，上述某些经本中对"末世威胁"的强调，已经在概念上，足以称其为"末世论"的经卷。然而，很明显，与明确预言世界末日的经卷相比，这是一种不同种类的末世论经卷，这里，就像常常发生的那样，我们无法因为讨论对象出自非西方的情景，就在概念上将其排斥在外，我们只能对其略作"削适"，将其列入讨论，这当然在事实上也扩展了有关西方概念的外延。正如我们已经看

---

① 王大为（David Ownby）评议，香港，2012 年 12 月 14 日。
② "中国宗教史上的末世论"学术研讨会上的评议，巴黎，2014 年 4 月 10 日。

到的,清代的精英化"救世神学",既不是弥赛亚救世主式的,也不是千年王国式
的,然而,这一神学话语具备明确的末世论要素。鸾书关于人类终灭堕落的焦
虑,体现在各种隐喻当中;最常见者,是世人罪戾充满天地之后,所形成的黑气。
此处有关末劫恐怖的情节,是比其他末世论话语简略,然而上神可以在任何时刻
派遣亿万魔王鬼兵下界的观念,法峻辞严,并不是随意性的表达。士绅文人对于
19世纪真正的灾难性事件(以太平天国战争最为酷烈)的反应表明,这些话语辞
藻,正是他们对目下经历过苦难最贴切的表述。换句话说,不论我们是否同意扶
乩道书是一种末世论,这些话语辞藻,构建起了"精英"救世神学与"民众"救世
神学的"理想类型",这两种话语,实际上涵盖了漫长的延续过程,也在很大程度
上,彼此重叠交加。我们说二者有交集之处,其重要的表征,是"精英"与"民
众",实际上共享着同一种关于"劫变"的幻象,同样相信(总有一天)整个人世间
将受到残酷的天谴。

"善"与革命

——清末民初的四川地方社会

山田贤*撰　顾长江译

引　言

　　辛亥革命前夜,清末四川的地方社会迎来了"善"的时代。这一论断可能会给读者带来些许奇怪的印象,但哪怕只是翻阅地方志的人物传也不难发现,地方精英积极投身慈善行动的事例不胜枚举。此外,他们在为善的方针下主办的扶乩结社——类似于日本"狐狗狸"的降神术——也绝不鲜见。笔者已在多篇文章中论及,人们之所以热衷于"善"这种老生常谈的价值,是因为一种世界观使然,他们认为人类的积恶使世界濒于破灭的危机("劫"),无论是为了让个人摆脱"劫",还是从根本上挽回"劫"本身、解救世界,都只有为善一途,舍此以外别无他法①。如此,为了解救个人乃至世界,慈善组织便逐渐集结形成,以通过扶乩得到的神谕向人们宣示应有的"善",并在社会上体现神明赋予的准则,且付诸实践。

　　然而,通过"善"举挽救迫近之"劫"的这种世界观,在辛亥革命后的中国近现代史叙述中并没有得到明确的定位。进入中华民国时期以后,扶乩结社活动

＊日本千叶大学副校长、教授。

①拙文《記憶される"地域"——丁治棠〈仕隠斎渉筆〉の世界》(《東洋史研究》六二卷二号,2003年)、《革命イデオロギーの遠い水脈——清末の"救劫"思想をめぐって》(《中国—社会と文化》第二六号,2011年)等。

本身,乃至他们发行的善书等都遭到新时代知识分子的猛烈批判,被一致认定为陈旧、落后的迷信。如,笔者曾在一文中有过介绍,鲁迅在其随想《随感录》中对该时期的扶乩结社活动及其刊刻善书的内容进行过严厉批判,称其为"迷信""造言蜚语",可以说是最著名的一例了①。对于以鲁迅为代表的、以《新青年》为论战阵地的知识分子而言,无论是扶乩结社所倡导的古色苍然的规范,还是扶乩活动本身,都无疑是落后、迷信的旧中国积弊的象征。

那么,地方社会的状况又是如何呢? 经历了辛亥革命,新社会开始萌芽,随之而来的是启蒙时代的开启,陈旧的迷信应当在合理的思考下被革除,在这种前提下,地方社会诸如扶乩、"善书"等"旧"的价值观自然会逐渐遭到排斥,这一过程不难想象。但笔者在研究留存于地方社会基层的史料时所发现的,却是人们在传统框架下构想的向"善"的意向,以及为了这种"善"的实现而做的努力。如此一来,我们也许应当从不同于鲁迅的视角,或者说不同于城市的、"进步的"知识分子的视角——与他们构想的近代史形象稍稍拉开距离,重新探讨辛亥革命前后地域社会的动向,以及地域社会中的情感与逻辑。

如果盛极于清末四川地方社会的"善"与救济的世界观并未在辛亥革命前后的社会变动中轻易消失,那么对于这种看上去落后、迷信、脆弱而实际上却极为牢固的世界观在地域社会秩序的形成与社会变迁中发挥了何种影响,就有必要进行讨论。换言之,按笔者的预测,辛亥革命以后的"新"社会与"旧"的扶乩、善书等世界观之间并不存在天然的对立,被视为"旧"世界观的事物对于中国近现代的社会变迁仍然悄无声息地继续保持着影响力。

在上述问题意识之下,拙文将主要以四川省东部地区为对象,重新叙述清末地域社会对"善"的狂热,并结合其与辛亥革命前后近代中国社会变迁的关系进行考察②。

---

① 参见前揭拙文《革命イデオロギーの遠い水脈》。
② 关于辛亥革命前后四川省的概况与地区精英的动向,西川正夫《四川の郷村社会:辛亥革命前後》(2008 年)进行了非常详细的实证研究,值得参考。但其并未涉及基层社会的政治文化与心态。从该角度研究辛亥革命前后地域社会的,主要有藤谷浩悦的一系列研究,主要以湖南为对象。参见藤谷浩悦《一九○六年の萍瀏醴蜂起と民衆文化——中秋節の謡言を中心に》(《史学雑誌》第一一三巻第一○号,2004 年)、《辛亥革命の心性——湖南省の民衆文化を中心に》(飯島渉、久保亨、村田雄二郎編《中華世界と近代》,シリーズ20 世紀中国史 1,東京大学出版会,2009 年)等。

一、实践"善"的人们——四川省地域社会素描

在清末四川留下的史料中,也存在对传统社会"善"的观念进行严厉批判的部分。如,清末四川涪州编撰的乡土志《涪乘启新》就是一例①。所谓"乡土志",是介绍作为地方自治基础而必备的地方历史知识的书籍,也是初等教育的教科书。在《涪乘启新》第三十三课《了凡派盛行》和第三十五讲《扶鸾请乩笔录传谕诸邪术为酿乱之阶》中,关于"了凡派",即功过格的流行与《太上感应篇》《文昌帝君阴骘文》等善书以及依靠扶乩进行劝善的行为有如下叙述:

第三十三课　了凡派之盛行

州中了凡派盛行。其旨在劝善正误……富贵、寿命有定数,生前即由司人间命运之神祇记录在册。然,如若修德则可变更既定之命数,夭折者可得长寿,贫贱者可得富贵。如此,日录己之功过于格。……且其流派传播之时,奉《感应篇》《阴骘文》等劝人曰,从之则他日得福祥、免劫运。……事变将至而不苦心以对现实,徒称"我若善人必能免劫运。为中国人应有此向善之心",其害必烈。

第三十五课　扶鸾请乩笔录传谕诸邪术为酿乱之阶

依扶鸾、请乩等降神术所获之笔录、传谕等,无论贤愚众皆信之。明理之士,虽心知其非,而不予排斥者,皆因笔录、传谕等以忠孝之说为名目,附会为古来死忠义、列祀典者之教诲也。其不知堤防崩于蚁穴之理。……我州咸丰、同治年间此风尤为盛行,现已式微。②

不同于同时期四川编撰的大部分地方志,《涪乘启新》书如其名("启新"),编撰的主旨首先在于在初等教育的阶段以与新时代相符的新知识启发初学者。因此,正如鲁迅一样,该书也认为陈旧的迷信习俗可能是将来招致祸端的萌芽,应

---

① 有关"乡镇志""乡土志"等参照佐藤仁史《近代中国の地方志に见る郷土意識——江南地方を中心に》(《史潮》新五六号,2004年)。

② 以上引文转译自日语,译者注。

74

当予以排斥。

但是,《涪乘启新》对于传统的善书与降神术进行彻底攻击,也从相反的角度证明了它们在地域社会的渗透是根深蒂固的。实际上,"了凡派"及与其相关的善书"盛行",为了获得神谕的善的准则而进行的"扶乩"活动也至少在清末咸丰、同治年间仍盛极一时,其余热持续不衰①。

不同于《涪乘启新》,纵观清末民初时期编撰的多部地方志,对于基层社会广泛共存的"善"的价值规范似乎都没有抱有质疑。对于这个问题他们习以为常而未加关注,没有有意识地留下叙述。如此一来,我们就可以从中提炼出时人对规范的意识。清末民初编撰的地方志列传,对以"功过格"、《感应篇》、《阴骘文》等为准则而生活的人们,往往不吝赞美之词。下面试举几例:

> 吴启鸿……性孝友,贵朴实。生母早逝后,待继母数十年如一日。……内和外睦,常作功过格言以自戒。(光绪《金堂县乡土志》卷二,耆旧录)

> 张德绅……来里鼓楼场人。……教授学问之暇,常以自身之实践教谕《感应篇》《阴骘文》《朱子小学》等书之要点,曰"非如此则不能称为贤士。纵使有幸中科举,得官职,亦与世道人心无益"。诸生中年长有学问基础者,则教其袁了凡之功过格。……晚年留心"公善",兴本场"十全会",援助贫苦之人。(民国《合川县志》卷四六,乡贤)

> 梁权恺……读袁了凡《立命篇》,遂一心行善。……中年在家教学……甲班年长,使读《朱子小学》;乙班年少,使读三圣经(《太上感应篇》《文昌帝君阴骘文》《关圣帝君觉世经》)。(民国《合川县志》卷四五,乡贤)

> 查顺邦……宣讲顺应《感应篇》《阴骘文》教诲而得到福报的案证,以戒众人。听讲后有心善行者颇多。……兴石龙场之"十全会",施医药、棺材,设义冢,设资金以行善举。(民国《合川县志》卷四八,乡贤)②

①关于清末四川的社会与民间信仰,参见拙著《移住民的秩序——清代四川地域社会史研究》(名古屋大学出版会,1995年)、武内房司《清末四川の宗教運動——扶鸞·宣講型宗教結社の誕生》(《学習院大学文学部研究年報》第三七辑,1994年)等。
②以上引文转译自日语,译者注。

此处所列事例仅为极少的一部分,但已可从中引出不少论点。第一,以功过格为代表的《感应篇》《阴骘文》《觉世经》等善书①广泛流布于地方社会,以善书作为自身行为规范、或以其教谕他人都能得到赞赏。第二,对善书中世界观有所共鸣的人们,通过"宣讲"的形式对其大为宣传,为实现救济穷人等具体的"善举",从而实现"公善"的社会,往往在基层社会建立"十全会"等组织。也就是说,善书的世界观不仅应当内化为个人的规范,而且应向外延伸,扩张到足以容纳更多人的范围,并应在现实社会中能动地推进规范的实现。

《涪乘启新》中提及的"了凡派",是依据明末袁了凡倡议并推广的"功过格"而进行劝善的一种善会。"功过格"将人的行为分为善行与恶行,进行了细致规定,并在此基础上统计每天所做善行与恶行的多少,以厉行积善为指标。行更多的善事,或者说善行的分值累积起来,将会为自己或子孙带来福报。例如,光绪《金堂县乡土志》卷二《耆旧录》中罗列了以义冢、施棺、义仓、赈济、团练、矜孤恤寡等形式"乐善好施"者的传记,篇末总是以程式化的文字结尾。即叙述子孙繁荣、得中科举、获得官位等,同时多使用"积善之报""盛德之报""孝德之报""种德之报"等评语。这表明,人们坚信积累善行必将为自身、甚至在后世为子孙带来因果报应。

如此,促使人们行善的第一层面的内容,是个人祈盼自己或子孙将来的幸福而具有的因果报应的思想。但这并不是促使人们认同向善的唯一原因。正如前文所提及的,我们不能忘记这里还存在另一层面的内容,即"救劫"的思想。而"善"是解决末劫临头、危机的手段。从上文列举的地方士人们的列传看来,他们的善行似乎让人感到与救劫的思想无关,但这里实际上也留下了明显的救世印迹。不妨关注一下张德绅、查顺邦等人在"场"中组织的"十全会"。关于"十全会",民国《南川县志》、民国《达县志》中有比较详细的介绍:

> 近年我县慈善家多组织"十全会"。……以施舍为目的向众人募捐。……此会始自清同治五年,达县五灵山关圣帝君之扶乩神谕。民国九

---

① 善书的研究有大量成果,基本文献可参照酒井忠夫《中国善书の研究》上、下(酒井忠夫著作集一、二,国书刊行会,1999年),游子安《劝化金箴——清代劝善书研究》(天津:天津人民出版社,1999年)等。

年，神明托梦，教化四川东北各地。此会规约，皆出自神谕。神谕曰，川人犯十恶，应遭十劫，十大神圣怜之，降临下界救济众生。人若行十善，则得救济之十大端绪，可实现十大美。（民国《南川县志》卷一〇，公善）

　　民国六年……众人皆以为当今正逢乱世，灾害频发，若不行十大公善，则浩劫不可挽回。（民国《达县志》卷九，礼俗）①

十全会起源于同治年间扶乩所得到的神谕。尽管当年神谕的内容不详，但我们至少应该注意到，丛生于辛亥革命前后四川地方社会中的十全会活动，有一种情感因素的支撑，即为了挽回"劫"，必须行善②。与十全会的成立如出一辙，在扶乩得来的神谕中寻求行善的依据也是屡见不鲜的。《涪乘启新》感叹扶乩的流行，也确实反映了当地的实际情况。下文是按照扶乩所示的方针实践"善"的真实事例：

　　道光、咸丰年间，太平天国乱起，继而河南捻军作乱。云南回乱、贵州苗乱继之。天下汹汹不安，世间纷传末劫来临，不行善则不能免灾。故飞鸾、扶乩等降神术盛行。彼时白沙场尚无乡校。扶乩启示，兴学校亦属善行之一。杜宝田闻之，将乡人苟桓所建之龙门乡学修缮一新。（民国《合川县志》卷四八，乡贤）③

由此处所引杜宝田传可见，"善"的重要性不仅在于它是个人为自己或子孙的幸福所做的投资，人们更意识到，还可以通过行善参与一项宏大事业，解救整个濒临灭亡的世界。关于这一点已另有文章论及，此处不再赘述。宣称人类犯下恶行，因而世界"劫"难将至，只有行善才可挽回云云的善书，借扶乩神谕的机会而出版的事例在四川尤多，举不胜举④。人们认为，既然积恶的果报导致灭顶之灾

---

① 以上引文转译自日语，译者注。

② 根据小武海樱子对重庆宗教慈善团体的考察《清末民初期の明達慈善会と慈善事業》（武内房司编《越境する近代東アジアの民衆宗教》，明石书店，2011 年），明达慈善会在宣扬正人心、挽回劫运之说时，对善书《关帝圣君十全善本》进行宣传。救劫的思想、关帝圣君的神谕与"十全"的慈善之间的关联不难想象。

③ 以上引文转译自日语，译者注。

④ 清末民初时期融汇有"救劫"思想的善书举不胜举。例如，通常认为是清末四川省江北厅刊行的《尊德堂板道教丛典》被认为是集善书之大成者，其中含有不少有关"劫"难迫近与遵守正确规范以图消解的内容。参见都筑晶子《龍谷大学大宫图书馆藏〈尊德堂板道教叢典〉解説》（《龍谷大学論集》第四六一号，2003 年）。

将至,要想挽回,则必须多行善事,以消除世间积恶的污染,尽管过程艰险,却也只有这一方法可循。

"十全会"就是在这种情感的主导下,以实践各种各样的"善"为目的而出现的组织,主要集中在场镇(由于四川多以"场"称呼商业城镇,下文统一称为"场镇")级别的基层社会。十种善的内容未必统一,各地之间存在若干区别。如,即使在大竹一县以内,也有不同说法。一说认为是施孤贫、施药材、济急难、助义举、施寒衣、施棺材、完婚姻、全名节、施茶水、点夜灯十项,又有一说提出了养孤老、置义冢、施棺木、设宣讲、济医药、施稀粥、发寒衣、补桥路、收字纸、培古墓、扫孤坟、施灯烛、济穷乏路费、施火钵灶灰等十余项(民国《大竹县志》卷一一,慈善)。此外,安县的"十功会"规定应做的十项"慈善"是育婴、恤嫠、送药、施衣、救荒、拾骸、宣讲、惜字、助读、放生(民国《安县志》卷一三,建置)。

在所列项目中,大多是对处于困境的人给予经济支援,这不难理解,但"宣讲"却也被列为应行的善事之一则显得意味深长。联想到前文提及的合川县人查顺邦,曾以《感应篇》《阴骘文》的内容"宣讲"劝善。一如上文所述,为挽回日益迫近的世界灭亡危机("劫"),必须多行善事,以抵消过去的积恶。此时的"善"就已不再是某一个人为自己与子孙谋福利的手段,而应当以"公善"的形式,由更多的人共同从件件小事做起,通过实践累积扩展到巨大的规模。正因为如此,以"宣讲""善书"为代表,通过说教、行动、文字等各种手段向周围的人讲解传播"善"的行为本身才被视为一大重要的善行。关于四川地方社会的宣讲,比较著名的例子是郭沫若《我的童年》中的记述,不妨做一介绍①:"我们乡下每每有讲'圣谕'的先生来讲些忠孝节义的善书。这些善书大抵都是民间的传说。……在街门口由三张方桌品字形搭成一座高台,台上点着香烛,供着一道'圣谕'的牌位。……讲'圣谕'的先生到了宣讲的时候了,朝衣朝冠地向着'圣谕'牌磕四个响头,再立着拖长声音念出十条'圣谕',然后再登上座位说起书来。"

---

① 郭沫若:《我的童年》,北京:人民文学出版社,1992 年。日译文参照小野忍、丸山升译《私の幼少年时代》(平凡社,1967 年)。另,于一《四川梁平"儒教"之考察》(《民间宗教》第二辑,台北:南天书局,1996 年)中提到的四川省梁平县"儒坛",也可看作是讲解善书的"宣讲"活动的一个形态。

根据郭沫若对童年的回忆,在四川地方社会,宣讲事实上成了借圣谕的名义"讲些忠孝节义的善书"的活动。民国时期的地方志中也有"有好善之富户,雇'宣讲生'进行宣讲。设高台于街衢,台上设牌,写有圣谕格言"(民国《犍为县志》卷七,文事)的内容,可见在街中的高台上以说教、讲故事的形式进行宣讲一事应当属实,此外也证实了,实施宣讲活动的资金由当地富裕的慈善家负担。上文提及的查顺邦这一人物,就正是这种"好善之富户"。

宣讲时有时也会降下神谕。道光年间任资州直隶州知州的牛树梅曾谈及这样的事例。牛树梅先生说:

> 我治资州之时,曾因公务下至地方,住宿于书馆。当时,一学生近前言道:"我乡讲解圣谕已见成效。"我问其状况……回答如下:"日前在某处讲解圣谕结束后发生一事。关帝圣君降临宣讲坛。我家塾师恰在此处,便跪倒询问诸事。有问必答,又为我塾师大书数字。须臾,桓侯(张飞)降临。其气猛烈,自与关帝圣君之时不同。"我疑心该生之言,出言诘问是否扶乩。他说:"并非扶乩。乃附体于十二岁之学生。"(钟体志《崇正黜邪论》,《澡雪堂文钞》卷五)①

除此以外,讲述牛树梅这段故事的钟体志,还记叙了射洪县的一少年"散发剑舞"、神灵附体的情况,该少年所获之神谕以《挽回天心集》的名义出版,反映了当时"举国若狂"的狂热状况。此书的书名也暗含着通过符合天心的行为,"挽回"劫灾之意。

二、达县磐石乡的辛亥革命

上一章对笼罩着清末民初时期四川地方社会的"善"的思想倾向进行了素描,本章进一步将焦点缩小到特定地域,探讨"善"与革命时代的发展状况,研究对象是达县的磐石乡。辛亥革命爆发时,磐石乡的地方精英也迅速进行了响应。

---

① 以上引文转译自日语,译者注。

通过《达县磐石乡志》，可以对革命前后该地地域社会的状况建立一定程度的了解。

《达县磐石乡志》是编撰于1943年的乡镇志①。尽管以江南三角洲地区为主，以县以下地域空间为单位编撰的乡镇志为数众多，但迄今为止，四川已知的乡镇志仅此一例。磐石乡是以商业集市磐市为中心的一带地区，清代属达县、宣汉县、万源县交界地带，长期由三县分别治理。1935年，经过区划调整，合并归属达县管理，至此，实体社会与行政区划相一致的"磐石乡"终于诞生。此后不久，之所以有在四川极为罕见的乡镇志编撰出台，可能也与磐石乡的来历本身不无关系。无论如何，该地区的县以下基层社会在辛亥革命前后出现的动向，为我们更微观的研究提供了素材。

1911年武昌起义的消息传出后，四川各地立即出现了响应行动。磐石乡的李润堂、牟星若、萧渊溥、高达三、高典三、李直三、李成九、廖经堂、萧佐臣、田金三等十人在磐市文昌宫歃血为盟，率领数百人向宣汉县城出发。但宣汉知县已经逃走，于是又与沿途相遇的大竹县著名哥老会首领李绍伊等率领的各地起义军一起向达县县城进发。围城三日，知府杜本崇、知县广厚逃亡，达县"由县人自治，宣告独立"。以上就是辛亥革命时达县与磐石乡地方精英们起义的始末②。

尽管详略程度不尽相同，在处于当时磐石乡运动中心的十人中，李润堂、牟星若、萧渊溥、高达三、萧佐臣、田金三、高典三、李直三八人在辛亥革命前后的动向或其所属宗族的动向在《达县磐石乡志》中都有所体现③。以下列举关于此八人已查知的情况：

（1）李润堂

---

① 《达县磐石乡志》刊行于1943年，收藏于四川省图书馆。本文参考的是《中国地方志集成·乡镇志专辑》二九（南京：江苏古籍出版社，1992年）所收的影印本。
② 《达县磐石乡志》卷四，杂记门，大事记。
③ 其中五人或本人，或近亲者在《达县磐石乡志》中有传。李光发（李润堂之父）传（卷四，学校门，文武科第）、李润堂传（卷四，人物门上，乡贤）、牟星若传（卷四，学校门，文武科第）、萧渊溥传（卷四，人物门上，乡贤）、高达三传（卷四，人物门上，方技）、高赵氏（高达三之母）传（卷四，人物门下，慈善）、萧佐臣传（卷四，学校门，文武科第）、田玉堂（田金三同辈同族）传（卷四，学校门，现存人士）。

父李光发,光绪初年捐监生。"生平好善……乡里常爱敬之"。润堂系其子,名兴郁。清末入哥老会,于磐市边之岩山山顶整修天保寨,以此为驻地,率领团练负责磐石乡之防卫。与父相同,努力行善,"见义必作,嫉恶如仇。复兴宣讲、提倡联宗、补路修桥无不率先"。此外,有1941年时年65岁的记载,可知辛亥革命时为35岁。

（2）牟星若

曾在宣汉县衙为胥吏,晚年居家,尽力于"地方公务"。1931年,68岁殁。过去,在四川东部地区,有势力宗族的族人担任胥吏的情况并不少见。科举考试合格,无论是在武科科举、捐纳等方面,还是作为胥吏出入县衙,能以各种形式接近权力,寻求上升的机会。

（3）萧渊溥

民国初期担任达县团务局团务长,有贡献于地方团务。建设一族宗祠,提倡联宗。1929年,50岁殁。长子萧心平被称为"急公好义",历任磐市中心小学校长等职。

（4）萧佐臣

曾任县议会议员、萧氏族长,殁于民国初年。

（5）高达三

祖先高廷元曾在蓝大顺之乱时被推为天保寨寨主。高达三为其子孙。开药铺,对穷人只收取少量费用。高达三之母高赵氏担任"圣学宣讲坛女居士"首领。此外,在《达县磐石乡志》编撰时与李润堂二人一同担任"顾问"。

（6）田金三

无列传,详细情况不明。清末光绪年间,作为"学董"将社学改编为"磐石场公立小学堂"。民国初期担任达县团务分局"保董"。另曾编撰田氏一族族谱。根据《达县磐石乡志》引用田金三执笔的《田氏宗谱序》(《达县磐石乡志》卷二,礼俗门,族谱)可知,同族有田玉堂,其子田永鸿也从事宣汉县团练事务。

（7）高典三

高典三本人及其确切的同族近亲者无列传,因此详情不明。但根据《本乡民国时历届地方首人表》(卷一,官政门,民职)判断,高典三曾在1920年代初期担任宣汉县团局团总。

（8）李直三

未发现李直三本人及其确切的同族近亲者列传。与高典三相同，根据前揭《本乡民国时历届地方首人表》判断，曾在民国最初时期的达县团务局团务长萧渊溥部下担任过副团务长。

纵观以上内容可知，上述众人多在辛亥革命前后的动乱时期以团练领导者的身份负责地域社会的保卫工作，或宣讲、或设立学校、集结宗族，以各种形式实现教化，并意图通过这种教化尽力维持、构建秩序。其中尤其引人注目的是参与"宣讲"的行动。正如郭沫若回忆录中的叙述，"宣讲"原本是以教化为目的定期集中众人，对康熙帝颁布的圣谕十六条进行唱和的行为，但在清末时期的四川，却演变成了在场镇讲解"善书"，平易地进行通俗道德说教的活动。此外，为设置这种宣讲会而尽力的行为本身也被认为是"善行"，这部分内容前文已有论述。

《达县磐石乡志》卷二礼俗门的"风俗"中有"宣讲会"一项，较为详细地叙述了达县宣讲会的滥觞及其后的兴盛情况。所述状况如下：清末，达县亭子铺有一位李合浦先生。尽管曾入县学，但此后断绝了名利、荣达之念，愿兴宣讲而济世救民，遍访周边城市，无论男女，逢人便劝改恶向善，速逃大劫。若为男性，则使其神前发誓，遵守关圣帝君之六戒——戒不孝、戒不悌、戒嫖、戒赌、戒妄杀、戒趋邪；若为女性，则为灶君之六戒——戒不孝公婆父母、戒不敬灶君丈夫、戒不和妯娌、戒打胎溺女、戒抛散五谷、戒艳妆废字。以李合浦的活动为契机，磐市近邻各地据说开设了无数的"宣讲坛"。民国初期，乡内各地设立了培德坛、崇善坛等，此外1918年又在磐市天子殿开设了天佑坛。这些宣讲会都冠以某某坛的名称，往往以扶乩、降神（附体）等方式宣示神谕。在这些宣讲会历经数年衰退以后，由李润堂等百余人主导，重新在天子殿设立了"直友约""十全会"，经1936年改组，成立了"磐市圣学宣讲会"，此时李润堂还担任"直友会长"。

此处值得注意的是，宣讲的目的在于劝人"改恶向善，速逃大劫"。磐石乡无疑也接受了上文提及的"劫"的思想，认为因为人类一向以来恶行的积累，世界破灭的危机正在迫近,要想回避这种结果,只有一种方法,即组织"十全会",改心向善,逐渐努力以净化世界。另一点值得关注的是,磐石乡的宣讲会提出,女性应当遵守灶君六戒作为日常的规范。而在成立于清末四川的善书《武圣血心文》的末尾部分,也刊载了几乎相同的《灶王府君女子六戒》,仅在用字上有极小的差别①。该书宣称四川"劫"难将至,关圣帝君为救济众人而降下神谕,须悔改过失,多行善举——如宣讲——以"挽回天意"。可以认为,磐石乡的宣讲会十全会也同样是在这种善与救劫的思想下成立的。

在辛亥革命不久后的1914年,以萧渊溥为首,李润堂、牟星若、李直三、萧佐臣、田金三等十一人向达县知县提出申请,要求禁止使用毒药在乡内的两处河流松石洞、龙王潭捕鱼,并得到同意,发下禁令。其内容为我们了解地方精英的思想提供了极有意义的素材:

> 本件系根据磐市团务分局长萧渊溥等的申请而审批决定。磐市松石洞、龙王潭二处,据称旱天时祈雨必有灵验。因该二处鱼量甚多,近来,沿岸居住的渔夫、农民,有不用渔网、钓钩而以毒药入水捕鱼者。依此法每次可获不下数百万条。且所捕之鱼分配不公,常起争议。今年夏旱较往时尤甚。此天降惩罚,皆因以毒药捕鱼者渐多,民心不能向善之故。……以毒药捕鱼,背离圣贤好生之意。乡中首领次次祈雨亦无效果,见此惨状无不议论。上游松石洞至下游龙王潭间,两岸任何人等皆不许投入毒药,仅能以垂钓、投网捕鱼。如此或可挽回天意,呼云降雨。(《达县磐石乡志》卷一,建置门,古迹)②

在辛亥革命时定下盟约的磐石乡地区十名精英中,竟有六人参与推动了1914年这份禁令的出台。正如上文,禁令的内容是禁止使用毒药捕鱼,这一点无须多论,我们不妨留意其背后的逻辑。松石洞、龙王潭附近自清代以来一直是夏旱时祈雨的所在,如今却全无灵验。这是因为人们"不向善",妄用毒药残害

---

① 《武圣血心文》收于前揭龙谷大学藏《尊德堂板道教丛典》。由"此谕庚申年传出"一节推测,应当得自于1860年(咸丰十年)的扶乩活动。与《达县磐石乡志》的灶君六戒相比,用词的不同有三处,即"戒不孝公婆父母"与"戒不孝父母公婆","戒不和姒娌"与"戒不和姊妹姒娌","戒艳装废字"与"戒艳妆废字"。

② 以上引文转译自日语,译者注。

生灵,因此不可避免地遭受了天谴。为"挽回天意",必须禁止近年来的恶习。

以我们现代人的观点而言,向河里投入毒药,污染水系,有可能会损害人的健康,因此是不可取的。而在当时的人看来却有所不同,他们认为这种行为毫无必要地剥夺了大量鱼类的生命,因此与尊重生命的"善"的规范相背离。如,收录于《金堂县乡土志》耆旧录的范绍文传中写道,"生平好善事……当鱼虾苦于溪涧水涸之时,必使人将其投入河中",可见守护除人以外生物的生命也是一种"善"。另外,我们还可以联想到安县"十功会"所列的善行中也包括了"放生"一项。尽管与育婴、矜孤、恤嫠等救济穷困者的行动相比,在重要性、紧急性上有所差别,但作为一种延伸,向处于苦难境地的生命施以慈悲之心,以维持包含这些生命在内的世界的整体秩序相和谐,这才是"善"的理想。这种"善"的观念感性地认为,世界是一个完全关联的整体,人对于世界的每一个行为哪怕再微小,也都影响着世界的命运。无故伤害大量生命的恶行带来了因果报应,因此遭受天罚,导致旱灾连连,祈雨无果。为求挽回,劝行善事是必不可少的,至少应当停止恶行。上文的禁令无疑带有这种"善"的世界观,并由对此世界观耳熟能详、习以为常的人提出来。

就达县磐石乡的情况看来,对"旧"善的希求与"新"的革命趋势并不是对立而互不相容的。甚至可以说,正是热心组织善行的地方精英主导着辛亥革命前后的地方社会。对达县磐石乡的地方精英们而言,他们信奉"善"的伦理与他们参与"革命"的行为并不矛盾,二者是共存的。

三、独立的地域社会——"善"与革命

在成书于民国时期的四川地方志中,辛亥革命往往被记述为"独立"。上一章也曾提到,磐石乡的李润堂等人包围达县县城后,清政府委任的地方官逃亡,县的行政事务"由县人自治,宣告独立",这就是革命的实际情况。也就是说,以四川东北部山区的视角来观察"革命"的风景时,所看到的并不是鸿篇巨制的中央整体政治体制的变革,而是作为较小单位的一个个县

脱离清朝统治而独立,是一幅"自治""独立"的图画。那么,这种"自治""独立"的思想又是在何种社会结构中,在何种情感、思维的背景下出现的?这一点必须探讨。

在讨论四川东北部山区问题时有一点不能遗忘,即这一地区的社会自清代中期开始就接受了大量移民的流入。换言之,该地区是一个移民社会,经历过17—18世纪人口的高速增长。移民的流入、开发进程的加快自然导致地域社会内部居住区域的扩大——逐渐扩展到几近未开发的山区地带,同时带来的是包括暂住人口在内的居民人口大幅增长。作为后果,需要地方行政解决的社会问题也不可避免地增多起来。但建立在这个巨型社会之上的,是中国传统的小规模王朝国家体制。随着地方行政的密度日益提高,行政领域日益多样化,而地方政府的财政规模仅作了细微调整,显然无法应对。另外,传统的德治理念期待臣民自觉接受感化、形成秩序,政府原本忌讳介入微观的地方统治事务。就这样,在不作为的放任自由之下,接受了移民的地方社会内部无时无刻不蕴含着倾轧和紧张。反而观之,便是清王朝的国家行政,存在相应的不断萎缩,在地方社会看来,影响力逐渐减退、缩小①。

在这一前提下,为了完善繁杂化的地方行政业务,或者说为了维持地区的秩序,半官半民的组织"公局"成立起来。仍以多次引用的合川县为例,最早的"公局"设立于1834年(道光十四年)。为应对当地的社会问题、安定地方秩序,当时有十四名地方精英("诸绅")受地方政府委托,组织了实施育婴堂、宾兴、恤嫠、拯水(援助居住在河边的贫民)、栖流、泽骨施棺等六种福利事业的"六政局"②。不难发现,六政局的育婴、恤嫠、施棺等业务,与地方精英通过组织"十全会"而主张行的"善"内容几乎重合。换言之,在县级层面组织起来的"公局"是场镇级别"十全会"等自发慈善活动的延伸。对于这种情况,既可解释为在官方

---

① 关于清末社会状况及当时地区精英的情况,参见拙著《移住民の秩序》,村田雄二郎《中国近代革命と儒教社会の反転》(沟口雄三、伊东贵之、村田雄二郎《中国という视座》,平凡社,1995年),以及 Joseph W. Esherick and Mary Bucks Rankin eds., *Chinese Local Elites and Patterns of Dominance* (University of California Press, 1990) 等。

② 关于"六政局",参见前揭拙著《移住民の秩序》,第六章《四川省合州——公局=绅粮体制の成立》。

引导下成立的"公局"所采用之手法向下渗透到了基层社会,也可理解为"公局"这个半官方组织是基层社会"善"的理念向上发展的结果。但无论如何,两者在根本上都互相关联,而不是孤立存在的。可以说,在场镇的层面出现的"十全会"等慈善行为,是地方精英自愿接受维护场镇地域社会秩序安宁的课题,从而进行的实践。

地域社会的膨胀与清朝国家行政的相对萎缩共同造就了地域社会自发维持秩序的功能结构,这一结构在晚清最后时期的政治纷乱中进一步得到强化。倘若清政府的行政没有萎缩到足以令人从根本上怀疑其权威与权力的程度,那么地方精英总还会有意无意地借助清政府的权力为后盾。然而,当清政府的权威与权力日益消解,已失去足以保持地区秩序的统治能力时,地域社会就只能自发组织团练武装以保卫地区的独立自主。至此,地方上的独立化倾向就更为显著,辛亥革命正发生在这个时候。超出本文的研究范围往远处说,辛亥革命的重要导火线四川保路运动,就是因为包括清朝督抚、州县权力在内的权力体系无法抑制地方的独立化倾向,地方抵制政府以铁道国有化手段加强控制的企图,从而发生的。

"独立"不仅意味着脱离清王朝权力的控制,地方精英承袭自清王朝的权威本身也必须实现独立。地方社会将当地的精英视为作为"四民之首"的"士",而为此提供保证的是清政府组织的一元性的科举考试,或是地方政府的认可。当承袭自清政府的权威不再发挥作用时,地方精英就不得不在地域社会或者说其自身的内部为自己寻找正统性的依据。保证他们正义性的,正是通过扶乩、降神等方式直接从神明处得来的指示。正如上文的考察,地方精英们的"善"并无特别之处,无非是救济穷困,善待所有生命,维护建立在忠孝节义等伦理道德基础上的秩序而已。但这平凡而又显得俗套的伦理,在整体秩序出现危机——大祸临头、"劫"难将至的时刻,却需要作为救济地域社会的实践准则,以神示的方式而提出。

对于这种情况,我们目前应当考察的有两点。第一点是危机时期地方精英的权威及其权威的"独立"化。在整体秩序消亡的过程中,他们不得不设法依靠自己的力量独自树立权威、掌握权力。因此,他们一方面借助神谕,一方面通过团练组织武装,以保证地方的秩序,贯彻传统的伦理观念。在这种状况下通过与神明的直接交涉所得到的"独立"伦理,尽管在危机时期得到了强化,但却并不能成为稳定而牢固的准则。它只是在"天下汹汹不安""举国如狂"的状况下人们急切盼望掌握权威、获得正义性依据时的产物。

第二点是"善"与革命的关系。按照上文的解释,地方精英出自"善"的引导而同时"歃血为盟",推动达县"独立"便不难理解。清王朝的权力既已成为实现正义的障碍,那么地方作为贯彻正义的伦理共同体,则有必要推翻清朝的统治而"独立"。应有的正当秩序保存在地方,正如"一国之大,乡镇之所积"(《达县磐石乡志》萧从准序)所言,他们认为国家层面的整体秩序是地方微小单位的总和,要让实现"善"的地域社会作为一个个根据地而独立,以此重建整体的秩序。在这种思想的前提下,"善"与革命的思想是绝不矛盾的①。

结　语

本文的结论似已无重复强调的必要。清末以来以通过扶乩、降神得来的"善"为基础而建立的"旧"世界形象与"新"的革命思想之间并不存在不言自明的对立。甚至可以说,这两者在四川地域社会清末的"独立"化倾向中表现出互为表里的关系。

但本文所述的倡导"旧"世界形象的地方精英,并不是地域社会中保持一元性影响力的唯一主导者。在权威、权力的一大源泉清政府走向衰亡时,有不少人获得了支持者,他们都有可能改变社会的趋势,或者说,他们各自主张的不同"正义"之间存在着竞争。换言之,可能存在对"正义"主导权的反复争夺。至于垄断了"善"行的地方精英,他们的"正义"性应当也曾屡屡遭受挑战。比如同样

---

① 关于从地方出发构建整体秩序的思想,拙文《中国明清時代史研究における『地域社会論』の現状と課題》(《歴史評論》580 号,1998 年)曾有所论及。

通过扶乩、降神维系自身权威的民间宗教结社①,或者是《涪乘启新》的编者那样,以近代知识的权威性武装起来的另一类地方精英。作为传统式"善"的体现者,地方精英的权威可能经常受到上述双方的夹击。换言之,当时的环境未必能让行"善"型的地方精英稳定地保持自己的权威。也正因为如此,他们才需要不断通过扶乩、降神在当地传播新的神示,并反复通过宣讲善书的形式获得更多的支持者,且必须持续努力留住他们。

最后,想确认一下本文未能讨论的问题。第一,是"辛亥革命"这一说法本身。由四川保路运动、武昌起义开始的一系列政治变革,被后世称为"辛亥革命"。这种说法可能会令人产生一种联想,即"辛亥革命"是一部宏大史诗,它促进整个中国社会产生了根本性变革。然而,《达县磐石乡志》在回顾这一段历史时却只记述了改元民国,以及县人获得"自治""独立"的内容。诚然,乡镇志的重点在于叙述该乡镇本身的历史,在这个意义上,可能没有必要积极言及事关国家体制的宏大事件。但即便如此,以笔者管见,在这部乡镇志中甚至连"辛亥革命"这样的词汇都不存在。如此一来,在引发"辛亥革命"的导火索之一的四川保路运动发生的当地,四川地域社会如何认知 1911 年的那场政治变动,则成了一个重要的课题。换言之,对于远离核心大城市的地方基层社会眼中的"辛亥革命",仍有研究的余地。

第二,是向"善"之心,后来的去向问题。本文中的"善",是地方精英为确保场镇基层社会的主导权而必须掌握的象征性资源,本文考察的重点也集中于此。这种对世界的认识本身在中国近现代史的潜流中得到了继承,有可能成为在意识形态上引发社会变革的动因,对此本文没有论及。笔者另有拙文对此进行了讨论,在此不再详细论述。认为人的积恶导致不可收拾的局面——"劫"日益迫近,为救济遭受污染的整个世界,只能要求人人洗心革面、多行善举,这种思想与寻求全面改变现存社会体制的"革命"所描绘的世界形象是相互契合的②。另

---

① 清末民初时期四川常见的"红灯教"就是上述民间宗教之一。他们的活动主要在于借助神灵附体的方式惩罚"贪官污吏、土豪劣绅"。参见前揭拙著《移住民の秩序》第七章《清末四川の紅灯教反乱》。
② 前揭拙文《革命イデオロギーの遠い水脈》对此进行了展望。

外，以建立在共同伦理基础上的地域社会为起点，通过积累，恢复整体秩序的这一设想，与中国近代史上联省自治等建设国家的方法论之间也是相合的。当然，对于这种观点需要进行慎重讨论，但可以说这种思想潜流并未断绝，而是经历了转型，并与一些"新"的世界形象相联系。

以上课题今后有机会应当进一步探讨。

近代中国扶乩团体的慈善与著书：从《印光法师文钞》谈起

王见川[*]

众所周知，近代中国[①]是个变动不居的时代，身处其时的宗教界亦不例外，出现不少新现象。其中扶乩的崛起、流行并形成全国大批的乩堂或乩坛，颇具特色[②]，因此本人选择"扶乩"作为切入点，研究这一时期的扶乩团体的活动：慈善与著书。之所以把"扶乩"当作讨论核心，基于三点事实：一、扶乩是近代中国宗教的主流活动，不少"教门"（民间教派或救世团体），如"道院""救世新教""一贯道"藉之兴起[③]。二、清末、民国重要的慈善团体及活动，跟"扶乩"有关，京津

---

[*] 南台科技大学通识教育中心助理教授，山东大学兼职教授。

① 本文中的"近代中国"指道光二十年（1840）庚子"关帝阐教"至 1949 年中华人民共和国成立。

② 这些乩堂或乩坛不管是由教门或是士人组成，本文中以扶乩团体概括之。关于此一时期的扶乩及鸾堂情况，参见王见川一系列文章，如《清末民初中国的济公信仰与扶乩团体：兼谈中国济生会的由来》，《民俗曲艺》2008 年 12 月，第 162 期，第 139—169 页；《清末的官绅与扶乩：兼谈其时流行的谶言》，台湾新港奉天宫世界妈祖文化研究暨文献中心编《妈祖与民间信仰：研究通讯》（2），台北：台北博扬文化公司，2012 年 12 月，第 34—47 页；《晚清北京、天津一带的乩堂与善堂：兼谈义和团运动后刘鹗的赈灾活动》，《台湾宗教研究通讯》2012 年 12 月，10 期，第 131—159 页；《陆费逵、盛德坛与灵学会：兼谈民初上海的灵学风潮》，《历史、艺术与台湾人文论丛》2013 年 7 月，第 3 期，第 65—86 页；《近代中国的扶乩、慈善与"迷信"——以印光文钞为考查线索》，康豹、刘淑芬编《信仰、实践与文化调适：第四届国际汉学会议论文集》，台北中研院，2013 年 12 月，第 531—568 页；《清末の災難における扶乩團體の慈善活動——中國紅十字會の起源について》，武内房司编《戰争・災害と近代東アジアの民衆宗教》，东京有志舍，2014 年，第 115—133 页；Wang Chien-chuan, Vincent Goossaert, transl., "Spirit-writing groups in Modern China (1840-1937): textual production, public teachings, and charity," in Vincent Goossaert, Jan Kiely, and John Lagerwey, eds., *Modern Chinese Religion* II, vol. I, Leiden: Brill, 2015, pp. 651–684。

③ 文中的"教门"是当时人的用语。关于这些救世团体，参见酒井忠夫《近现代中国における宗教结社の研究》二、四、五、六章，东京国书刊行会，2002 年。王见川《从新资料看一贯道的历史》，收入氏著《汉人宗教、民间信仰与预言书的探索：王见川自选集》，台北：台北博扬文化公司，2008 年，第171—189 页。

的善社、"中国济生会"就是其中著例①。三、"扶乩"是民国时期道德劝化、心灵活动的主要媒介,"灵学会"的《灵学丛志》一出版,即引起知识界的强大反弹与批评②,可见一斑。

这一股扶乩风潮,学者早已感受到。梁启超在《清代学术概论》(1920)中即提及"中国人中迷信之毒本甚深",佛教流行时,各种惑世诬民之术复活,当时"乩坛盈城""图谶四起",佛弟子为之推波助澜的情形③,而1940年抗战军兴,在香港大学任教的许地山会撰写《扶箕迷信底研究》④,都说明"扶乩"在当时的影响。

以往,研究者如本人、范纯武等,对此有所讨论,也填补一些空白⑤。不过,由于数据和视角所限,尚有不少空间,值得进一步探索。本文,参照之前在台湾"中研院国际汉学会议"发表的论文⑥,采用"佛教大师"看扶乩的视角,以被视为近代净土宗大师,与太虚(1890—1947)齐名的印光法师(1862—1940)的文钞为线索,分别参考太虚、谛闲(1858—1932)等相关著作与《上海中国济生会简章》⑦,以及教外记载,讨论扶乩与扶乩的作用——慈善活动、著书等课题,尝试勾勒近代中国宗教与社会的某些面向。

---

① 王见川:《晚清北京、天津一带的乩堂与善堂:兼谈义和团运动后刘鹗的赈灾活动》。王见川:《清末民初中国的济公信仰与扶乩团体:兼谈中国济生会的由来》。

② 黄克武:《民国初年上海的灵学研究:以"上海灵学会"为例》,《中研院近代史研究所集刊》55期,第99—136页。

③ 梁启超:《清代学术概论》,上海:上海古籍出版社,2005年4月,第84页。

④ 许地山:《扶箕迷信底研究》,长沙商务印书馆,1941年9月再版。其书结论云:"……数十年来受过高等教育底人很多……而此中人信扶箕底却很不少……"(第107页)

⑤ 请参见范纯武:《近现代中国佛教与扶乩》,《圆光佛学学报》1997年第3期,第261—291页。志贺市子:《中國のこっくりさん:扶鸾信仰と華人社會》,东京大修馆书店,2003年。王见川:《清末民初中国的济公信仰与扶乩团体:兼谈中国济生会的由来》,第139—169页。

⑥ 王见川:《近代中国的扶乩、慈善与"迷信"——以印光文钞为考查线索》。本文因时间所限与大陆学界较少这方面研究成果考虑,接受曹新宇教授建议,在上述国际汉学会议论文上删减与增补新资料而成。特别是利用《上海中国济生会简章》,补写该会的一些规章与救济内容。

⑦ 这份新数据收录于《团体文件》五《团体参考文件》"慈善团体"第80—82页。此《团体文件》,收录各式公私文件,未标出版社与出版时间。从内中所收文件提及最后时间是民国二十三年来看,应编于民国二十三年。

一、印光著作中的扶乩及其先例

众所周知,印光在近代中国佛教以著作函札,回答全国信众提问并流通全国而知名。目前整理出版、公开发行的印光著作(即本文所谓的《印光法师文钞》),主要是 1920 年的《印光法师文钞》正编、1939 年的续编以及印光死后方编辑完成,但迟至 1980 年代方出版的三编①。在《印光法师文钞》初编,他是这样评论"扶乩":

> 乩坛所说,多属灵鬼依托当人之智识而作。若说世间道理则是者尚多。若说佛法则非己所知,妄造谣言。如《金刚直解》后所附之先天古佛宝号乃灭人慧命、瞎人正眼、极恶无比之魔话,以此施人,罪过无量矣。②

印光这一段话谈到扶乩的几点情况:一、扶乩的性质与乩手素质有关。这并非是印光自己的经历所见,而是采用纪昀的看法。而这样的意见,与稍前(1919年)陈大齐所称的科学研究所得,居然相同③,可见这看法有其客观之处。二是扶乩具有正面性。三、扶乩所著的《金刚(经)直解》,掺有邪见,若流通会误导信众,极为危险。印光一直维持如此的见解,在《文钞·与徐蔚如居士书四》中亦说:"《一行居集》若文若理,通通皆好。唯《禅宗秘密了义经跋》为醍醐中含毒味之作,此经出于乩坛,其文悉取《华严》《法华》《楞严》《圆觉》之成文……大通家看之,固有益。不具眼者,谓此经乩坛中出,金口亲宣。由兹遂谓乩坛中经皆是佛经。"④所谓的《一行居集》,是清乾隆年间著名居士二林居士彭际清的文集。印光非常看重彭际清的《一行居集》。《印光法师文钞·复

---

① 关于印光的研究,以陈剑锽《圆通证道:印光的净土启化》(台北东大图书公司,2002 年)与张雪松《法雨灵岩:中国佛教现代化历史进程中的印光法师研究》(台北法鼓文化,2011 年)较值得参考。而《印光法师文钞》的介绍,请见张雪松前揭书第 37—38 页的注释。

② 《印光法师文钞·与陈锡周居士书》第 26 页。本文使用的《印光法师文钞》及续编是《印光法师文钞全集》版,台北:新文丰出版公司,2004 年台 1 版 3 刷影印本。

③ 陈大齐:《迷信与现代心理》,台北:进学书局,1972 年 6 月影印本,第 24、39 页。

④ 《印光法师文钞·与徐蔚如居士书四》,第 97—98 页。

永嘉某居士书七》即云："《一行居集》……其书诚为净宗之一大护卫。然亦有令人受病之处。今不得不为汝说……二林居士最信扶乩，所录乩语实皆与教吻合，若肯依之而行，自能得大利益……倘执着乩语皆悉与教吻合，皆悉可依从，必有从乩违教之失。乩中多系灵鬼，甚少真仙，纵是真仙，岂能超于诸佛诸祖之上，切不可以二林居士尚信乩，吾人何敢不信，则错之多多矣。内有《禅宗秘密了义经跋》，谓系佛说，此二林之差别智未开，而启后人滥漫杜撰之端也。此经法雨先亦有一本，光曾一过，其语实无过咎，但是……合会禅净二宗之语句以凑成之，通家看了固有益，不通家以此准一切乩语则误。光因烧之以灭祸胎，二林为之校正重刻，此二林之智只知其有益，而不知其流弊之无穷，将有以邪说作正教，皆此一跋倡导之也。若印光刻此书，断不刻此一跋，流通佛法，大非细故，岂可不慎之于始哉。"①印光所言，略有讹误，彭际清不是替该经写跋，而是写了个书后——《书重刻禅宗秘密了义经后》②。文中，彭际清很清楚该经是箕笔著作的，可是他认为："箕书笔篆多为仙灵神鬼所凭依，其上者或阐洙泗之微言，或发函关之秘藏。至若西来大意，罕有闻焉。唯觉明妙行菩萨所传《西方确指》，辟妄显真，最为稳实。此经指示正修，抉剔禅弊，多敲骨吸髓之谈，非金口亲宣，决难假托。惟是藉人运笔，藉笔传书，间或参以识神，不免毫厘千里之谬，谨为决择删定。精之又精，俾一一与修多罗合，知言之士当有取焉。"③所谓"阐扬洙泗之微言"，系指藉乩文宣扬儒家义理，而"发函关之秘藏"，则意谓阐述道教修行的乩文。

由此可知，彭际清很清楚知道箕书佛经出现的划时代意义及其内容的优缺点，他肯定佛菩萨藉乩笔传佛法的行为，而其缺憾则可藉校正改进。也就是说，经文内容是否符合佛法，才是佛书真伪判准的关键，扶乩只是形式。在这一点上，印光误解他。

实际上，彭际清《一行居集》中到处可见清初江南吴地扶乩团体的活动与历

---

①《印光法师文钞·覆永嘉某居士书七》，第64页。
②彭际清：《一行居集》卷二，台北：新文丰出版公司，1999年7月1版2刷影印本，第3—4页。
③同前注。

史的记载。彭际清不仅介绍苏州乩坛玉坛的源流与性质①:顺治间首创,因奉玄武叫"玄坛",陈济思主持,后加奉斗母,名"斗坛",吴铦领导。复有奉文昌者,称"文坛"。康熙十三年罗澄设坛于家,奉玉皇,称"玉坛",合三坛为一,十年后建立公坛,至彭际清时已活动百年。他还描述该坛内以修炼内丹,外以祈福禳祸度幽为特色。乾隆时该坛"特阐净土法门"。当时,有不少苏州士人参与其中。彭际清《一行居集》也谈到这些鸾坛份子死后取得果位的情形②。照《一行居集》记载,该坛尚设有西方三圣阁,唱佛之声不绝③。此外,《一行居集》还提及"康熙中,阿难尊者降于鄂州涵三宫"乩坛的动向④。这个鄂州涵三宫,是活跃于康熙至乾隆间湖北的乩堂,以吕祖为主神,但涵摄儒释道三教,故称"涵三宫"。这是个以儒生为集团的扶乩团体⑤,著作有《清微三品经》《禅宗正指》多种⑥。印光推崇《一行居集》,认为只要不藉扶乩宣扬佛法,他是不反对扶乩的。可为什么印光会曲解彭际清的意思,视扶乩如仇敌呢? 这主要与其经验有关。《印光文钞》显示他曾举三个例子来说明乩法之害。第一个例子是道咸年间徐谦的乩堂案例。这个例子是印光亲闻徐谦弟子口述。根据印光的描述,徐谦字白舫,出身广信府,是个翰林,喜佛与扶乩,著有《海南一勺》,常以扶乩教门人。当时南昌一同好扶乩的举人在省城以扶乩开方治人,颇灵验,巡抚母重病医石无效,遂请举人看病开方,怎知药到命除,巡抚处死他及其师,徐谦闻之,劝门徒勿再作扶乩⑦。印光读到的《南海一勺》是丁福保所送,当时他正沉迷扶乩,参与上海灵学会活动,所以喜欢搜集、阅读扶乩著作的书籍。

第二个例子是江易园的例子。根据《印光法师文钞》的记载,江易园是徽州婺源人,清中叶经学名家江慎修的后代。"向在学界教授生徒,以用心过度

---

①《一行居集》卷五《玉坛记》,第23—24页。

②《一行居集》卷七《玉坛耆旧传》第1—11页。

③《一行居集》卷五《玉坛记》,第24页。

④《一行居集》卷三《剖尘录叙》,第21页。

⑤《吕祖全书》卷二十七《涵三杂咏小序》,第467页,卷二十八《涵三语录》,第509—511、517页,台北:真善美出版社,1980年3月影印。

⑥《吕祖全书》卷十二《附傅先生传》,第259页。

⑦《印光法师文钞续编》卷上《复汪景春居士书二》,第60页。此文作于1933年。

94

得病。中西医均不能治。有人劝其念佛，遂渐病愈。民十一年光由普陀到上海太平寺，彼常来。次年，彼回乡劝人吃素"，陆续成立净土团体"佛光寺"及其分社。根据范纯武研究，江易园于民国二十六年时参加扶乩团体"来苏社"，以乩法宣扬佛法。其实，江易园参与扶乩的时间更早，至少民国二十二年即已醉心扶乩。《印光法师文钞·复汤锦中居士书》云："近来迷于扶乩，光知之，极陈乩之利弊。彼受誉已经丧心病狂。不但不受光劝，且将光信烧之。光与彼信后云，如不以光言为然，即付丙丁。彼回光信，云遵谕阅毕付丙。且寄乩赞光之文几篇，欲惑光。光谓得道圣人，决不如此过赞人……光谓彼虽赞光，适讨光厌，人各有志，各是其是，从今以后，勿投只字。光无力弘法，何敢以似是而非之乩法，以坏乱佛法乎？所言乩之利者，如赈灾等善举，劝募均无几。乩坛所说者，谁也不敢违悖，实多半是扶乩之人伪为，未必尽是灵鬼假冒，况真仙乎？至佛菩萨更不待言矣。此虽有利，而实为弊之前导，故不愿受其弊之害……祈按净土法门自行化他，并将此信令三介绍人看，庶彼等咸知所以，令勿来信，不至妄生怨尤也。"[1]他又在《复胡慧彻居士书二》说："南通乩风大兴，江易园被乩赞叹得头脑已昏，且以乩语号召通海启如四县。在彼意尚欲号召全国，汝等切勿随彼所转……易园以好誉而迷之至极，竟将乩语视作圣旨，设不好誉，即以所誉而责之，则何至丧心病狂，真伪邪正不分乎？祈与各莲友说之，庶不至坏乱佛法，疑误众生。"他更说"切诫社友勿染易园之痴风，否则便成佛法中之外道，反破坏于佛法"[2]。

印光之所以如此生气，主要是江易园是印光视为弘扬净土的五大门徒（范古农，许止净……）之一。如今却被乩堂吸引作为先锋，惑乱佛法，其影响极为深远，故不得不重言抨击。

第三个例子是孙锵的例子。他是浙江奉化人，字玉仙，于民国初年迷上扶乩，常传言：关帝已当玉皇。《印光法师文钞》中云：

---

① 这是结合《印光法师文钞三编》卷三《复汤锦中居士书》第 696 页、《宏化日记序》第 769 页及范纯武《"崭新菩萨宜今世、科学欧文都了晓"：试论 1930、40 年代上海佛教居士扶乩团体"来苏社"》第 181 页所作的叙述。范文刊于《民俗曲艺》2008 年 12 月，第 162 期。此文对江谦（字易园）有较详细的介绍。本文使用的《印光法师文钞三编》是台中青莲出版社 1994 年版。
② 《印光法师文钞三编》卷三《复胡慧彻居士书二》，第 151 页。

孙锵……言玉帝逊位，关帝为新玉帝，已经开科，状元乃金华朱某，榜眼乃无锡杨章甫，探花乃彭泽许止净，致书于朱。朱喜极……杨亦极信扶乩，不知如何答复。致书于许止净，许绝不回一字，屡寄乩语，总不回信，后无法可设，又致书云：我屡次寄书，总不回信，想是听印光法师话，不信扶乩，我曾问过吕祖，吕祖云，是海底铁耳，君何信彼之话乎……孙乃进士，亦系好善之人。①

孙锵是当时极有声望的士绅，积极参与扶乩活动，对于鸾书道理深信不疑，视其价值与《论语》比肩。后加入吴山斗阁鸾坛，任停云轩协理，南屏玄名叫"妙锵"。民国十一年，因功由吴山永济斗阁"停云轩"，升派玄名叫"世锵"。他在民国十五年更拟稿上呈教育部、教育厅，希望当局能推广新玉皇著造的《中外普度皇经》，挽救人心，免灾劫②。他也曾在民国十八年（1929）致信张元济希望商务印书馆能印行《洞冥记》十万册，"可以立致太平"③。印光会费力抨击他，也是正视其影响巨大所做的反应。

相对于此，印光对于民国七年（1918）谛闲与北京都城隍白公透过扶乩交流一事，较为宽容，只有疑问，并无批评。关于此事，论者不少④，可惜的是他们都没有见到这次会谈的实录《显感利冥录》。根据该书，民国七年夏天，旅京诸居士邀请谛闲法师至北京宣讲《圆觉了义经》。旧历五月廿四日，西城小沙锅胡同钱叔陵居士家扶乩，有神"北京都城隍白公"临坛示谕，想跟谛闲交流、请教佛法。日期定在五月三十一日。当天下午三时，谛闲至坛，白公乩示欢迎之意，而关帝亦临坛致意。谛闲回礼并陈述佛法净土一门"带业往生"之理，并劝白公"当发广道心，行菩提道"。后二人围绕发愿出离恶鬼道的问题，展开讨论，而关

---

① 《印光法师文钞续编》卷上《复战德克居士书》，第 96 页。
② 王见川：《从"关帝"到"玉皇"探索》，王见川、苏庆华、刘文星编《近代的关帝信仰与经典：兼谈其在新、马的发展》，第 115—117 页，台北：博扬文化公司，2010 年 10 月。
③ 张元济：《张元济全集》第 1 卷"书信"，北京：商务印书馆，2007 年，第 516 页。该书第 516 页也收录孙锵民国十九年致张元济，要商务印书馆印行《大成金书》的信函。
④ 范纯武：《近现代中国佛教与扶乩》，第 270—271 页。

帝、周仓亦临坛请教度脱杀业事宜①。其中谛闲表达对这次会面的看法：

> 即以知而言，临坛一事，与修行有碍否，愿大师为临坛诸神说法。师
> 云：……临坛为极好之事，因阴阳二界，对面如隔千山，得诸尊神指示凡夫，
> 其功德不可思议，但山僧向于临坛，不甚相信，何则？因不正之神鬼临坛，往
> 往惑乱愚夫愚妇，反为不美。若白公，则真真实实，正知正见，感发大众。今
> 京中因白公临坛，发心向道者不少，所以山僧极为佩服，还请白公多多临坛
> 为妙。此次由南方来，闻某处有济公临坛，所说之语，殊难相信，济祖是阿罗
> 汉，见思惑已尽，断不为此。即游戏神通，亦不能日日临坛，不知某会临坛
> 者，是济祖否，请示乩……②

由此可见，谛闲认为只要有利于佛教传布，扶乩是可以接受的。这一点与印光有
所差异，但他们都肯定扶乩有其优点。印光明白指出扶乩的优点在慈善与教化：

> 1. 扶乩一事……若本扶乩人有学问，则长篇大文说世间道理，尚能通泰
> ……扶乩一事，于作善举劝捐，则有益，于问修持、说佛法，则有损，以灵鬼多
> 不洞佛法，则瞎造谣言，坏乱佛法，疑误众生。③

> 2. 近来上海乩坛大开，其所开示改过迁善，小轮回，小因果等，皆与世道
> 人心有大裨益。至于说天说佛法，直是胡说，吾等为佛弟子，不可排斥此法，
> 以其有阻人迁善之过，亦不可附赞此法，以其所说佛法，皆属臆撰，恐致坏乱
> 佛法，疑误众生之愆。④

当时上海确实扶乩兴盛，乩堂林立。这些乩堂不只传布因果道理，劝人为善，还

---

① 《显感利冥录》，第1—3页："戊午夏，旅京诸居士，公延浙江鄞县观宗寺谛闲老法师莅，宣讲《圆觉
了义经》。旧历五月廿四日，北京都城隍白公，讳知，降乩于西城小沙锅胡同钱叔陵居士家，录如
左：乩云：谛闲老法师，惜无暇来一谈，殊为憾事，顷所言谈之一字，予实不敢当，不过请谛闲老法师
来问难耳，理应就教，奈因诸多不便，诸公如相请时，祈代道歉，然恐予无此缘也。问：拟定下星期
日可否。乩云：可。不必惊动多人，恐大师过劳，精神有所不及，大师日间从事笔墨，夜间尚须说
法，婉言商之，如有他故，不能临，即可作罢，大师予甚钦佩，此次惜为俗务所羁，未能亲莅经坛，
聆其法音，诸真幸福哉，羡煞羡煞。凡夫一切议论，我佛均已言之，惜未能尽读诸经，予正坐此病，
所欲问者，亦不外经卷中，予所不了了者耳。如大师不能来，予当书，而请诸公代叩，鬼神界能修行
者甚少……乩云：顷闻大师一夕言，为我幽冥放大光明……"北京龙泉孤儿院石印本，1918年。
② 《显感利冥录》，第3—4页。
③ 《印光法师文钞续编》卷上《复战德克居士书二》，第96页。
④ 《印光法师文钞·复永嘉某居士书四》，第42页。

特重慈善活动，尤其是以济公为主神的"中国济生会"，更具声望。

二、扶乩与慈善：中国济生会

印光对中国济生会颇具好感，在关于中国济生会苏州分会捐放生池园的碑记中云：

> ……中国佛教济生会苏州分会……系民十三年甲子七月，上海济生会会员陆君维镛来苏叙谈，始知苏济生分会同人，议设放生池园，极表赞成。谓适有苏人沈君，以地一方，约六亩许，捐上海济生会，今可移捐分会，以为放生池园地址……至十四年九月，分会会员杨君达诠，介绍汪君吉庭，加入分会，首愿捐资建筑。复经同人等集资一万余圆，继续经营。掘池盖亭，布置一切……至十五年十二月，功始告竣。十七年五月，袁君孝谷，加购南面地基七分，藉以扩大……去夏，灵岩山寺监院妙真师，以苏垣无有下院，以后来苏，颇感不便。注意于虎啸桥放生池园，祈光向曹君崧乔询问情况，并祈与该会诸同人商量。若肯施送，则放生事业，益可进行。又无须特派人员管理，彼此有益……曹君去问，同人咸皆赞成……遂议订五种条件，以期永不废坠。一、中国佛教济生会苏州分会放生池园字样。二、济公祖师殿。三、悟根师牌位……当永远保存，不得取消……所愿该会同人，与灵岩监院，大家同心戮力，提倡卫生吃素……①

中国济生会是民国时期重要的慈善团体，历来引人注意。笔者于 2008 年发表一文，初步厘清中国济生会的由来：其母体集云轩源于清末江浙的济公鸾堂，如停云轩、驻云轩、万善协德堂等。这些鸾堂在济公乩示指示下，进行慈善救济活动，最著名的行为是庚子之役后北上赈济京津灾民，稳定社会秩序②。当时，他们与外国红十字会密切合作，以致有的人视其为中国红十字会的先驱。这样

---

① 《印光法师文钞续编》卷下《中国济生会苏州分会捐放生池园永为灵岩山寺下院功德碑记》，第 74—75 页。
② 王见川：《清末民初中国的济公信仰与扶乩团体：兼谈中国济生会的由来》，第 145—152 页。

的看法,虽非完全正确,但也有几分道理。最近刊布的中国红十字会早期数据,
即记载当时江浙济公乩堂对中国红十字会前身——上海万国红十字会的捐助:

　　上海万国红十字会第一批捐款清单(光绪三十年三月,1904 年 4 月)

　　上海万国红十字会正、二月份第一笔捐款清单

　　　　计开:

　　　　　　……

　　　　　　二月……初七日杭州协德善堂筹垫规元一千两……

　　　　　　廿九日杭州博济善堂筹垫规元一千两……

　　上海万国红十字会第二批捐款清单(光绪三十年四月,1904 年 5 月)

　　上海万国红十字会三月份第二批捐款清单

　　　　计开:

　　　　　　……

　　　　　　初六日……陈润夫交来代募包蒲萍规银一千两……

　　　　　　初九日……陈润夫经募厚德祥各号英洋二百十元……

　　上海万国红十字会第三批捐款清单(光绪三十年五月,1904 年 6 月)

　　上海万国红十字会四月份第三批捐款清单

　　　　计开:

　　　　　　……

　　　　　　二十日……陈润夫交来代募相羲氏规元二百两……陈润夫交来镇

　　　　远府谢规元一百两……

　　　　　　二十七日杭州潘赤文交来第三批协德善堂经募规元一千两……①

捐助名单中的潘赤文又叫潘炳南,是清末江浙济公鸾堂派下,而陈润夫是清末上
海大善人,原名叫陈作霖。根据沃丘仲子《当代中国名人小传》(1922)《慈善
家》:"陈作霖字润夫,江西人,少经商重庆。天顺祥主李耀廷,重其诚信,聘司会
计,已出主沪肆,几三十年,屡被举为商会总理干事董事。年踰七十,精力犹矍
铄,且豪于饮,素信因果报应之说,笃于为善。数年前有人置集云轩扶乩降灵,作

---

①冯金牛整理:《中国红十字会早期史料(1904—1907)》,上海市档案馆编《上海档案史料研究》第 10
　辑,2011 年 6 月,第 244—251 页。

霖预其事，乃发起济生会，以救灾拯困为旨，以其望重，绅富踊跃投资。迩来北省水灾，湘兵灾，皆赖其救济，复立学堂，施医药，刊布劝善书籍，势力骎骎，视红十字会。"①由此可知，陈作霖是清末民初上海的商业名人，也是当时著名的"慈善家"。由于陈作霖（润夫）积极投入"集云轩"，以致有的人称该坛为"陈氏济公坛"。当时集云轩济公扶乩十分灵验，不少名人都莅坛叩问并皈依为弟子，《求恕斋日记》民国六年闰二月八日（3月30日）提到他们"至宁波路升安里集云轩，轩设乩盘，济颠僧降乩甚灵验"的情形。并说"去岁梁节庵亦曾为余说过，若沈子培、王雪澄、王病山、朱古微、吴子修、陈仁先，均在坛弟子也"②。民国六年，康有为六十大寿，名人云集，其中还谈及沈曾植与朱祖谋为事往集云轩问吉凶的情形③。

数据记载，"中国济生会"于民国五年（1916）成立，首任会长即是陈润夫。可惜的是他在民国八年（1919）八月二十九日去世④。之后，透过选举，当年十二月王一亭任会长，徐干麟任副会长⑤。在陈润夫建立的基础上，王一亭积极投入慈善事业。在该会成立三周年时，除了平常进行的善举、各省赈济外，又设立闻正蒙院、义务学校，救疫济生队三队，以及济生医院。根据民国八年十二月的《申报》报道，中国济生会的济生医院于宝山路六十八号洋房创设，"二十五日开幕，商请前在宝隆医院德国医学毕业生孔锡鹏君发起组织，前有德国医生遗存全副头等治疗器具，并承孔锡鹏君暨德国医学博士陈任民君、德医曾忠民君担任义务，随时驻院施诊。病房分头、二、三等，除头、二等酌收住院经费外，其三等病房专为贫病起见，只收饭食洋二角。所有创办经费由济生会员各尽其力随时捐助"⑥。

---

① 沃丘仲子：《近现代名人小传》卷下，北京图书馆出版社，2003年影印，第386—387页。沃丘仲子《当代中国名人小传》收入此书中。
② 沈文泉：《朱彊村年谱》，杭州：浙江古籍出版社，2013年，第193页。
③ 参见许全胜：《沈曾植年谱长编》，北京：中华书局，2007年8月，第443页，民国六年二月五日叙述。
④ 王中秀编著：《王一亭年谱长编》，上海：上海书画出版社，2010年8月，第190页。
⑤ 王中秀编著：《王一亭年谱长编》，第204页。关于王一亭，请参照康豹（Paul Katz）《一个著名上海商人与慈善家的宗教生活：王一亭》，巫仁恕、康豹、林美莉编《从城市看中国的现代性》，中研院近史所，2010年3月，第275—296页。
⑥ 《申报》1919年12月18日，转引自王中秀编著《王一亭年谱长编》，第198页。

100

　　根据《上海中国济生会简章》,当时中国济生会"为旅沪各省慈善家,志同道合,集成团体,并不限定人数,定名为'上海中国济生会'"①。也就是说中国济生会全称叫"上海中国济生会","中国济生会"是其简称。该"会未建会所,暂租上海公共租借宁波路升安里三百六十一号房屋设立","附属慈善事务所,不在其内"。其宗旨是"实行慈善义务,以增进国民公益为宗旨,政治时事,概不与闻"②。而该会实行慈善义务,共分四类:

　　　　(一)普通之慈善事务。施医,赠药,发粟,授衣,助殓等事。

　　　　(二)临时之慈善义务。如筹办水旱饥荒之义赈,救护意外被难之灾黎
　　　　　　等事。

　　　　(三)教育之慈善义务。如酌设初级小学,专收贫民子弟,不取学费,以
　　　　　　粗通书算,能学习经营为宗旨。

　　　　(四)实业之慈善义务。如贫民工厂,垦荒,筑堤,浚河等事。

以上四条,用款多寡,视该会能力所及,逐渐进行。其中筑堤浚河,以工代赈,是中国济生会屡经办过的善业③。

　　中国济生会所办各事,"以振务为最重大,用款至巨,事务极繁,是以设有振务处,专管救灾事宜。凡会员之热心慈善者,均在振务处与六科办事专员共同商酌办理"。这些"六科办事职员,暨振务处人员,均为本会董事,组织董事会,每年以旧历十月二十五日为周年大会"。"其余每月常会无定期。遇有要事,即通告开会,经到会董事多数通过方可执行"。之所以选定旧历十月二十五日为周年大会,因这一天是中国济生会成立的日子④。

　　当时,中国济生会到"各省办振,暨本埠近处救灾出发,有济生会白十字救护队"。这是该会"会员体格合宜能耐劳苦心存救世者",自愿报名参与组织的团体。对于渐趋庞大与增加的团体,中国济生会设有"会帜":蓝地白十字旗标帜,该"会暨分会及附属之学校医院,并放振出发所在之临时事务所,可以悬挂。

――――――――――

①《团体文件》五《团体参考文件》"慈善团体",第80页。
②《团体文件》五《团体参考文件》"慈善团体",第80页。
③《团体文件》五《团体参考文件》"慈善团体",第80—81页。
④《团体文件》五《团体参考文件》"慈善团体",第81页。

凡会外其他机关，一概不准借用"。只要是"济生队出发，即用蓝地白十字旗。所到之处，专主救人，概不与闻政事及逾越慈善范围以外之事。所执旗帜，不得借与他人暂用"①。之所以要这样做，是要与其他团队区别。因此中国济生会除了有专属会帜外，还有自己的徽章：金色蓝地白十字章、银质蓝地白十字章两种。凡是"创办会员，名誉会员，六科董事，振务处董事，均佩金色蓝地白十字章。普通会员，均佩银质蓝地白十字章"。该"会济生队出发时，所佩领袖徽章，均用蓝地白十字盖印前颁铜质（文曰上海中国济生会图记）编号，以昭郑重，不得借与他人佩用"②。

至于中国济生会办振款项及教育医药一切善举的经费来源，"均由正副会长暨董事会及全体会员量力担任捐助。不请官款，亦不受地方补助"。由于该"会六科董事暨振务处董事，多半自有商业"③，所以中国济生会早期的财源其实是从商的董事的捐助。后来才成立银行，稳定财源。

另一方面，因董事大多从商，"未能终日在会，是以延请科员襄理事务，酌给薪水"。"每年初冬开周年大会一次，报告一年成绩及收付账略，另印征信录，以便查核"。

中国济生会的组织有下列六科：

1. 交际科。2. 经济科。3 文牍科。4. 庶务科。5. 调查科。6. 审核科。

"于会员中各就资性所宜，材力所及，公众推选，分科办事。每科人数，未能确定，视会务繁简，随时增添"④。此外还设有"评议员"考核相关业务成效。来年又增设"振务处""教育处""医院""医药处""施材处""济生队"⑤。与印光接触苏州放生园事宜的陆维镛，在此时任职济生会赈务处。《虎跑佛祖藏殿志》卷四记载，陆维镛叫陆介子，至少在民国八年三月加入中国济生会，玄名"觉介"。其母陆仁初在此之前亦是集云轩、中国济生会成员，热心参与赈务，是轩会中重要份子。根据《济生会五周纪念志盛》："上海中国济生会自丙辰冬成立以来，办

①《团体文件》五《团体参考文件》"慈善团体"，第82页。
②《团体文件》五《团体参考文件》"慈善团体"，第82页。
③④《团体文件》五《团体参考文件》"慈善团体"，第81—82页。
⑤《申报》1921年2月15日，转引自王中秀编著《王一亭年谱长编》，第204—205，229页。

理各省振务不遗余力。"1921年的赈务，"计直、豫、鲁、晋、川、陕、湘、鄂、浙、苏等十省，共放振洋十七万二千一百元，米一万三千五百零八包，棉衣裤五千一百套，并设草帽辫厂四处，兼制发网，以工代振，至医院学校，舍材施药等举"①。数据记载中国济生会以上海为总部，逐渐向各地设分部，目前所知，至少有北平、天津、清江浦等分会，每分会派有办事主任总括一切相关慈善活动调查、赈济等等事务②。

由于"中国济生会"设有银行"福利银公司"③，资金充足，到了1930年代，仍积极赈灾。《申报·济生会昨开重要会议》提到当时该会委员长仍是王一亭，有二位副委员长徐干麟、黄涵之，及委员等二十余人。其"开会各条分列如下：一、振务主任某君报告，本会自十九年二月三号起至六月四号止，计四个月本会办理陕浙平豫皖苏等省振务，共收洋若干万，实支洋若干万……计借垫洋十一万二千七百余元。二、江苏宝应办振刘主任树伦报告，宝应灾区东南北等乡，择其灾最重、民最苦者，专救重灾，振洋以三、四、五、六、七元为起码，共振四万九千余元，凡城厢各乡被灾甚重之贫苦灾户，分等放讫，不日将报告书表及印收等证据送会审查。三、某委员报告，江苏宜兴乞振，该县灾情甚苦，全县米荒，县绅朱樾亭奔走乞援，缓不济急，设法救急，拟分别平粜、急振二项，急振区域，以山口东南、西南为最要……振务主任某君又云，宜兴振唯有请黄委员长向江苏义振会协商，共同设法。众无异议。四、王主席提议，曩年本会拨给南汇工振洋一万元，修复济公塘后，经带征收回三千余元，存该县公款处，请拨一二千元归南汇周浦乡平粜、急振事，系以公济公，南汇绅耆移用此款，不得不据实报告，本会许拨一千或二千请酌，众无异议"④。由此可知中国济生会赈灾极有条理，犹如道院之红卍字会做慈善活动一般，成为中国当时著名的慈善团体。

---

① 《申报》1921年11月26日，转引自王中秀编著《王一亭年谱长编》，第246页。
② 《兴华》26卷30期，第40页，1929年；《兴华》28卷6期，第39页，1931年；《进化周刊》1933年527期，第5页。
③ 《安徽财政公报》1932年15期，第17页。
④ 《申报》1930年6月11日，转引自王中秀编著《王一亭年谱长编》，第518页。

三、扶乩与"灵学会"

至于印光肯定扶乩优点第二项有助劝化人心，可由其评论著名乩坛"灵学会"窥知：

> 月之初九日，中华书局寄来《灵学丛志》三本，系三四五期所出，因大概阅之，见其教人改过迁善，详谈生死轮回，大有利益于不信因果及无三世之邪执人。至于所说佛法，及观音文殊普贤临坛垂示，皆属绝不知佛法之灵鬼假托。在四期册中，文殊佛教二十四乘天，普贤佛教二十四乘位次，皆是胡说巴道。至于《佛顶混元经》，乃剿窃《金刚经》《心经》之义而伪为之，其中纵多系真经中语，亦不可流通受持，以邪正夹杂故……《无量度生经》，更属瞎说，窃恐阁下信心真切，亦以《高王经》一例观之，因而赞扬流通，则其坏乱佛法，疑误众生……阁下既属丙号会员，但当令其发挥改过迁善，及孝弟忠信，礼义廉耻，戒杀戒淫，允恭克让，诸恶莫作，众善奉行等事。若夫如来无上妙道，岂灵仙乩坛之所能宣扬演说者哉……①

这封信是写给著名人物丁福保的。他是灵学会的"丙等会员"。灵学会这个团体，因《新青年》的抨击而全国知名。以往，已有多位学者对它进行研究②。不过，关于其源起，尚有疑义。有的学者如志贺市子视"灵学会"为近代西方心灵主义流行中国的产物③，而黄克武则说：上海灵学会即源于无锡的杨姓家族。据灵学会发起人杨璇说，他家于光绪末设立乩坛扶乩，取名"碧云坛"，杨璇兄弟开始参与扶乩，1916 年二人受西方精神学之影响，习催眠等，并协助鲍芳洲"中国精神研究会"组织无锡分会。当时杨璇父亲杨光熙在中华书局工作，与俞复、陆费逵熟识，众人看过杨璇父子的扶乩训示后，俞复由疑转信，不久这些人创立

---

① 《印光法师文钞三编》卷一《复丁福保居士书六》，第 80—81 页。
② 关于灵学会，最近的研究是郑国《社会网络与灵学会的发生》，唐仕春主编《近代中国社会与文化流变》，北京：社会科学文献出版社，2010 年，第 417—427 页。
③ 志贺市子：《中國のこっくりさん：扶鸞信仰と華人社會》，第 179—180 页。

"盛德坛"，组织灵学会并出版《灵学丛志》推广灵学①。黄克武这段论断是根据杨璇的说辞，似乎是真实的。不过《灵学丛志》第一卷一期杨光熙的《盛德坛缘起》却有不同的说法：

> ……丁巳秋与俞君仲还等，谈及伍博士鬼影片各事，并及扶乩之理。适陈君协恭欲往济生坛问事，邀余同去。值该坛停乩，执事者不听入，陈君不悦，因语余曰：君固乐此，胡勿创设一乩，以继前志。余可之，遂商之于俞君暨陆费君伯鸿，主成其事，即于上海交通路之通裕里屋内，组织坛务，置备乩具。正虑乩手乏人，适大儿瑞麟、二儿真如因中国精神学会组织无锡分部事，自锡来沪，爰令二人持乩，每日下午六时开沙，至八时止。而俞君尤其笃信，停乩后，必将乩录一一点校，而后收藏之，遇有参观者，则出示之，因此入之坛者日益众，其问难者，如陆费君之问鬼神星球宗教诸说，丁君仲佑之问灵魂不灭说，吴君稚晖之问音韵学，萧君森华之问易数，以及解释迷津，阐发学理种种问题，不胜枚举，此盛德坛创立之由来也，其时临坛主席者，济祖师……②

"丁巳"是民国六年（1917），"俞君仲还"是俞复。这个盛德坛即是深受民国知识分子抨击的灵学会的主体，而文中的陆费逵是中华书局创办人。由上引文可知灵学会深受济生坛刺激而产生，从该坛以崇奉济公为主神且叫济生来看，极有可能是济生会影响下的乩堂。

当时盛德坛的组织是这样：

坛长：俞复

坛正：杨瑞麟

坛董：陆伯鸿、陈协恭、俞复、杨宇青、丁仲佑（福保）③

杨瑞麟即杨璇，是"坛正"，也就是坛中的正乩手，而其父杨宇青，即杨光熙任

①黄克武：《民国初年上海的灵学研究：以"上海灵学会"为例》，第110—111页。
②《灵学丛志》1918年1卷1期，第4—6页。
③《灵学丛志》1918年1卷1期，第4页；其第1页陆费逵（伯鸿）《灵学丛志缘起》云："余素不信鬼神之说，十余年来辟佛老，破迷信，主之甚力。丁巳之秋，杨君宇青创乩坛，余从旁誊录，始而疑，继而信，且练习技术，充助手焉。曾以鬼神宗教之理叩问济祖师……"

坛董。从职员名单及职责来看，杨光熙的描述是可信的，由此可知灵学会的主体盛德坛的出现是受济生会刺激下的产物，并非受西洋精神术的影响。该坛以问休咎、开方药为主要业务与传统乩堂并无二致，只不过多一"灵学会"及其出版品《灵学丛志》。据其第四期记载说：自此起，该会不问休咎、方药，专以研究灵学为主。

所谓的"灵学"并非专谈鬼、神之学，还包含新知、科学疑惑的问答。如问星球的起源、堪舆家言是否可信、命理有无、三皇五帝是否有其事、地球是凸或是凹。由于灵学会透过中华书局的销售网络以及函寄赠送，引起社会的注意，批评之声不断①。对此，"灵学会"有所回应：

  ……主坛特简有汉申施二公主盛德坛事务，俾各地不得争效尤，重申坛规如左：

  一、不问休咎。

  二、不判方药。

  三、不答游技。

  四、崇学理。

  五、明修养。

  六、持诚实。②

如果真的照坛规执行，"上海灵学会"犹如道德团体，完全失去宗教性。不过，民国九年的《申报》却报道上海灵学会代售济公神像（照像）求取财富的情形③，显见灵学会的坛规，未必完全遵守，至少"神灵照相"还在进行。而这一特殊技术

①陈大齐：《辟"灵学"》，第1—30页，收入氏著《迷信与现代心理》。《灵学丛志》1918年1卷7期，《临时增刊》第1—2页："九月二十一日……谕，略云：盛德坛成立以来，积善事良，深堪嘉赞，特外间因此有效尤接踵，背闻风涉尘，而所为实与坛旨相乖，其有玷乩务非浅，此风启后，士子不习学业，趋迷阴阳，善者心术诚正，有益亦惠，黠者藉以敛钱，祸端甚巨，更有奸猾，不轨是逞，假神仙为护符……又云：飞鸾显化，本是劝善惩恶之意，不谓去年盛德坛设立以来，各地乩坛，因之大加增多，每借口以灵学会为护符，而究其旨，则大刺谬，长此以往，不特有败盛德坛名誉，抑且失乩坛之信用，扩充之，几致毁坛之矣……又土神云：各地乩坛竞起，大非华人之福，盖鬼神当敬而远之，不当狎而亵也……半百而后，可去世间事业，而参超世哲理，乃今乳臭黄口，亦斤斤以乩术为能事……"

②《灵学丛志》1918年1卷7期，《临时增刊》，第1—2页。

③张忠良：《济公故事的综合研究》，台北：秀威信息，2007年，第267—268页。

实际带动中国信仰界的跟风，不少宗教团体流行"神明照片"，"关帝显相""吕祖显像""弥勒显相""济公显相"到处风行，蔚为风尚①。此外，"灵学会"的机关刊物《灵学丛志》也影响到悟善社的刊物，该社的刊物《灵学要志》即仿此而来。《灵学要志缘起》云：

> 《灵学要志》，与沪上盛德坛《灵学丛志》，名义类似，或以事近重复为嫌，然孚佑帝君命名之深意，固别有在焉。请述颠末如下：……己未春……孟秋迓君仲良等乃同莅都门。仲良与朱翰埠昆仲有旧，叙谈广善坛种种灵异。朱氏昆仲固虔事帝君有年，爰约于闰七月初六日试行请乩，复奉帝君谕扩张善业，特准创立悟善社，颁示社规，有一世劝人以口，百世劝人以书，赈灾无赏。惟劳笔墨口舌以图挽救之语，并训广善坛员力求善业普及，不负命汝等来京之意云云……嗣帝君又允邀在天诸神宣示训世之文，命参考《灵学丛志》，精付铅印，名曰《灵学要志》……盖《灵学丛志》考验鬼神之真理，阐究造化之玄妙，而《灵学要志》则以补救世道挽回人心为要义。《灵学丛志》所以瀹人之性灵，而《灵学要志》所以规人之言行，二者实相辅不相悖也。既命《要志》刊成后分寄京外各坛，又命先与广善盛德通声气，他日当有诸坛互成大善业之一日。又谓任此大善业之责者，有盛德坛、同善社、悟义社三部分，愈可见帝君之锡名为"灵学要志"者，具有各坛互相辅助，合力进行之深意，何患其名义类似耶……此皆为本《要志》确定真意义，发挥真精神，殆即化世真规之变相，洵与《灵学丛志》同工而异曲，分流而合鸿也。……悟善社谨识。②

不过，到了1920年《灵学丛志》停刊，上海灵学会似乎停止活动。值得注意的是，1924年上海《申报》还报道民国路永安街口"灵学总会"（"灵学会"），"董事长王一亭、董事顾馨一"等创设乞丐收容所及开办免利贷款给失业贫民的消息③，是灵学会转型抑或是另一个同名团体？从其地址设在民国路与会

----

① 关于神佛显圣照片，详见王见川、侯冲等编《中国民间信仰·民间文化资料汇编》第二辑第34册，台北：博扬文化公司，2013年，第1—3页。
② 《灵学要志》1920年1卷1期，第1—2页。
③ 王中秀编著：《王一亭年谱长编》，第314页。

中成员来看,都与上海灵学会不同,应是不同的团体。有趣的是,此会会长是王一亭①。

四、印光眼中的新兴"教门"(救世团体)

辛亥革命,民国肇兴。当时政府根据约法,主张宗教平等,信教自由。在政策上开放各宗教团体成立,以致"教门"(救世团体)纷起。这是中国宗教史上前所未有的黄金时代。对于当时的新成立的教门,印光的看法是这样:

> ……现今之世,乃魔王外道出世之时……江神童,乃鬼神附体之能力,非真系生知之神童。前年友人张之铭,以江神童息战书见寄,命光看,有不合宜者批之,当转致。及光指其弊病,此友概不提及。甚么宗教大同会,甚么释迦化身,有智识者闻之,当直下知其为显异惑众之魔王,岂待问人。彼同善社老师,亦在四川,凡入会必须要出钱做功德,及出钱,则云寄至四川,由老师调派。甚么唐焕章,甚么邓绍云,皆系妖魔鬼怪之流类,引一切善男信女,同陷邪见深坑。佛法那里教人炼精气神,无论甚么外道,离炼精气神,便无道可说矣……灵学扶乩,乃灵鬼作用,亦有真仙降临,乃百千回之一二,其平常俱灵鬼冒名,断不可以此为实,光《文钞》亦略谈之。江神童之道德,亦扶乩故,与灵学会同一臭味,学佛人不应入此种会……②

所谓的"江神童"系指"万国道德会"的创办人江希张,以年纪小撰写《息战论》等书著名于世,因而有"神童"美誉③。原先,印光还肯定他④,随着他影响力大增,而视之为外道。而唐焕章、邓绍云则是"世界宗教大同会"的教主与推手。当时,该教广发传单宣扬世界末日,轰动一时⑤。而四川的同善社,指的是彭回

---

①王中秀编著:《王一亭年谱长编》,第314页。
②《印光法师文钞三编》卷二《复蔡契诚居士书二》,第486—487页。
③王见川:《"世界宗教大同会"初探:兼谈其与江希张的关系》,《台湾宗教研究通讯》第9期,2011年,第121—126页。
④《印光法师文钞·复张伯岩居士书》,第106页。
⑤王见川:《"世界宗教大同会"初探:兼谈其与江希张的关系》,第117—121页。

龙的同善社。该社成立于民国六年，领导者是居住在四川永川的彭回龙，自称"龙凤山述古老人""清静自在燃灯佛"①。印光在《文钞》中屡屡批评同善社，特别是其坐功，将其视为外道，范古农《古农佛学问答》则说：其"教同善社人诵万佛救劫经，是外道首领"。而谛闲则认为它是邪教，著名的太虚说同善社是宗教三等中的最低等，属鬼灵教，与道教、道院同列②。

同善社自成立后，快速在中国流传，至1920年代已在中国成立不少分社，社员众多，成为当时最重要的宗教团体③。太虚曾回忆说：辛亥革命的桂军司令陈元白，"归国后，入同善社，习静坐，奉为至道"，曾引名人蒋作宾、黄元恺入同善社④。同善社除了重视坐功外，亦鼓励社员从事善举。民国八年该社决定要成立"国学专修馆"推广国学，保存传统文化⑤。曹聚仁在民国十六年提到当时社会上有三大国学潮流：北大国学研究所、上海同善社"国学专修馆"和无锡唐文治"国学专修馆"⑥。曹聚仁的看法虽然有误（详下），但可见同善社的"国学专修馆"已引起注意。

印光对"国学专修馆"印象不错，曾替无锡"国学专修馆"二位重要关系人写序。原先，他以为该馆系唐文治创办，可在《〈十三经读本〉序》中却说：

> ……施子肇曾惧斯道之灭没，乃与二三同志特立"国学专修馆"，聚有志斯道者，俾其专精研究，身体力行，冀其有得而广传焉……⑦

---

①王见川：《同善社早期的特点及在云南的发展（1912—1937）：兼谈其与"鸾坛""儒教"的关系》，《民俗曲艺》172期，2011年，第129—140页。

②印光法师文钞三编》卷四《答善熏师问》，第902页。范古农：《古农佛学问答》卷6，台北：新文丰出版公司，1992年，第515页。谛闲：《对于同善社之批评》，《谛闲大师遗集》第五编"语录"，台北：南天台般若精舍，1988年，第233页。太虚：《佛学常识》，北京：中华书局，2011年，第229页。

③王见川：《同善社早期的特点及在云南的发展（1912—1937）：兼谈其与"鸾坛""儒教"的关系》，第133—140页。

④钟琼宁：《行在家道：民初的上海居士佛教（1912—1937）》，第36页，政治大学历史所硕士论文，1997年6月。

⑤王见川：《同善社早期的特点及在云南的发展（1912—1937）：兼谈其与"鸾坛""儒教"的关系》，第152—156页。

⑥曹聚仁：《春雷初动中之国故学》（上），马克锋编《国学与现代学术》，桂林：广西师范大学出版社，2010年11月，第397页。又曹聚仁文亦提到："愚夏间自乡返申，舟中遇一白发婆婆之老翁，津津谈扶乩降神之神迹不已，且缕陈吕洞宾、文昌帝降坛之诗词文笔以实之，且喟然曰：'此我国之国学也。'"（第399页）

⑦《印光法师文钞·十三经读本序》，第55页。

由此可知，印光已改变看法，认为无锡国学专修馆是施肇曾与二三同志成立的。这个二三同志是谁？最近，吴湉南《无锡国专与现代国学教育》提供一则报道，值得注意。1920年12月13日《锡报》刊登《国学专修馆招考消息》云：

> 北京王芝祥、施肇曾、姚济苍、李耐品、陆起、叶乐氏诸君发起之国学专修馆，在吾邑设立分馆，聘唐蔚芝君为馆长，租定惠麓山货公所为馆址，从事招考等情，已送志本报，兹悉日来在锡报名投考者，已达百人左右，而以武进人居多数，其在上海、南京报名者亦颇不少，并闻唐蔚芝君已聘定姚明晖君担任教务云。①

对照当时同善社北京总社名单与《新无锡》报道相关人物②，可知文中"李耐品"应是"李时品"之误，而"叶乐氏"是"叶乐民"之讹误。也就是说，报纸报道的这些人是同善总社的领导。当时，出身上海实业学院的陆起捐一百元，姚济苍捐一千元，叶乐民捐洋五十元，李时品捐洋六十四元。施肇曾捐最多，洋三千二百零八元，其妻龚悟因捐洋六百元，其兄施肇承捐一千元。而王芝祥是北京总社"引恩"，直隶省社正善长，"因陷歧途，屡劝不醒"，加入"世界宗教大同会"，被同善社除名，所以没捐款③。依此来看，很明显无锡国学专修馆的创办者是同善社，社员施肇曾才是主要推动者，而唐文治则是他聘请的校长。"无锡国学专修馆"甚至在《新无锡》登有广告：

> 本馆慨国学之沦胥，伤斯文之失坠，数年而后，恐吾中国人将无复有通中国文字者，世道人心，不堪复问，可痛孰甚。爱于北京设立专修馆，并定先在江苏无锡设立分馆，开办师范班，专以造就国学人才为惟一宗旨。请唐蔚芝先生为馆长，并分请名师教授，所有师范生伙食书籍，由本馆供给，每月膏火视月试成绩以为增减。④

陆阳《唐文治年谱》说"国学专修馆"逐渐在各省设立分馆这一计划后来未

---

① 转引自吴湉南《无锡国专与现代国学教育》，安徽教育出版社，2010年5月，第46页。
② 《新无锡》记载"无锡国学专修馆"发起人是"姚济苍、施肇曾、王芝祥、李时品、陆勤之、叶乐民"，转引自陆阳《唐文治年谱》，上海：生活·读书·新知三联书店，2013年7月，第255页。
③ 同善总社存版《同善总社传单汇编》庚申年传单第5号第12页及癸亥年通启三第13页。
④ 转引自陆阳：《唐文治年谱》，第255页。

能付诸实施①。这是不对的，至少在云南、上海、福建都有设立"国学专修馆"培养国学人才②。据唐文治说，"无锡国学专修馆"开办费及头几年的支出全由施肇曾负担③，由此可见，在同善社申办"国学专修馆"的潮流下，身为社员的施肇曾积极响应，全力支持，设立了"无锡专修国学馆"，而找唐文治当校长是看中他的专长？还是另有因缘？日本学者小武海樱子说：唐文治是江苏"盐城同善社善长"，所以被聘为"无锡专修国学馆"馆长④。唐文治是不是"盐城同善社善长"，尚待证据证明。不过，唐文治当时确实跟同善社员有所往来，如受施肇曾所托邀聘唐文治的陆勤之即是同善社员陆起。而张謇在民国十二年（1923）写信给唐文治说："今之同善，殆自莲离坎卦之变种，大成之一流，却未可与佛耶回同论。一光明，一秘密也。中国今日邪说已纷，何必再此一种，徒乱耳目……有违雅命，亦愿少加体察。"⑤由此可见唐文治至此已是同善社员，他还跟张謇传教，却遭张謇婉拒。所谓唐文治是江苏"盐城同善社善长"，应是他接任"无锡专修国学馆"馆长之后再担任的职务。总之，唐文治事前应知"无锡专修国学馆"是同善社所办，他之所以应聘主持该校，主要是二者理念——尊孔、读经相同。

五、扶乩著书：鸾书类善书及其理念

需要说明的是，所谓的"读经"，除了四书五经外，还包含善书。像同善社的经典就包含《三圣经》《玉定金科辑要》之类的善书。众所周知，《三圣经》是指三种传统善书：《太上感应篇》《文昌阴骘文》和《关帝觉世经》。而《玉定金科辑

---

①转引自陆阳：《唐文治年谱》，第 256 页。
②日本学者小武海樱子曾对云南"国学专修馆"的情况有所分析，见其《同善社的理想世界论"家乡"与"大同世界"：兼论"国学专修馆"的活动》，王见川等编《华人宗教变迁与创新：妈祖与民间信仰国际研讨会会议论文·手册》，台湾新港奉天宫，2012 年，第 150 页。
③王见川：《同善社早期的特点及在云南的发展（1912—1937）：兼谈其与"鸾坛""儒教"的关系》，第 154—155 页。
④小武海樱子《同善社的理想世界论"家乡"与"大同世界"：兼论"国学专修馆"的活动》，第 149 页。
⑤转引自陆阳：《唐文治年谱》，第 276 页。文中的"自莲"是"白莲"之误。

要》，是咸丰六至八年湖南以文昌帝君为主神的鸾堂扶乩著作的善书。全书二十卷，补遗一卷，加上叙跋，篇幅庞大。卷首假造李鸿章上奏折，恳请皇帝批准入《道藏》，以广其传。《玉定金科辑要》主旨在宣扬"八字"：孝弟忠信礼义廉耻，以此辅助皇化，劝民救世，度过末劫。

　　类似这类救劫的鸾文善书，目前所知，嘉庆年间已出现①。到了道光中期，湖南鸾堂著作有不少关帝降笔救劫文。其中大致可分成五个类型：

　　1. 关帝扶鸾教化型：因人类不孝等行为，恶事频传，上帝震怒，因此派关帝扶鸾鉴别善恶，听劝者富贵，不听者被剿灭②。

　　2. 关帝扶鸾救劫型：人心大坏，恶事频传，上帝震怒欲灭下民，关帝请旨扶鸾救劫③。

　　3. 关帝、文帝等神扶鸾救世型：人心大坏，恶事频传，上帝震怒，于嘉庆丙子年大开劫运欲"剿绝群生"，关帝、文帝等神仙跪求上帝哀恳下世，飞鸾救民④。

　　4. 关帝、文帝、吕帝、观音等神扶鸾救世型：人心大坏，恶事频传，上帝震怒欲灭下民，在嘉庆丙子年降三灾，于是关帝、文帝等神明请旨上帝，下世飞鸾救民⑤。

　　5. 观音协助关帝、文帝、吕帝等神扶鸾救世型：人心大坏，恶事频传，上帝震怒欲灭下民，于是关帝、文帝等神明哀恳，下世飞鸾救民无效。经释迦文佛劝说，观音跪求七日，上帝又给关帝、文帝等飞鸾救民机会⑥。

　　后二种关帝、文帝、吕帝等神扶鸾救世类型，旨在说明关帝、文昌、吕帝等神明扶鸾救末劫的由来，可称为"三圣"扶乩救劫论⑦。其经文根据是这样：

---

①如咸丰八年黄启曙汇辑《关帝全书》卷24《救世宝训》，鲁愚编《关帝文献汇编》第6册，北京：国际文化公司，1995年，第665—666页。

②咸丰八年黄启曙汇辑：《关帝全书》卷22《教孝文》，鲁愚编《关帝文献汇编》第6册，第326—328页。

③咸丰八年黄启曙汇辑：《关帝全书》卷22《劝行孝救劫文》，鲁愚编《关帝文献汇编》第6册，第324—326页。

④咸丰八年黄启曙汇辑：《关帝全书》卷24《做世说》，鲁愚编《关帝文献汇编》第6册，第638—639页。

⑤咸丰八年黄启曙汇辑：《关帝全书》卷22《警世昧八性文》，鲁愚编《关帝文献汇编》第6册，第425—427页。

⑥咸丰八年黄启曙汇辑：《关帝全书》卷24《总化文》，鲁愚编《关帝文献汇编》第6册，第559—560页。《返性图》（析津思过斋，光绪四年重刻本）卷1，第37页亦有类似说法。

⑦有的叫"三相代天宣化"，游子安《敷化宇内：清代以来关帝善书及其信仰的传播》，游子安《善书与中国宗教：游子安自选集》，台北博扬文化公司，2012年，第52—53页。

……吾与文帝、吕君、大士及诸天仙佛恳求上帝施恩，自嘉庆丙子飞鸾
开化已经十载，人心不转。上帝震怒，已欲灭绝。吾等又到西天攀恳……观
音大士在上帝面前哀恳独跪七日，文佛降临，上帝始准。又从开化迄今又二
十载……天道至三十年而一变，由丙子至今已三十年满……①

嘉庆丙子年是嘉庆二十一年（1816），往后算三十年是道光二十五年（1845），可
知观音跪求上帝飞鸾救世的文献写于道光二十五年。类似的看法，可在咸丰八
年间黄启曙编的《关帝全书》中见到。该书收录的《棒头一喝文》云：

帝君曰：嗟呼，天下人民如酒醉沉闷，昏迷不醒，岂知上天震怒，自嘉庆
丙子降灾，水和刀冰瘟疫三灾屡降……下民作恶以极……恶气种种，上薄太
空，以致尊位不宁，上帝痛恨，降旨命魔鬼巡世，择地责人降灾。吾与文昌、
吕祖、观音、王天君和八仙飞鸾开化以历三十余年矣，而人心依然如故，多亏
西天文佛慈悲于上帝前，再三劝语，使得缓而至今……吾今泄露天机……尔
等若有待吾开化，吾准削除黑籍……代出钱开版……代吾印刷善书……代
吾劝化……吾准以……功……②

从文中提到自嘉庆丙子年以历三十余年，可见《棒头一喝文》写于道光二十五年
后至道光末。以上的经文反映几个事实：一是部分鸾堂界人士认为嘉庆丙子年
（二十一年，1816）是大劫之年。二是关帝、文帝、观音等神佛飞鸾救世由此展
开。三是能对扶乩著书有所帮助的人可得到功德，躲过一劫！

有的学者称嘉庆丙子年关帝、文帝、吕帝等神佛降乩救世，为三恩主的由
来③。若只有关帝、文帝、吕帝降乩救世，或许可以说是后世三恩主的源头，可
是降乩的神明还包含观音等神佛，实在很难说是三恩主的源头。况且现今台
湾流行的所谓"三恩主"是关帝、吕帝、张帝（灶君）降乩救世，与此有点差异！
（详后述）

不过，嘉庆丙子年飞鸾救世的主张，确实是近代中国扶乩史上颇为特殊的理

---

① 咸丰八年黄启曙汇辑：《关帝全书》卷24《总化文》，鲁愚编《关帝文献汇编》第6册，第559—560页。
② 咸丰八年黄启曙汇辑：《关帝全书》卷24《棒头一喝文》，鲁愚编《关帝文献汇编》第6册，第688—
691页。
③ 范纯武：《清末民间慈善事业与鸾堂运动》，台湾中正大学历史所硕士论文，1996年，第117页。

论。它替关帝等神明扶乩著书的活动，提供理路根据。然而，除了黄启曙编的《关帝全书》中的所收经文外，尚未见到其他文献支持，显示该要求可能是湖南等地的特殊要求（主张），并未得到其他鸾堂的认同①！

另一方面，观音参与飞鸾救世活动的说法，也颇值得注意，它可能影响当时的先天道的活动！数据记载，至晚在道光二十三年（1843），先天道已采用扶乩决定教中大事②。根据当时该教扶乩纪录《云城宝箓》，降鸾的神佛主要有关帝、文帝、吕帝、玄帝、观音、黄龙真人与九天普化天尊七位，信众称为"七圣"。其训文大都是谈论先天道内的教中规矩、任务分配、人事纠葛等，并未有言及救劫的论述③。可是到了咸丰年间先天道徒扶鸾著作的《指路宝筏》已经出现观音与关帝救劫有关的说法：

> 吾天尊传下诏，把人度尽……那时节，只忙坏普天众圣，有文帝齐上前，会合某神。孚佑帝与惠民、纠察神等，有灶王同一个南海观音，七大神同跪地来把恩恳。跪七日，合七夜才施慈仁……有世尊颁旨诏，协同七圣跪内殿，愿到世劝化凡民。④

这段话指的是道光癸卯年（二十三年，1843）无极天尊谕令释迦佛展开三期普度，度化原人，不然要灭绝民众。后在关帝、观音等七圣跪求七日恳求下，天尊同意先让他们下凡扶乩，劝化凡民改邪归正，度过灾劫。对照《指路宝筏》相关记载⑤，这种救劫理念是在关帝庚子年扶鸾开教的框架下开展成形的。

由于《云城宝箓》当时并未流通，《指路宝筏》提到观音等七圣跪求七日，有可能是受到前述嘉庆丙子年大劫关帝、观音等神佛救劫鸾文的影响。另一方面，《指路宝筏》一再提到道光庚子关帝救劫一事，显示该扶鸾团体也受到道光庚子

---

① 也有可能嘉庆丙子年飞鸾救世论，是要与道光庚子论争胜而提出的说法，并非当时真有其事。

② 王见川：《先天道前期史初探：兼论其与一贯道的关系》，王见川《台湾的斋教与鸾堂》，台北：南天书局，1996年，第103—104页。

③ 关于"云城七圣"，参见游子安：《香港先天道的脉源与发展——兼论道统在港、泰地区之延续》，游子安《善书与中国宗教：游子安自选集》，第310—312页。其余参见王见川：《先天道重要文献〈云城宝箓〉的著作年代及其价值》，《香港中文大学道教文化研究中心通讯》第9期，2008年，第4—5页。

④ 《指路宝筏》卷中"仁集"，王见川、林万传《明清民间宗教经卷文献》第11册，台北：新文丰出版公司，1999年，第567—568页。

⑤ 《指路宝筏》卷上"知部"："上皇爷坐玉殿……发三劫……命五魔……收恶类……幸关某保一本，设法开教，庚子年兴宣讲不辞劳苦……命武帝掌鸾乩，普天临飘……"（第510页）

年飞鸾著书宣讲运动的影响。

所谓的道光庚子关帝救劫(飞鸾著书宣讲)活动,就是学界所称的龙女寺关帝"庚子救劫运动"。先天道经卷《普度收圆妙经》即说:

> ……联班哀恳维皇,旨准飞鸾降像,普天敕设坛场,道光庚子肇启,龙女寺中阐扬,七圣云城设上,经忏诗文满匮,字泪句珠劝奖,惟期唤醒愚盲……①

这个"龙女寺"位于四川武胜县境内,清称定远或定邑。根据民国版《武胜县新志》,"龙女寺""道光庚子岁,寺中乩鸾著灵,降丹经秘籍数十种,间亦有诗文可诵。寺有楹联为关帝鸾书,每幅十数字,成于一笔。豪迈飞舞,墨迹尚存。当时教匪滋乱,所示神谕多力避妖异,颛以修性命觉民……"②这些龙女寺扶鸾所著之书,其中有幸存下来的,道光二十年庚子季冬合阳赵正康等捧稿入坛,高守仁降笔批改的《关圣帝君明圣经注解》,即是其一③。由其批注《明圣经》中"吾不吃长斋"一段④持肯定态度来看,"龙女寺"扶乩团体应非吃长斋的民间教门所组成的扶鸾结社,它可能是由儒家人士所组成的鸾坛。

这一点,从《救生船》《返性图》与《了然集》的著作鸾堂(坛)亦可推知。《救生船》是四川群英坛于咸丰十年(1860)所著作,《返性图》由滇西公善堂于咸丰五年(1855)著作,而《了然集》则是云南滇南赞运宫在同治五年(1866)造成的⑤。这三个鸾堂(坛)皆源自龙女寺,尤其是群英坛在著造《救生船》时更是由"龙女寺"扶鸾人员帮忙著成的⑥。根据《救生船》的相关记载,四川群英坛是由

---

① 《普度收圆妙经》(杭州九九老坛,1930年重印),第16页,转引自王见川《台湾"关帝当玉皇"传说的由来》,王见川《汉人宗教、民间信仰与预言书的探索:王见川自选集》,第415—416页。
② 民国版《武胜县新志》卷首地理"龙女寺"条,王见川《台湾"关帝当玉皇"传说的由来》,第416页。
③ 《关圣帝君明圣经注解》(1873年刻本)"原镌明圣经注解序"。另见王见川《台湾"关帝当玉皇"传说的由来》,第417页。
④ 该段(高天君)批曰:"杀人之仇,吃斋遂可免罪。况武将血战疆场,杀人百万,本属尽忠,亦有何罪?吃斋解冤,庸夫所为,实在可笑。"
⑤ 本文使用之《救生船》系北京养玉斋一八七六年重刊本,感谢欧大年教授提供。而《了然集》则藏于史语所。至于《返性图》,则是用析津思过斋光绪四年重刻本。
⑥ 该书卷一即记载:"岁庚子川东神教出,里中人咸慕之,以未获亲见为根。盖祷求殷之矣。某子悟元,佩神教已久者也。庚申冬,始东来,诸生固恳受教。幸孚佑帝君临象,以生等虔切,爰于此地立坛,并令成书,锡名曰《救生船》。"(第1页)

士人所组成的，而滇西公善堂、滇南赞运宫，亦是由士人所组成①。由此来看，龙女寺乩坛确实由士人组成，所以才"命宣讲，培道德，教化愚痴"②。

不管是《了然集》，或是《救生船》，这些造书者认为道光"庚子救劫运动"是要以扶鸾所著经典宣讲，拯救世人，希望民众能守五伦八字（后称八德），特别是注重"八字"的实践！这一点似乎与当时其他扶乩团体推动的"八字"（八德）实践有关！以往，大都认为至晚在咸丰年间湖南一带鸾堂即流行八德观念的推扬，如学者所熟悉，著于咸丰六至八年间的《玉定金科辑要》即是以"孝弟忠信礼义廉耻"为纲，以"官士农工商为纬，大抵张善瘅恶"，其大要以正人心、厚伦常为本③。可是与道光末期的《棒头一喝文》相似的另一关帝救劫文《警世昧八性文》即早已出现民众若遵行"孝弟忠信礼义廉耻"，即能避过劫难的说法④！这一点也可在咸丰八年黄启曙汇辑《关帝全书》收录的相关关帝鸾文中见到⑤，很明显"八字"的最早推行与湖南一带的关帝救劫鸾文有关！也就是说，注重宣扬"八字"（八德）实践的传统并非来自《玉定金科辑要》，而是更早的关帝救劫鸾文。有的学者认为：有道光四年沧洲子序的《八字觉原》，是目前所知最早的八德书籍⑥。这一说法值得重视，不过因现今只有光绪重刊本《八字觉原》，未见

---

①《救生船》卷二"武圣帝君序"。赞运宫由士人组成，是从《了然集》中提及不吃长斋，宣讲和称已教为"圣教"等点推测的。而公善堂成员是士人，见《返性图》卷一，第 36 页。

②《指路宝筏》卷下勇部"圆觉叙因果谕"，第 605 页。

③关于八德的流传，参见酒井忠夫《近现代中国における善书と新生活运动》，《宗教社会史研究》第 2 期，1984 年，第 479—492 页。最近范纯武的文章《八德：近代中国救世团体的道德类目与实践》，康豹主持《改变中国宗教的 50 年》主题计划成果发表会论文（台北中研院近史所，2013）对八德在民国时期的流传有进一步的讨论。

④咸丰八年黄启曙汇辑：《关帝全书》卷 22《警世昧八性文》，鲁愚编《关帝文献汇编》第 6 册，第 425—427 页。其文云："自嘉庆丙子天欲殄灭斯人，吾与文昌、吕祖、大士、王天君等不忍坐视，请旨飞鸾开化，无非欲人人回心，个个向善。不孝者孝之，不弟者弟之。不忠者忠之，不信者信之。无礼者有礼，无义者有义。无廉者有廉，无耻者有耻。而尔等仍复不孝不弟，不忠不信。无礼无义，无廉无耻。是自投于死地也。若能猛醒回头，努力向善。不孝者孝之，不弟者弟之。不忠者忠之，不信者信之。无礼者有礼，无义者有义。无廉者有廉，无耻者有耻。何忧旱干水溢，何忧妻离子散。何忧三灾遍野，何忧大穀无成。又何忧大劫之不消哉。尔等勉之，予日望之。"

⑤咸丰八年黄启曙汇辑：《关帝全书》卷 23《辨异端诬乱文》、卷 24《训世文》等处。关于"八字"（八德）流传情况，详见王见川《从"八字"到"八德"：兼谈"八德"早期文献〈八字觉原〉》，台湾新港奉天宫世界妈祖文化研究暨文献中心编《妈祖与民间信仰：研究通讯》（4），台北：博扬文化公司，2013 年 12 月，第 119—127 页。

⑥范纯武：《八德：近代中国救世团体的道德类目与实践》，第 232—233 页。

《八字觉原》原刊本,道光四年沧洲子序是否为真,实在值得怀疑!另一个原因是以往学者判定此书是先天道彭超凡所著①,可是道光四年沧洲子序中说:"……此八字流传已久,谁不知之……余后至汉地,幸遇至人指示……勤苦参悟,乐善不倦二十余年。"②由此推算,沧洲子是在嘉庆十年左右遇到至人指示大道。而先天道资料记载彭超凡生于嘉庆初③,可见要么沧洲子不是先天道彭超凡,要么道光四年沧洲子序的年代是假托的,这在先天道中相当常见④。另一方面,从《八字觉原》内容亦可推知其著作年代有问题,姑举二例:一是《八字觉原》"耻"部提到:"习食洋烟,伤身耗财,甘犯国法。"⑤众所周知,清廷禁洋烟是在道光十九年(1839)。二是《八字觉原》"耻"部说天命五老水老应运统领诸真,化为孔子一事⑥。根据相关研究,"五老"一词是道光二十三年后才流行⑦。以上种种显示《八字觉原》写于道光二十年以后,所以《八字觉原》是否为最早讲述"八字"(八德)书籍仍有疑问,但从其用"八字"概括"孝弟忠信礼义廉耻",可知《八字觉原》是讲述"孝弟忠信礼义廉耻"的作品。也就是说,"孝弟忠信礼义廉耻"出现的早期,鼓吹者是用"八字"代称,也有人用"八性"或"八端"概括,"八德"是后来的称呼。

由于龙女寺"乩鸾著灵"声威远播,引起不少乩坛的假托与模仿,相传川滇等地,源自此坛者,有数百坛。连清末流行于这一带的扶鸾教门(如先天道各派),亦在其所著鸾书《指路宝筏》《玉露金盘》中,表示该坛源自此传统⑧。而归根道派下所著的《指迷引真宝卷》亦言"弥勒执掌三末劫,我母饬旨下东林。道光庚子开普度,癸卯黄河水澄清"⑨,把龙女寺扶鸾阐教之日,当成龙华三会普

① 林万传编著:《先天大道系统研究》,台南:靝巨书局,1986年订正二版,第132页。
② 王见川、林万传:《明清民间宗教经卷文献》第9册,第53—54页。又见林万传编著:《先天大道系统研究》"先天道经典汇编",第257—258页。
③ 林万传编著:《先天大道系统研究》,第132页。
④ 王见川、康豹、宗树人:《导言:关于"救世团体":"乡村宗教"或"邪教"?》,《民俗曲艺》,2011年第173期,第19页。
⑤ 王见川、林万传:《明清民间宗教经卷文献》第9册,第84页。
⑥ 王见川、林万传:《明清民间宗教经卷文献》第9册,第84页。
⑦ 林万传编著:《先天大道系统研究》,第132—133页。
⑧ 《指路宝筏》卷中,页570。《玉露金盘》,台北:万有善书出版社,1983年,第30页。
⑨ 《指迷引真宝卷》(乐善堂,清末印送),第12页。

度大开的时候。正是这种教门吸收了龙女寺扶鸾宗教结社的传统，才会出现以无极老母（天尊）为至上神、龙华三会为架构的"关帝当玉皇"传说；这也就是《中外普渡皇经》《洞冥宝记》等书会出现"龙女寺"或"道光庚子"年的原因。

综合讨论

以往，许地山《扶箕迷信底研究》被大多数学者视为研究扶乩的必备参考书，透过这部著作了解扶乩及其作用。不少人赞叹该书征引资料宏富，广搜博聚，可是他们似乎没有注意到：许地山极罕谈到当时流行的扶乩团体，如中国济生会、灵学会、道院，也少参考扶乩团体的出版品或著作。他主要是依赖《古今图书集成》神异典降笔部记载、笔记、小说等外部数据，可以说，许地山基本上是站在扶乩团体之外看扶乩、研究扶乩。因此，他的著作呈现的是扶乩的弊端等负面效果，阅读过他的著作，当然是看不到扶乩的正面性及作用。

相对于此，印光较好一点。他虽批评扶乩是灵鬼作用而非真神示谕，但只要不假佛说、传播佛法，他是肯定扶乩产生乩文的教化价值与劝募慈善功用的。从《印光文钞》来看，印光批评扶乩的知识来源不是寄禅诗集中的乩诗唱和诗，也不是问桥居士《入佛问答》（道光间述，光绪复刻）中的批评扶乩意见，而是清乾隆年间彭际清的《一行居集》。印光他援用彭际清的看法，但曲解《一行居集》中的见解，也隐藏其中披露的扶乩的重大讯息。一般认为彭际清是居士佛教的代表，这一点，不用质疑。不过，他们似乎没有注意到彭际清的"居士佛教"有点不同，彭际清以扶乩来传布佛法，即透过乩书诠释佛典。现存《嘉兴藏大藏经》与《卍续藏经》收录的乩释《金刚经》，可以说明这样的潮流至少明末崇祯年间即已出现，迄乾隆年间大盛。这个现象不仅是佛教的大变化，也是扶乩活动的转化。

原本，扶乩只在道观和士人间流行，至此出现佛教神明临坛的情形，居士也参与扶乩。从这一点来看，可说是宗教史上"近代中国"的开始。

值得注意的是彭际清时的扶乩活动，已开始有跨区域的联系。其时，规模尚小。嘉庆道光年间进一步有大区域的鸾堂交流，如湖南一带的一些鸾堂扶乩著作不少关帝救劫文，其中降神主神不同，但内容要点都是强调"八字"（孝弟忠信礼义廉耻）的重要性，宣扬以此避过末劫。到了道光庚子年四川龙女寺扶鸾，才逐渐形成大规模的鸾堂网络。

根据笔者的研究，道光庚子年（1840）龙女寺扶鸾运动持续至民国时期，约近百年历史，其影响的鸾堂估计数百堂，遍及四川、云南、贵州等地域，其特点是以关帝领衔恳求玉皇让其下世降乩著书、宣讲救世。其势之强劲，连先天道的扶乩普度救世思想都受其影响[1]。

就在扶乩宣讲救世形成风潮之际，四川达县出现扶乩的新动向：即同治五年（1866），五灵山关帝示谕成立"十全会"，以慈善作为扶乩济世的重点。所谓的"十全会"，系指这个团体实践"崇学校、设宣讲、养孤贫、全婚姻、拯疾苦、赈灾厄、助贫困、广施济、恤死亡、爱物命"十项慈善救济活动[2]。根据山田贤的研究，"十全会"在清末四川合州、南川、达县等地陆续成立[3]，显见五灵山关帝"十全会"已逐渐在四川境内产生影响。其实，"十全会"在同一时期已扩展至西康一带，民国初期更影响到同善社推动善举[4]。

就在此时，中国扶乩界又出现新的变化，以济公（济祖）为主神的扶乩团体，陆续在北京、江苏、浙江一带出现，形成与吕祖、关帝并峙的乩堂新力量。其中杭州吴山斗阁永济坛、万善停云轩、万善协德堂系统的济公乩堂，不只穿州跨县成立分堂，更在新兴城市"上海"设立据点：集云轩。这一系统的乩堂在济公指示下，努力从事慈善救济活动。庚子事变（1900）时，更奉鸾谕组织人员、物资往北方京津一带赈济灾民，挽救末劫。在北上从事赈济的过程中，他们充分吸收外国红十字会的优点，结合京津扶乩的善堂、善社，掩尸埋骨及拯救灾民，赢得相当高

---

① 王见川：《台湾"关帝当玉皇"传说的由来》，第415—419页。

② 王见川、皮庆生：《中国近世民间信仰：宋元明清》，上海：上海人民出版社，2010年12月，第301—304页。

③ 山田贤著、曲建文译：《移民的世界：四川地域社会史研究》，北京：中央编译出版社，2011年4月，第261—265、291—293页。

④ 《西康纪要》第七章《西康宗教》中的"儒教"部分，第449—451页。《同善总社传单汇编》戊午年传单第10号，第11页。林万传《先天大道系统研究》第182页记录同善社十全宝的十项内容：度人、印经、兴义塾、救族戚、保节孝、培庙宇、解众冤、送医药、修桥路、施棺冢。

的声誉①。由于这次经验，他们对红十字会具有好感，故在上海万国红十字会成立初期，由杭州协德善堂潘赤文等捐助巨款赞助！

民国初年，热心助人的上海巨富陈润夫积极参与集云轩活动，进而组成对外慈善组织：中国济生会。从前述叙述中，我们可以看到"中国济生会"非常专业化，不仅分工、分区进行调查、覆查、赈济等活动，还成立银行，进行置产，完全是个专业、财力自主的现代慈善团体，所以所到之处，得到好评，产生信誉，很多地区的赈济活动，都委由"中国济生会"负责，民国九年台州一带的赈济，就是其中著例②。

需要说明的是，"中国济生会"与之前的慈善团体不同的是，他们的赈济活动是有精神指导的，不只总会，就连各地分会都设有乩坛。1927年宁波《市政月刊》1卷2号《致市党部请转饬总工会将济生会房屋迁让函》云：

> 径启者，敝政府前奉浙江省政府民字第八九九八号令开案：据中国济生会宁波分会会长张存禄等呈称为会所被占，善举停顿。请令宁波市府转饬迁让等情。据此该分会是否呈准有案，如无迷信敛钱等情事，Ta应予保护，未便径由该党部等强行占据，合行令仰该市长即便查照办理具……此节经令发教育局长派员查明该分会确已呈准有案，并无敛钱中饱情事。惟会内设有济生坛，坛弟子朝夕崇拜，殊属迹涉迷信……查该济生会简章纯属慈善机关，既系先后呈准有案，自应予以保护。惟会内所设济生坛，据呈迹涉迷信亦应严行禁止。为此仰该市长即便将该会内之济生坛取消……
>
> 宁波市市长罗惠侨
>
> 九月十六日③

从赈济方式、崇奉主神济祖、组织模式、内乩外慈等方面来看，"中国济生会"都影响到道院成立红卍字会，也就是说当时中国另一个著名慈善团体道红卍字体

---

①王见川：《晚清北京天津一带的乩堂与善堂》，第235—239页。
②Paul R. Katz(康豹)，"'It is difficult to be Indifferent to One's Roots'：Taizhou Sojourners and Flood Relief during the 1920s"，《中研院近代史研究所集刊》54期，1996年，第47页。
③宁波《市政月刊》，1927年1卷2号，第20—21页。

系受到"中国济生会"的启发①。

另一方面,中国济生会除赈济外,本身内部也在进行改造。他们进一步加强济公(祖)信仰的理论化与组织化:即开始成立宗派"南屏宗"或"南屏派"。并以字号:"阿舍陀仙佛,觉世方能成至道、慧见证妙果、通达明悟万守志"派玄名,王一亭号"觉器",即源自于此②。值得注意是,高万桑最近的研究借助王见川等人的成果——王一亭等南屏派成员参与金盖山扶乩团体,进一步究明金盖山网络与济公网络在组织、慈善、朝圣等有近似之处与本质上融合的情形③。这两个团体皆是居士身份,显见近代中国俗家参与宗教的热诚。而在佛教方面,他们的理论是这样:

> 世尊说法为宗为教,亦微有差别。今寺院与乩坛性质,犹属不同。寺院者,僧徒之所归也,其守在于宗法。乩坛者,信士之所在也,其旨在于功德。执信士而人人授以宗法,则有所不能。执僧徒而人人责以功德,则力或不及。其既通也,开士明宗,菩萨救世,是就其成功而言。初入门者未可以语此,诸予既欲为我开列宗派,亦宜同时创立坛规。宗派立而学佛者有所归,坛规定而奉教者有所劝。仰体乎神道,俯察乎人情,无背乎伦常,无涉乎诞怪,则庶乎持久不败。而宗法与坛场并峙于天地之间,可以恢济世之量,偿慈悲之愿矣。稍有偏重,流弊丛生。不但失老衲之心,恐亦非诸子之

---

① 《道德杂志》1 卷 1 期附录《济仙临上海集云轩乩谕》:"济南道院奉太乙仙师谕,以北极真经令示老衲……辛酉五月十九日济南道院奉太乙老祖谕,派陆君福烨领经十部,分送上海济生会及镇江鹤林寺、焦山定慧寺三处。济生会者,上海之中国慈善团也。会内集云轩供奉济仙,陆君于六月初六日,奉经至沪,叩济仙坛。越日,济仙临乩,赐以谕言,内中关于师道要旨,多所阐发。而济仙说法济众之微义,亦于此昭著焉。"(第 1—3 页)又 1 卷 2 期,1921 年,第 1—3 页也刊载二者往来的情形。
② 王见川:《清末民初中国的济公信仰与扶乩团体:兼谈中国济生会的由来》,第 159 页。
③ 高万桑(Vincent Goossaert):《金盖山网络:近现代江南的全真居士组织》,赵卫东主编《全真道研究》第 1 辑,济南:齐鲁书社,2011 年 11 月,第 333—337 页。关于王一亭等南屏派成员参与金盖山扶乩团体这个问题,康豹的研究也有探讨,请参考他的论文:"Wang Yiting and the Enchantment of Chinese Modernity", presented at the International Conference on Urban Cultural Change in Republican China (1910s-1940s), Chinese University of Hong Kong, Hong Kong, September 18-20, 2010。又近代道教与扶乩的关系,刘迅、吴亚魁关于陈撄宁,Monica Esopito、森由利亚关于《道藏辑要》的论著,都有精彩的讨论,可以参看。笔者最近也会为文对此做进一步的讨论。

意……①

由此可知，南屏派下认为：寺院乩坛，功能不同，可以并存。也就是说僧侣与信士，各有功能，二者无所偏重，则可以达到济世、慈悲的目的。济生会与彭际清的居士佛教相近，但在内容上，二者有所差异。在方式上，济生会不以乩法阐释佛法，而是透过乩法实践佛教精神，也就是因为如此，印光才认可济生会并承认其为佛教宗派，《印光文钞》中即留有"南屏宗乘"的颂词②。

由于印光屡在《文钞》中言及扶乩，他几乎被信众当成佛教界的"扶乩专家"，解答相关问题。其在去世（1940）后不久，宗教界流传一份印光法师降乩文，引起佛教界紧张③。当时，有一佛教信徒沼和写了《辟一贯道伪托印光大师降乩》一文，发表在著名佛刊《觉有情》，反驳这类流言蜚语④。

沼和这篇批驳文章被《妙法轮》等多家佛教刊物及小型报纸转载，"苏州莲宗诸仁者，更翻印小册分送"。他们也提到当时有"所谓一贯道者，以扶乩摄引浅识之众"，及在"苏沪杭一带蔓延极广，农工商界信者颇多"的情形⑤。由此可知，至少在1943年一贯道已在华中一带流行。

当时一贯道的领导人是张天然，崛起于民国十九年。原先一贯道只是活跃于山东济南、济宁一带的小教门，信奉扶乩。早期，张天然深受华北民间教门传统影响，以道号"天然子""弓长"，吸引信徒。到了民国二十六年（1937）左右，他看到其时宗教界流行济公信仰，开始以济公倒装下凡自居，并正式写入一贯道经典《一贯道疑问解答》⑥。自此，一贯道不只深信扶乩，更自认是佛门弟子，因为他们的领导者是济公化身。在这样的背景下，一贯道徒会著造印光降乩文，宣扬一贯道，一点都不令人意外。

---

① 《虎跑佛祖藏殿志》卷8，第318—319页。另见王见川《清末民初中国的济公信仰与扶乩团体：兼谈中国济生会的由来》，第160—161页。
② 《印光法师文钞续编》卷下《与战德克书》，第31页。
③ 沼和：《辟一贯道伪托印光大师降乩》，《觉有情》半月刊，5卷7、8号合刊第6、7版，1943年。
④ 沼和：《辟一贯道伪托印光大师降乩》，《觉有情》半月刊，5卷7、8号合刊第6、7版，1943年。
⑤ 陆渊雷：《沼和与一贯道》，《觉有情》半月刊，7卷1、2号合刊，第2版，1945年。
⑥ 此书参见王见川编：《一贯道经卷、刘伯温锦囊与其他》第1册，台北：博扬文化公司，2011年7月，第167—272页。

由于身处对日战争期间,以华北、上海为传教中心的一贯道,当时未在国民政府管辖之下,与汪伪政权又建立相当关系①,让一贯道免于像同善社一样被当权者严厉取缔,得以在"沦陷区"流行。一贯道喜欢用谶言如《刘伯温谶》、乩语传教,在平时可能无甚作用,不过在战时是有吸引力的。从傅斯年在1940年国民参政会上公开陈述说,民国初年的同善社、悟善社、道德学社、盛德坛灵学会等曾风行一时,但近似"邪教"并要求政府取缔以扶乩著造预测国运、"修道可邀老祖保佑,飞机不炸"等传单的道院②,可略窥当时民众欢迎扶乩的情况。傅斯年的忧国之心甚切,但其视民国新兴宗教近似"邪教"的言论,反映新文化运动分子潜藏反宗教的时代印记。针对他的提议,国民政府有所答复:

查禁邪教及神权迷信

邪教惑人,久未例禁,值此抗战期间,尤应加紧取缔,以遏乱萌而维治安。国民参政会第三次大会建议,利用战时教育文化法令,查禁社会群众之神权迷信与劫数运命之宣传一案。本部转奉院令,饬即严密注意,当以原案用意在坚定抗战必胜、建国必成信念,肃清悲观颓废、迷信谬误之宣传,自应积极注意办理,经于本年五月十七日通行各省政府依据《抗战期间图书杂志审查标准》及《违禁罚法》,对于刊载传播之迷信传单,饬属随时严密取缔。旋准浙江、江西、江苏、宁夏、甘肃、青海、山东、山西、广东、广东、湖北、湖南、贵州、河南、陕西、云南、四川、安徽十八省省政府先后咨复,已饬属随时查禁,并由本部拟具《加强查禁社会群众神权迷信办法》,亦于本年八月四日呈院核准,于九月五日公布施行,通咨饬遵。又川北各县前曾发现邪教组织,另由本部专案咨请四川省政府严密取缔。③

除此之外,国民政府也在民国三十三年(1944)八月下令查禁另一扶乩宗教一贯道:

---

① 王见川:《从新资料看一贯道的历史》,收入氏著《汉人宗教、民间信仰与预言书的探索:王见川自选集》,第179—183页。
② 王见川、康豹、宗树人:《导言:关于"救世团体":"乡村宗教"或"邪教"?》,第16—17页。
③ 《内政部礼俗司向国民党五届六次中央会议提出的工作报告稿》(1939年10月26日),《中华民国史档案数据汇编》第5辑2编《文化》(二),江苏古籍出版社,1994年,第542页。

行政院给重庆市政府训令(8 月 23 日)

令重庆市政府贺市长:

查敌利用"一贯道"为间谍活动之工具。其组织,一路已由平绥各地向我西北展开,一路由上海经香港入滇黔,一路由北平经豫陕入四川。该道首领张天然,受敌人利用,分派谍人潜赴内地搜集我方军政情报。其活动方式:先设商店为联络场所,后立佛堂假崇奉孔道以吸收徒众,每星期五为参拜期,星期日为进道期。现该逆道已蔓延川、滇、黔、闽、湘、鄂、豫、秦、陇等九省之广,若不早为取缔,贻患堪虞,对该逆道各地之活动,应即一体查禁,其已入道而出于盲从者,准许限期自首,声明脱离,如违即依法严办,以遏乱萌。除分行外,合行令仰遵办,具报为要。此令。

院长   蒋中正①

重庆市长接到命令后,随即令所属警察、社会两局切实查禁,遵照办理外,还迅速回复行政院长鉴核②。

1945 年 8 月,战争结束后不久,各大报、小报纷纷报道国民政府取缔一贯道的行动③,一贯道成为社会最受争议的宗教,而佛教界亦起而辟之,民国三十四年末的《暗路明灯》就是当时的代表作④。如果说,印光《文钞》、范古农《佛学问答》反映的是战前(1937)佛教界面对的竞争对手,当时的敌手是同善社与扶乩团体,而《暗路明灯》的出现与流行,则显示一贯道已取代同善社及其他扶乩团体,成为佛教最大的对手,这样的态势一直持续至台湾解严(1987)前。一贯道之所以能在台湾地区承受政府压力并有所传播,其关键因素与他们重视扶乩有莫大的关系。透过扶乩,他们与台湾主流传统宗教鸾堂结合,而不是斋教,逐渐在台湾社会流行、生根。

总之,不管是金盖山网络或济公网络,乃至于同善社、道院和一贯道。其共

---

① 《行政院为查办一贯道间谍活动与重庆市政府往来文件(1944 年 8 月)》,重庆市档案馆、重庆师范大学合编《中国战时首都档案文献·战时社会》,重庆出版社,2014 年,第 320 页。
② 《重庆市政府致行政院呈稿(8 月 27 日)》,重庆市档案馆、重庆师范大学合编《中国战时首都档案文献·战时社会》,第 320 页。
③ 《申报》1946 年 1 月 18 日。《新上海》46 期,1946 年,第 11 页。《新天地》3 期,1946 年,第 7 页。《海晶》17 期,1946 年,第 8 页。
④ 回明著、广定增订:《暗路明灯》,1976 年 5 月 6 版。此书原出版于 1947 年。

同特征是在家团体而非出家组织，亦即这是由"居士"带动起的宗教大潮，而其中的媒介是扶乩。他们以在家身份，推动及实践宗教的精神，透过扶乩重新诠释、实践佛法与道法，而规戒则非其重点，这可从其强调崇奉济公、吕洞宾（不守戒律，涉足俗世红尘）可以看出。这是近代中国主流宗教重要的特色，这也是本文主要的结论。最后，我们想谈一谈近代中国之所以流行扶乩的原因。我认为这主要与扶乩具有三点特性有关：一、文字性；二、神奇性；三、客观性。也就是说，扶乩是那时民众（如读书人、士绅）找到最具宗教神奇性，又与己身特性——重文字有关，且当众展示，最具客观性的方法，来表达自己对宇宙、人世与鬼神的看法与宗教经验。而近代社会的技术发展如通信网络的全面建立、革新，与识字率提高，书信往来变成新的传教方式，更加使这些宗教团体容易传播己教，形成全国网络。印光、同善社、道院等都是在此情况下，逐渐发挥其影响。

祭礼的边界

专醮酬恩：近代道教为民间信仰所提供的仪式服务

张超然*

前　言

　　道教与民间信仰之间的互动议题长期受到关注①。这个议题可以从许多面向进行讨论②，其中道士受聘于地方祠庙，为其举建的醮典，成为当代道教仪式调查的主要项目之一。在那之中，下列问题往往成为长期观察与争论的焦点：道教究竟为地方祠庙信仰提供什么样的仪式服务，这类仪式服务与道教仪式传统之间存在什么样的关联；地方神祇与出资赞助的地方人士在这类的仪式服务之

＊台湾辅仁大学宗教学系副教授。

①早在 1979 年，石泰安（Rolf A. Stein）便已讨论中古时期道教与民间宗教之间的交流。Rolf A. Stein，"Religious Taoism and Popular Religion from the Second to Seventh Centuries," H. Welch and A. Seidel eds.，*Facets of Taoism*，New Haven：Yale University Press，1979，pp. 53-81. 关于这个议题的讨论，可以参见索安著，吕鹏志、陈平等译：《西方道教研究编年史》，北京：中华书局，2002 年，第 88—92 页。

②诸如民间神明崇拜的相关经文如何通过编入《道藏》的过程，进入道教，如施舟人（Kristofer Schipper）、丁荷生（Kenneth Dean）与郑振满的研究；或者地方神祇被纳入道教仪式之中，成为道士役使的神将，如康豹（Paul Katz）、高振宏的研究。施舟人：《〈道藏〉中的民间信仰资料》，《中国文化基因库》，北京：北京大学出版社，2002 年，第 84—100 页；丁荷生、郑振满：《闽台道教与民间诸神崇拜》，《中研院民族学研究所集刊》，第 73 期，1992 年，第 33—51 页；康豹：《道教与地方神信仰——以温元师信仰为例》，《从地狱到仙境——汉人民间信仰的多元面貌：康豹自选集》，台北：博扬文化，2009 年，第 19—50 页；高振宏：《宋、元、明道教酆岳法研究》，政治大学中国文学系博士学位论文，2013 年。

128

中的参与情形为何,他们究竟能够从中获取什么样的利益;以及,民间祠庙是否必然需要依赖这类的仪式服务,是否存在其他选择?

过去在台湾、香港或福建所做的醮典调查多由道教学者完成①。除了关注道教仪式细节与象征之外,他们也已发现地方神祇在道教醮典中的附属性质,这样性质至少表现在下列两个方面:道教醮仪极少直接涉及地方神祇,以及地方神祇并不列席斋醮坛场,而被安置在坛外的"鉴醮坛"。诸如大渊忍尔调查当代台南与香港道教仪式时,便已发现为了向祠庙神祇表达感谢之意,地方人士经常邀请道士举建醮典,但这类的道教仪式却不见与该神祇有什么样的直接关联②。面对这样的现象,这些学者往往倾向站在道教或道士立场提出解释,诸如:道教是个庞大的共享系统,或者提供了一个"仪式结构",能将地方神明信仰纳入其中;抑或道教乃为民间信仰创造或提供了意义体系或神学体系,使其得以在那之中寻求提升之道③。

相较于此,人类学家或社会史家多从地方信众或社区精英的角度或观点来理解这类地方庙宇所举行的醮典。韩明士(Robert Hymes)便认为过去对此问题的理解大多偏向道教立场,他以新界作为例子,指出地方神祇在道教醮典之中的附属性质并非是所有参与者的共识。在新界醮典之中,道士、信众乃至双方的神祇之间并不存在等级问题,更没有从属关系,甚至根本无须互动。"社区神祇不是道士仪式的观众……其他社区的日常神祇在空间上也不附属于职业宗教人士

①诸如大渊忍尔:《中國人の宗教儀禮・道教篇》,东京:风响社,2005 年;John Lagerwey, *Taoist Ritual in Chinese Society and History*, N. Y.: Macmillan Publishing Company, 1987;刘枝万:《台北市松山祈安建醮祭典》,台北:中研院民族学研究所,1967 年;以及刘枝万:《台湾民间信仰论集》,台北:联经,1983 年等。

②大渊忍尔:《中國人の宗教儀禮・道教篇》,第 172—177 页;韩明士著,皮庆生译:《道与庶道:宋代以来的道教、民间信仰和神灵模式》,南京:江苏人民出版社,2007 年,第 239 页。

③Kenneth Dean, *Taoist Ritual and Popular cults of Southeast China*,Princeton, N. J.: Princeton University Press, 1993, pp. 13-14. 杨庆堃(Ch'ing K'un Yang)也认为民间信仰这类"扩散性宗教"(diffuse religion)由于无力发展自身神学与仪式实践,因而必须仰赖"制度性宗教"(institutional religion)为其提供专业仪式服务,而道教即属这一类宗教传统。杨庆堃著,范丽珠等译:《中国社会中的宗教:宗教的现代社会功能与其历史因素之研究》,上海:上海人民出版社,2006 年,第 268—269 页。但韩明士反对如此视醮典中的所有活动都只是道士提出的"仪式结构"一环的观点,而认为道教仪式结构与世俗组织者所规划的两种"结构"共同建构了醮仪。参见韩明士著,皮庆生译:《道与庶道:宋代以来的道教、民间信仰和神灵模式》,第 260—266 页。

的仪式和神祇",在这里"建醮答谢"只是一种纪念"祖先和神祇最初的直接交往"的仪式而已①。以此,韩氏将这个问题的讨论由原先站在道士立场所做的观察,转而从地方信众或社区精英的角度或观点来理解醮典,进而考虑这两种不同立场或角度所呈现的仪式结构或神人互动模式。

韩明士最终希望论证的是:醮典之中同时存在两种人神交往的不同模式——"官僚模式"与"个人模式",而道教与民间信仰分别代表了这两种模式,它们分别属于这场宗教仪式中的不同参与者,虽然并存于单一场域之中,但不必然有所关联或紧密互动,两者关系甚至可能是断裂的。也就是说,以道士为代表的"官僚模式"旨在通过仪式表现宇宙的更新,并且重建和谐的统一;而由地方信众所代表的"个人模式",除了平时能够通过直接接触神祇的方式祈求个人或家族的福泽,其中有力人士则在重要时节,通过雇用道士举行仪式,用以竞争其在地方社会之中的地位与影响力②。

如此分从道教与民间信仰两种不同立场理解醮典确实不失良策。无论是地方精英出资建醮来竞争社会地位,或者刘枝万以醮典作为酬神还愿的谢礼③,这些看法都是表明了地方信众意欲通过道教斋醮来向他们所崇拜的地方神明表达谢意,同时也有通过这样的活动来提高自身在地方上的地位与势力的意涵。亦即,从这些地方信众的立场来看,这类的地方醮典更多表现出一种献祭性质的仪式,而这也是它被称之为"醮典"的原因。然而,这类地方醮典所包括的内容并不只有道教醮仪,其中同时包含了"斋"与"醮"两种不同仪式类型(详后)。这类典型的道教科仪(斋醮)的核心性质在于忏悔与祈愿,出资修斋之人被称之为斋主,他们通过道士来向道教神祇忏罪,同时祈愿个人、祖先、地方乃至国家的福祉。也就是说,虽然是同一场醮典,站在民间信仰或道教等不同立场,便会对于这场仪式有着截然不同的理解。

然而,如此一场醮典各自表述的情形究竟如何发生的? 这样的困境难道从来不被道士或地方信众所意识而试图改变? 诸如此类的问题同时涉及道教历史

①韩明士著,皮庆生译:《道与庶道:宋代以来的道教、民间信仰和神灵模式》,第249—255页。
②韩明士著,皮庆生译:《道与庶道:宋代以来的道教、民间信仰和神灵模式》,第242—245页。
③刘枝万:《台湾民间信仰论集》,第2页。

与道教醮仪的发展。宋代以降民间信仰与地方仪式传统快速发展,对道教及其仪式造成剧烈影响,彼此之间紧密互动,引发所谓道教的世俗化、地方仪法的道教化、民间神祇崇拜的道教化等问题①。而自明清以降,传统斋醮科仪虽仍延续至今,但其与地方神明信仰之间的断裂或许无法再被漠视,因此开始出现专为地方神明所设醮仪。由于明代《道藏》少见这类特定为地方神祇编写的专属醮科,因此过去学者讨论《道藏》的民间信仰资料时,几乎完全没有提到这类作品②。然而,最近愈来愈多清代以来地方道教的科仪文本整理、出版,其中不乏专为民间信仰提供醮仪服务的资料,或许利用这些资料,可以适度地回应上述的问题。

最近几年,李丰楙陆续整理、展示、出版其所收藏的道教文物③。其中,与新文丰出版社合作的抄本出版计划已经完成"第一辑"④,在这之中包括一批专为诸种神祇举行醮仪的科本。这些醮科所酬献的对象并不限于道教仙圣,同时及于民间信仰与不同行业所崇拜的地方神祇。李氏特将这批文献归为一类,称之为"诸神醮科",并且敏锐地指出其在斋醮史上所具有的特殊意义:"明清时期地方道教出现诸般醮科,其类别多样,数量也增多,可视为斋醮史的新演变。"⑤

过去学者虽已根据笔记小说、地方史志,指出民间神明诞辰例多举行斋醮活动,但那却不全是这类道士为民间祠庙设醮的例子,更多是记述道教尊神(诸如老君、玉皇、玄帝等)圣诞之际,道观道士设醮祈安的情形⑥。相较于此,李氏出

---

① 施舟人:《〈道藏〉中的民间信仰资料》,第 99 页;韩明士著,皮庆生译:《道与庶道:宋代以来的道教、民间信仰和神灵模式》,第 272 页;丁荷生、郑振满:《闽台道教与民间诸神崇拜》,《中研院民族学研究所集刊》,第 73 期,1992 年,第 33—35 页;刘仲宇:《民间信仰与道教之关系》,见李远国、刘仲宇、许尚枢著《道教与民间信仰》,上海:上海人民出版社,2011 年,第 222—223 页。

② 施舟人:《〈道藏〉中的民间信仰资料》,第 97—98 页。李远国:《〈道藏〉中的民间信仰神祇与文献》,见李远国、刘仲宇、许尚枢著《道教与民间信仰》,第 11—164 页。

③ 就我所知,其中包括和哈佛大学合作的湖南神像计划,由台湾师范大学国文系郑灿山教授主导的道教神图挂轴、道符、法器、文书展览与图册出版计划,以及本文所涉及的道教抄本出版计划。郑灿山主编:《道法海涵:李丰楙教授暨师门道教文物收藏展》,台北:新文丰;新北市:世界宗教博物馆,2013 年。

④ 李丰楙主编:《道法海涵(第一辑)》,台北:新文丰,2014 年。此辑共计出版二十册,分为十二类,依序为:(1) 文检行移(3 册);(2) 受炼更生(1 册);(3) 真经宝忏(2 册);(4) 启请送驾(2 册);(5) 朝元行科(2 册);(6) 朝真谒帝(1 册);(7) 开度灯仪(1 册);(8) 云篆符图(1 册);(9) 解结解厄(1 册);(10) 诸神醮科(3 册);(11) 摄亡拯济(2 册);(12) 赞祝灯仪(1 册)。

⑤ 李丰楙:《诸神醮科收录说明》,见李丰楙主编《道法海涵(第一辑)》,第 1 页。

⑥ 张泽洪:《道教斋醮科仪研究》,成都:巴蜀书社,1999 年,第 272—279 页。

版的三册《诸神醮科》(第15—17册)收录更多这类专为地方神明信仰所规划的醮科。因此本文利用两部民国时期湖北麻城的清微抄本(详后)，考察其中收录的多种专为地方神祇修设的醮科，除了分析醮科本身的科仪结构与编写方式，同时考虑它们在道教醮仪发展历史中的位置，以及与麻城当地祠庙信仰活动的可能关系，更希望以此说明近代地方道坛道士如何因应地方神祇的崇拜特性与信仰内涵，援引道教醮科的形式结构，为其创作专属醮科，积极回应地方社会的宗教需求。这样的研究同时也能突显近代道教所具有的区域性特色，以及明清以降道教科仪受到民间信仰的牵引之下持续发展的情形。

一、醮仪的种类与发展

李献章讨论道教醮仪的历史发展时，已论及其于古代宗教中的来源，以及唐代斋醮并行、宋代醮仪独立发展的情形①。作为道教醮仪历史的奠基之作，李氏部分论点目前看来虽然难免谬误②，但其对醮仪发展历史的见解，却已成为后续研究的立论基础。刘枝万依照历史发展而对醮祭所作的四种不同内涵的区别，即是建立在李氏的研究基础之上。刘氏的四种"醮义"包括：(1)道教成立之前祭祀天神的仪式；(2)汉末道教成立之后夜祭天神、星宿的醮仪；(3)唐、宋、明时期发展齐备的醮仪；(4)现代道教用以"谢愿酬神"之醮典③。即便最近吕鹏志讨论早期道教醮仪流变时，虽然根据自身对于早期道教仪式发展的观点，而对李献章的论点有所修正，但其主张——将章醮、斋后之醮、独立醮仪视作传统方

---

① 李献章：《道教醮仪的开展与现代的醮——以台湾彰化南瑶宫的庆成清醮为现代醮例》，《中国学志》(东京)第5本，1968年，第1—62页。李氏主要论点包括：(1)"醮"为专赖具有特殊技术的神人媒介(方士)所行的献礼，而与单纯供献祭品的"祭"有所不同(第2页)；(2)六朝时期受到佛教影响，忏悔拔罪的斋仪盛行(第5—13页)；(3)六朝末期出现结合"上章"与"醮"两种仪式的消灾度厄之法(第15页)；(4)唐代开始"设醮"，并且与"斋"并行(第19—20页)；(5)中晚唐，醮仪朝向独立化发展(第23页)，尤以宋代为盛(第26页)。

② 吕鹏志已经指出李氏早期道教醮仪论述上的一些问题。参见氏著：《早期道教醮仪及其流变考察》，第19—20页。而李氏在唐宋时期醮仪发展方面的部分讨论同样值得商榷。

③ 刘枝万：《醮祭释义》，《台湾民间信仰论集》，第1—2页，又第4—7页。刘氏此文原载于中研院民族学研究所专刊之二十二《中国民间信仰论集》，台北：中研院民族学研究所，1974年。

士醮仪的三种流变，仍然可以见到李氏研究的影响①。

若据李、刘二氏的醮义与醮仪发展分析，大致能够理解道教醮仪的基本类型及其发展情形。只是，随着后续研究成果不断累积，其中仍有一些可以继续讨论的空间。诸如刘氏所列第一类醮仪即指原始祭仪，这类仪式未必需要特定宗教人员主持，主要内容在于陈设祭品，焚香祝祷，献祭祖先或天地鬼神，至今仍然流行于民间信仰之中。李献章与吕鹏志便将此类归为祭仪，而与方士所行醮仪区别开来②。吕氏认为后者（方士传统所行醮仪）即是早期道教醮仪的主流形式，同时也是后期醮仪的直接来源，其他类型醮仪均为此一类型的流变③。至于刘氏的第二类醮仪，则指结合天师道章奏与方士醮仪的"章醮"仪式。这类醮仪是晋朝天师道南迁之后，遭遇南方方士醮祭仪式所发展出来的新式醮仪，吕鹏志对此已有细致讨论④。

刘氏的第三类醮义则为结合"斋""醮"（先斋后醮）的典型道教仪式，即其所谓的"发展齐备的醮仪"，或李献章所说"斋醮并行"的类型⑤。这类大型道教斋醮科仪的完整形式包括下列三个阶段：（1）正斋前夜的"建坛宿启"；（2）正斋期间的三时（清旦、中分、落景）"行道"与"诵经"；（3）正斋翌日的"言功拜表"与"散坛设醮"⑥。其中第一、二阶段以及第三阶段的"散坛"仪节可以说是"斋"的部分，而第三阶段的"设醮"则是"醮"的部分。后者则可视为这类醮仪的狭义定义⑦。这类狭义醮仪的功能主要在向协助建斋的诸神与官将吏兵表达

---

① 吕鹏志：《早期道教醮仪及其流变考察》，第69—108页。
② 李献章：《道教醮仪的开展与现代的醮》，第2页；吕鹏志：《早期道教醮仪及其流变考察》，第23页。
③ 吕鹏志：《早期道教醮仪及其流变考察》，第25、30—31、124页。
④ 吕鹏志：《早期道教醮仪及其流变考察》，第74—83页。
⑤ 过去学界未能清楚掌握"斋""醮"两种仪式类型的内涵，多有混同或无法分辨的情形。刘枝万：《台湾民间信仰论集》，第16—24、29—30页。
⑥ 松本浩一：《道教と宗教儀礼》，见福井康顺等监修《道教·一·道教とは何か》，东京：平河出版社，1983年，第217页。
⑦ 金允中《上清灵宝大法》第39卷《散坛设醮品上·叙醮》："况散坛之醮，乃斋事终毕，酬谢真灵……"（第3b页）

谢忱,所以后世又称之为"谢恩醮"。只是,这是唐末以后才新增的仪节①,与之配合的是先前通过章奏的方式来为诸神、官将吏兵表彰功劳的"言功"仪节。

刘氏的第四类醮仪其实与第三类相近,只是改从功能方面定义这类醮仪,因而产生另种醮仪类型的错觉。从台湾的例子来看,这类醮仪可以说是道教为民间祠庙或地方社区所提供的仪式服务。只是明代中叶以降,这类的"醮"往往被视为"清法"(用以祀神),而与作为"幽法"(用以度亡)的"斋"相对②,因此才会造成上述错误印象,将其与第三类区分开来。但就科仪内容而言,作为"清法"的"醮"仍然具备唐宋时期斋醮结合的形式,只是承领科事的道长可以依据醮主需求与经济情况,提供不同规模(不同仪节与经忏组合)的斋醮科仪。刘枝万便曾概略说明台湾北部道士所行九种不同规模的醮事,浅野春二也曾根据不同种类与规模的台南醮事,分析其中仪节与程序③。如果根据这些醮仪组成结构,便可清楚见到其中自唐宋时期延续下来的斋醮科仪传统④。只是,这些为民间祠庙或社区举建的醮事,却也可能因应社会需求而有不同功能。刘氏或浅野氏所整理的诸种醮仪类别当中,便存在一类专为神明圣诞所建醮事,称之为"恭祝圣寿醮"。然而,根据浅野氏的调查,这类专为神明圣诞所行醮事与其祝寿对象并无直接关联,通常只是一些常行仪节组成的、规模较小的醮仪而已,其典型的仪节程序与"一旦夕"规模的祈安醮并无太大差异⑤。

①《上清灵宝济度大成金书》第 24 卷《明设醮谢恩》:"清都张万福已前无设醮之仪,只于鲜坛散席后铺设酒果,普献三界神明……自后杜广成先生《立成仪》始有设醮科,小则二十有四,大则三百六十。……亦以建斋之初,乃至散坛事毕,执职诸神,效劳日久,得以圆成斋福,又不可无此醮而酬赏补报也。"(30a—b)

②流传于台南道士间的杂记抄本——《道藏秘要》。参见丸山宏:《臺南道教と『道藏秘要』》,《道教儀禮文書の歷史的研究》,东京:汲古书院,2004 年,第 493—554 页。

③刘枝万:《台北市松山祈安建醮祭典》,第 18—19 页。浅野春二:《臺灣における道教儀禮の研究》,东京:笠间书院,2005 年,第 127—269 页,尤其是第 267—268 页。林振源亦曾根据闽南客家地区的田野调查成果,讨论醮事规模。见林振源:《闽南客家地区的道教仪式:三朝醮个案》,《民俗曲艺》,第 158 期,2007 年,第 197—253 页。

④丸山宏:《道教儀禮文書の歷史的研究》,第 571—576 页。

⑤浅野春二记录多场台南市陈荣盛道长所行"恭祝圣寿醮",其典型的仪节程序大致如下:起鼓—发表—启白—《玉枢经》—《北斗经》—午供—《三官经》—《天官宝忏》—《地官宝忏》—《水官宝忏》—奏乐—三界万灵圣灯—道场进茶—谢坛。参见浅野春二:《臺灣における道教儀禮の研究》,第 134—160、269 页。

除了上述刘氏所提醮仪类型之外，元明时期附属在大型斋醮科仪当中的多种小型醮科一直未受关注。以元代林伟夫所编《灵宝领教济度金书》（以下简称《领教济度金书》）为例，其中长达两百四十八卷的"科仪立成品"（第 12—259 卷）收录各式斋仪（其中较小规模的斋仪则称"道场"）①的"通用"与"专用"仪节。这些斋仪大致按照功能被区分为"开度"（救度亡者）与"祈禳"（祈福禳灾）两大类。但无论是哪一类，大多会像唐宋时期典型的斋醮科仪，在散坛之后安排"谢恩醮"，酬谢"醮筵内外一切威灵"②。

此外，《领教济度金书》之中还收录多种专为特定神灵所设醮科，这类醮科罕见于唐宋时期科仪文献，却是元明两种"济度金书"所列斋科的重要组成。根据《领教济度金书》卷二《修奉节目品》，即可知晓其中所列斋仪的节目程序，以及这些新式醮科在那之中的位置。以五日规模的"开度黄箓斋"为例，用以礼谢三官大帝与北阴酆都大帝的"三官醮""北阴醮"即于宿启当日午后举行，而同样规模的"预修黄箓斋"则在正斋第一日入夜设此二醮③。除了根据上述"修奉节目"，还能依照斋醮坛幕的空间规划及其神位清单，配合科仪文本与仪式文书，判断这些醮科的举行地点、对象与目的。简单来说，这些醮科主要用以礼谢坛外各幕神灵④。《领教济度金书》收录的诸种斋科，往往根据仪式需要而安奉诸种神幕圣位，除了斋后必行的谢恩总醮之外，这些幕中神灵亦须分别醮谢，因此新增了多种醮科。

在这些新增的醮科当中，"炼度醮"与"章官醮"较为普遍。一般开度类型的

---

① 此类仪式之所以称为"道场"，可能与其无须建置立体斋坛，而是权便地在平面醮坛（又称"道场"）之中施行即可。

② 《领教济度金书》，第 54、68、83、98、105、112、121、126、160、170、183、193、222、227、233 卷。

③ 《领教济度金书》，第 2 卷，第 6a、22b 页。其中，"北阴醮"应即"冥府醮"。《领教济度金书》卷 26 所收录的《冥府醮仪》（1a—6a 页）即为"开度通用"醮仪，其醮谢对象首列"地府北阴玄天酆都大帝"；又卷 308 收录"北阴醮"之诸种文檄，其中即有《申酆都》与《北阴献状》（1a—4a 页），其对象亦首列"北阴玄天酆都大帝"。故知"冥府醮"亦称"北阴醮"。

④ 这些专为各幕神灵设醮的场所却未必是在各自神幕之前，诸如"三官醮"的礼谢对象即为三官大帝及其僚属，虽然位于坛前左右的"六幕"之中已经包括了"三官幕"，但是设醮之际仍须临时陈设"三官醮筵"，并在仪式结束后撤除。《领教济度金书》卷 1《坛幕制度品》即列有"三官醮筵"，并注言"随仪陈设，事毕撤去"（27a）；然据"坛前左右六幕图"（1:23a—b）与"六幕圣位"（3:3b—5a），亦知六幕之中已有"三官幕"。至于"三官醮"的礼谢对象，则可参见"三官醮六十圣位"（3:12b—15b）。

斋科便多设有"炼度醮",酬谢炼度官吏①;若须进拜章表,则多设有"章官醮",酬谢呈章官将吏兵②。除此之外,则多同三官醮与北阴醮一样,乃是针对特定斋仪神灵所设醮科。根据《领教济度金书》卷二《修奉节目品》所列,这些新增的专属醮科以及分别从属的斋仪种类,大致如下:

1. "三官醮""北阴醮"属"开度黄箓斋""预修黄箓斋"节目。

2. "三界醮"属"迁拔道场""消灾集福道场"节目。

3. "灵官醮"属"九天生神斋"节目。

4. "血湖灵官醮"属"血湖道场"节目。

5. "大献灵官醮""寿生醮""众真监度醮"属"预修黄箓斋"节目。

6. "真灵醮"属"十回度人经法道场""十回度人经法祈禳道场""师友命过行道诵经道场"节目。

7. "紫庭幕醮"属"度星灭罪斋"节目。

8. "紫府醮"属"七曜斋""璇玑斋"节目。

9. "北斗醮"属"消灾集福道场""玄灵经忏道场""保病斋"节目。

10. "土府醮"属"祈禳黄箓斋""安宅斋"节目。

11. "瘟疫醮"属"保命斋"(保病斋之一种)节目。

12. "天医醮"属"资福斋"(保病斋之一种)节目。

13. "天蓬醮"属"北帝斋"(保病斋之一种)节目。

14. "雷霆官将醮"属"雷霆斋"节目。

明代周思得《上清灵宝济度大成金书》(以下简称《济度大成金书》)同样收录多种斋仪。惟其编辑体例不再依循《领教济度金书》集中于《科仪立成品》罗列各式斋仪,而是按照斋仪之中各项仪节分门立品,各品之下才又罗列诸式斋仪做法,因此无法明确掌握其中收录斋仪种类。然而根据特定品项所列斋仪,仍能推知大概。诸如《礼成醮谢门》之下列有《正醮仪品》,此即斋仪之后所设"谢恩醮",按照斋后设醮谢恩的原则,则知此品所列项目即为此书所收斋仪种类。据

---

① 《领教济度金书》,第 26、80、95 卷。此类炼度醮应于安奉炼度官吏之"炼度幕"(1:26b—27a)举行。《领教济度金书》第 1 卷另有《炼度幕》图解(33a),然此幕应是"十回度人道场"之炼度场所。
② 《领教济度金书》,第 12 卷《章官醮仪》。

此，《济度大成金书》所收斋仪也和《领教济度金书》一样，区分"开度""祈禳"两类，前者收录了十三种斋科，而后者更达十七种之多①。

除了上述两类斋仪固有的谢恩"正醮"，《礼成醮谢门》也依"开度""祈禳"两类，分品（开度各幕三献品、祈禳各幕三献品）罗列各幕醮科②。这同样是专为不同斋仪所立各幕神灵官将所设醮科，其与从属斋仪的关系如下：

开度：

1. 章官醮科：大献、生神、全行。

2. 灵官醮科：大献、生神、全行。

3. 官将醮科：度星。

4. 三官醮科：黄箓、预修。

5. 阴宅土神醮科：五练生尸斋。

6. 炼度司醮科：预修。

7. 供王三献科、供王科：预修。

8. 冥官醮科、血湖冥官科：预修。

祈禳：

1. 官将醮科：祈雨、祈晴、北帝斋。

2. 火德醮科：禳荧。

3. 水德醮科：禳荧。

4. 监生醮科：祈嗣。

5. 寿星醮科：祈寿。

6. 天曹寄库醮科：预修。

7. 监度醮科：预修。

8. 瘟司醮科：保命。

9. 天医醮科：资福。

①"开度"类包括：黄箓、玄都大献、生神、青玄、盟真、迁拔、羽流归真、五练生尸、度星、师友命过、十回度人、回荐、资度；"祈禳"类包括：黄箓、灵宝、消灾、普福、七曜、资福、预修、祈雨、祈晴、禳蝗、禳荧、祈嗣、祈禄、祈寿、安宅、传度、弟子谢恩。《济度大成金书目录》，第13a—14a页。
②《济度大成金书目录》，第13b—14a页。

10. 土神醮科:安宅。

除了谢恩醮仪与各幕醮仪,《济度大成金书》还收录了另外一种未见于《领教济度金书》的醮仪——"祈禳诸真醮仪"①。这类醮仪除了部分仍为黄箓、预修斋科的一项仪节②,其余似与传统斋仪无关,并不属于"祈禳正醮仪"或"各幕三献",因此必须另立一品。只是,这些醮仪仍然用以祈福禳灾,或为"适逢刑曜,遇灾而惧"的醮主禳襘③,或为"载遇始生之旦"的醮主庆生④,而更多祈禳因由是与特殊神祇属性相关,因此专设醮科,诸如"玄灵设醮科"的醮主"蹇痾积己,灾厉切身",故向北斗设醮祈禳⑤;"瘟司设醮科"则是家族"遭罹疾患,传染相连",故为瘟司设醮⑥;"土府设醮科"则是醮主兴修阴阳宅舍或犯土府尊神,因而设醮谢土⑦;"灶神设醮科"之醮主"家门坎坷,人室衰危",虑及可能多因恶行触犯灶神,故设此醮谢罪祈禳⑧;而"天妃醮科"则是由于"涉海之危获遂,济川之利是用",而向天妃设醮谢恩⑨。

这批专为特定神祇修设的醮科,只有少数用于庆祝神明圣诞或成道纪念,如"纯阳真人祭酒科"即"纯阳至圣应化真人"吕洞宾"仙诞"之时启建的醮科⑩;而两种"玄帝设醮科"中的一种即是重阳之日(九月九日)纪念玄帝冲举飞升所设醮科⑪。也就是说,《济度大成金书》所收醮科,除了配合斋仪使用的谢恩正醮或各幕醮科外,虽然已经出现专为特定神祇所设醮科⑫,但那仍多是针对个别家族或个人所提供的祈禳仪式,而非因应地方宗教需求(如为神明祝寿)所提供的仪式服务。因此,目前发现的这批清代以降诸神醮科,不在上述刘枝万所讨论的诸

---

①《济度大成金书》,第22卷。
②如"灵宝供天仪""黄箓投三简仪""祈禳投三简仪""预修投三简仪"。
③《济度大成金书》,第22卷《正一禳襘设醮科》,第21a页。
④《济度大成金书》,第22卷《正一庆生设醮科》,第24a页。
⑤《济度大成金书》,第22卷,第29b页。
⑥《济度大成金书》,第22卷,第51a—52a页。
⑦《济度大成金书》,第22卷,第44a—45b页。
⑧《济度大成金书》,第22卷,第52a—53a页。
⑨《济度大成金书》,第22卷,第46b—47a页。
⑩《济度大成金书》,第22卷,第40b—41b页。
⑪《济度大成金书》,第22卷,第35b—36b页。
⑫《济度大成金书》,第22卷《祈禳诸真醮仪品》还收录有"天师阅箓醮科"(36b—39a)与"雷坛祭祀三献文"(53a—56a),那是道士、法师用以醮祭箓中或雷坛官将的仪式。

种醮仪类型当中，即便在明代《济度大成金书》之中，也只是数量极少的醮科种类，如此更可确认其为明清以降的新型醮科。

二、湖北麻城清微醮科与当地民间信仰

相较于经过官方编辑出版的刊本《道藏》，来自地方道坛的抄本相对贴近地方仪式实践的具体情形。然而，除了通过实地调查，否则不太有机会接触地方道坛所使用的科仪抄本。即便通过长时间的往来，有幸取得地方道坛信任而能借阅或复制抄本，也多仅止于单一或少数坛靖，罕能同时掌握大批地方道坛抄本①。近来学界多利用大型计划，集结长期在中国从事田野调查的学者，出版其研究成果，以期扩大当代道教的理解范围。相较于此，另一相对特殊的管道则为个别学者在因缘际会下所收藏的道教文物。

"文化大革命"期间（1966—1976），中国道教遭到大规模破坏。在那之后，台北文物市场陆续出现许多"大陆文物"，其中包括诸般道法文物，像是图像卷轴、法器什件、经诀抄本等。由于这些文物多以整坛成批方式出现，而非零星散出，因而推测是地方道坛或法坛将其建坛、行法所用经本、法器、神像、画轴，视同旧物一并出售②。80、90年代之际，当时已具道教文献与田野经验的李丰楙无意间在文物市场发现这批资料，自此投入这批文物的"抢救"工作。由于考虑到这批文物可能出自同一地区甚至相同坛靖，同时为了避免流散海外，李氏多采整批收购的方式加以保存。

这样的搜集活动持续了二三十年，累积了一定的文物数量。其中，抄本总数便达七八千种，主要收录清代至民国期间地方道坛、法坛所用抄本，涵盖江西、湖

---

①早期施舟人在台南进行田野调查时，便多方留意那些不再从业的道坛而收购其道教文物。丁煌：《台南世业道士陈曾两家初探——以其家世、传行及文物散佚为主题略论》，《道教学探索》，第3号，1990年，第283—357页；施博尔（Kristofer M. Schipper）：《台湾之道教文献》，《台湾文献》，第17卷第3期，1966年，第173—192页。近来孔令宏亦多投入民间道教经书的搜集。见李东：《拯救民间道教经书：浙江大学道教文化研究中心田野调查实录》，《中国道教》，2013年第3期，第32—34页。

②李丰楙：《序》，《道法海涵》，台北：新文丰，2014年，第15册，第4—5页。

南、福建、广东、浙江等地区①。虽然李氏当时并未参与"最上游"的搜集，无法掌握这些文物的确切来源，判断是否搜罗完整，但其所采取的收购方式，还是能够相对完整地保存地方道坛所持有的各类文物。只是面对这一大批来源各异且涵盖广泛的道教文物，整理工作旷日费时，即便整理出版之后，后续的比对、分析以及实地访察的工作也是一项重大挑战。

李氏所收藏的这批文物当中，抄本一类由于部分保有卷首署名、书末题记与卷内用印，比起神像、画轴或法器相对容易判断其时间、地点、所属道坛，甚至使用者。但是由于目前尚未全数整理出版所有抄本，因此在复原特定具有题记的道坛抄本工作上仍有困难②。虽然如此，针对其中少数已能确认时间、地点的抄本进行初步研究仍然有所帮助。

目前已经出版的二十册《道法海涵（第一辑）》，其中三册《诸神醮科》总共收录五十部科本以及两部相关经本。在这之中，两部科本确知出自湖北麻城地区，分别是署名"钱安世，道号真堂"、癸巳岁（1953）六月抄写的醮科集本（第4651号抄本），以及署名"西园氏"的醮科集本（第0102号抄本），但无任何相关年代讯息③。本文主要以这两部醮科作为研究对象。除此之外，此辑《道法海涵》还有一部幽科集本（第4658号抄本）同样出自湖北麻城"西园氏"，其中科本则依性质收入第四册《受炼更生》与第十二册《开度灯仪》。另外还有两部醮科的启请对象包括麻城地方神明，因此可能也是来自当地或附近地区，分别是出自"湖北武汉木兰山"的《玄府醮科》（第4613号抄本）④与收录三种（乐王、龙神、罗祖）醮科在内的第4662号抄本，其中《龙神醮科》之"请圣"仪节亦见麻城地方

---

① 李丰楙：《序》，《道法海涵》，第15册，第5页。

② 李氏似未打算全数出版其抄本，至少曾经入藏的经书忏本，便未在收录出版之列。见氏著：《导论》，《道法海涵》，第15册，第11—12页。因此若未来要尽可能恢复特定道坛抄本，势须将未出版的抄本一同考虑。

③ 《道法海涵》，第15册，第21页；第17册，第277页。其中，第4651号抄本所收录的《土主醮》两次提到麻城，而第0102号抄本所收录的《化主醮科》亦多次提及麻城与当地龟峰山。这两部醮科即为麻城当地神祇所设醮科。详见后文。

④ 谢世维题记，见《道法海涵》，第15册，第57—58页。其中《玄帝表》多及麻城地方神祇——帝主、化主。梅莉曾经指出：20世纪三四十年代，麻城五脑山帝主宫经道士刘崇涵、潘崇智募化修复之后，多与武当山、木兰山有所往来。梅莉：《湖北麻城帝主信仰及其流传》，《湖北师范学院学报（哲学社会科学版）》，第27卷第2期，2007年，第42页。

神祇①。

钱安世的醮科集本(第 4651 号抄本,以下简称"钱氏醮科")共抄录八种醮科与两种经本(根据原先抄写次序,这些醮科与经本分别被赋予编号,方便指示),分散于三册《诸神醮科》(《道法海涵》第 15—17 册)以及《真经宝忏》上册(《道法海涵》第 5 册)之中②,分别是:

1. 4651−1 三官醮(第 15 册《诸神醮科》,第 21—40 页)

2. 4651−2 火官醮(第 16 册《诸神醮科》,第 317—336 页)

3. 4651−3 灵宝天尊说消禳火灾妙经(第 16 册《诸神醮科》,第 337—351 页)

4. 4651−4 祖师醮(第 15 册《诸神醮科》,第 41—56 页)

5. 4651−5 东岳醮(第 15 册《诸神醮科》,第 105—122 页)

6. 4651−6 关帝醮(第 17 册《诸神醮科》,第 33—48 页)

7. 4651−7 土主醮(第 17 册《诸神醮科》,第 71—88 页)

8. 4651−8 牛皇醮(第 15 册《诸神醮科》,第 289—306 页)

9. 4651−9 牛皇经(第 5 册《真经宝忏》,第 97—104 页)

10. 4651−10 奠土醮(第 16 册《诸神醮科》,第 39—59 页)

至于西园氏集本(第 0102 号抄本),则是抄录了两种醮科、一种转经科与一种经本。这两种醮科分别为《老郎醮科》与《化主醮科》,集中收录在第十七册《诸神醮科》;而收录于第五册《真经宝忏》的《大雄羽化一时转经科》,同样是基于当地化主信仰所使用的转经科;卷末收录的经本——《显灵羽化灭罪真经》应是《化主醮科》与《大雄羽化一时转经科》所用经本,可惜未于此辑出版。

1. 0102−1 老郎醮科(第 17 册《诸神醮科》,第 277—292 页)

2. 0102−2 大雄羽化一时转经科(第 5 册《真经宝忏》,第 233—250 页)

3. 0102−3 化主醮科(第 17 册《诸神醮科》,第 89—116 页)

---

① 谢世维题记,见《道法海涵》,第 16 册《诸神醮科》,第 76 页。《龙神醮科》所启请的麻城地方神祇包括"盖天帝主显化天尊""龟峰顶上化主真人"(第 16 册,第 83 页)。

② 如果按照分类,第 4651−3 号抄本《灵宝天尊说消禳火灾妙经》也应编在《真经宝忏》,今却编在《诸神醮科》中册。

4.0102-4 显灵羽化灭罪真经（未出版，见附录三）

钱氏与西园氏共抄录了十种醮科。根据题名，这些醮科均是针对特定神祇所设，但其启建场合却又未必相同。如后所论，这些醮科大致可以归纳为以下三类：（1）道教节日（三元日）所行醮科，未必专为特定祠庙所做，如三官醮；（2）针对特定神祇所行祈禳醮科，如火官醮、牛皇醮、奠土醮；（3）专为神明圣诞所设醮科，且是提供麻城当地祠庙的仪式服务，如祖师醮、东岳醮、关帝醮、土主醮、化主醮、老郎醮①。

其中，三官醮旨在醮谢天地水三官，以求"消灾释罪，降福延生"（15：25）②。类似醮科亦见周思得《济度大成金书》所收"三官设醮科"③，两者具有相似的仪式结构，以及同样对应三官的三献方式（初献天官，亚献地官，终献水官），只是两者颂词或献词有所不同。至于此科施用场合，由于科本之中未见任何当地特有地理、宗教讯息④，而民国二十四年余晋芳《麻城县志前编》所列"坛庙（附寺观）"清单，也无主祀三官大帝的宫庙⑤，因此恐非当地特定祠庙或道观设醮之用。如果根据该科启请之末所言，此醮又称"三元醮会"（15：32），则此或为三元之日所行醮科⑥，而不限特定寺庙宫观所用。

---

①民国二十四年由余晋芳总纂的《麻城县志前编》卷二《建置志》列有"坛庙（附寺观）"清单，其中重要者有："社稷坛、风云雷雨山川坛、先农坛、厉坛、武庙、文昌阁、魁星楼、［马王庙］（庙毁，神位移至文昌庙右厢）、龙神庙（决重建于化主庙之右）、火神庙、城隍庙、东岳庙、土主庙、紫微侯庙、化主庙、岳王庙、宋贤祠、［遗爱祠］（祠熳，移祀武庙后）、忠节祠、姚公祠。"多与钱氏与西园氏醮科相关，详见。余晋芳：《麻城县志前编（全四册）》，《中国方志丛书》第357号，台北：成文出版社，1975年据民国二十四年（1935）铅印本影印，第1册，第142—180页。

②为了节省脚注数量，以下《道法海涵》引文，径于文末注明册数与页数。

③《济度大成金书》，卷22，第32a—34a页。

④卷首步虚词最末两句提及"妙纬宫"与"云台山"。其中妙纬宫，又称"三元妙纬宫"（15：38），为三官所在天界宫府，故言"妙纬宫中伸蚁悃"；而"云台山"则疑与此科出处有关或沿用古代天师道云台山治的典故，故言"云台山上迓鸿庥"（15：24）。

⑤见余晋芳：《麻城县志前编》，第1册，第142—180页。

⑥三元日即为三官赐福、解罪、度厄之日。一如当代香港正一道士所言："何谓三元……盖以正月十五日为上元，天（官）赐福之辰，世人由此而祈福也；七月十五为中元，地官赦罪之辰，世人由此消愆忏悔也；十月十五为下元，水官解厄之辰，世人皆承日而度厄也。"见元朗梁安藏：《道教源流》，《新界宗教文献》，第1册。转引自蔡志祥、韦锦新、吕永升主编：《仪式与科仪：香港新界的正一清醮》，香港：香港科技大学华南研究中心，2011年，第60页。

除了《三官醮》，钱氏醮科还收录一部《火官醮》，而与前者合为"四官"。《火官醮》旨在醮谢"赤皇上品三炁火官大帝南丹纪寿天尊"为首的一系列南方火府诸神、火部官将（16：324—326），以免火灾之厄。因此，醮表所欲送达的地点即为"赤皇上品宫"，由其僚属"火鸦大将"呈进（16：334）。科文称此场合为"火殃醮会"（16：326），献词之中又多列举解救火灾的历史典故，因而推测此为火灾之后或为预防火灾，祈求居住安全所行醮科，一如祷词所言："息城门失火之危，免殃及池鱼之患"（16：331—332），"家舍清宁得安康"（16：335）。只是麻城当地亦有一座"火神庙"（或称"火王庙"）①，因此不能排除此科乃为此庙设醮之可能。

《火官醮》是钱氏收录的两部具有经文（《火官经》）的醮科之一，另一部是同为祈禳之用的《牛皇醮》。现今所见《火官醮》已以"回奉"作结，符合一般醮科仪程（详后），然在《火官经》之后，还有"飯礼""宣表""回奉"诸节，并不属于经本所有，而为醮仪节目。如此可知：此醮或可依照醮主需要增减"诵经"一节，唯于诵经之后，仍须依照经本之末所附诸节，结束醮科②。《火官经》又称《灵宝天尊说消禳火灾妙经》③，旨在说明火厄乃为"天罚"，若能改过迁善，并于有灾之日诵念神咒（16：346—347），即能"蠲除罪咎，令保安全"。此神咒亦能止息自然火灾，禁制火精、火怪，或许正是这个原因，而使此咒被列为《火官醮》之《卫灵咒》（16：321—322）。如此一来，即便因故无法在醮科诵经，亦有机会诵念此咒，以求消禳火灾④。

钱氏所用另外一部祈禳醮科为《牛皇醮》，此科旨在醮谢"天曹上相太尉牛皇府君"及其所部五方牛皇府君、五方牛瘟大王、合部圣众，向其祈求牲畜能够

---

① 余晋芳《麻城县志前编》："火神庙：在城隍庙之东。"（第1册，第145页）又"火王庙"条下注："供奉火神，规模壮丽，有黄梅五祖法眷投此住持。"（第1册，第154页）
② 此仪节程序亦见明代《道藏》所收录的《诸师圣诞冲举酌献仪》，即于"三献"之后，依序"讽经""宣疏""回向"。见《正统道藏》，台北：新文丰，1977年，第15册，第8a、10b页。
③ 此据卷末标题（16：349），如此即知卷首标题"灵宝天尊说消禳火妙经"（16：339）缺一"灾"字。
④ 若据经末赤灵神君所作偈文："家有天尊呪，火部不为殃。……家有天尊呪，家宅保安康。"（16：348—349）推测此经亦受信众请奉，在家供养。

免除疫害。是故醮表致送地点为"天尊太尉府"，由其下属"黄符使"呈进（15：306）。根据《麻城县志》，当地似无牛皇祠庙，故疑此科所建"牛皇醮会"（15：298）亦非祠庙建醮之用，而为受到牛瘟侵扰之家设醮忏谢。一如《火官醮》，此科亦可附加诵经（《牛皇经》）仪节，用以禳解修作栏圈时未择良日，因而触犯牛皇、土公、各方厄星等禁忌，所造成的"牛畜无成""子利损折"，甚至牛畜灾伤的情形（5：99—102）。此外，值得注意的是，《牛皇醮》与稍后论及的《土主醮》关系密切。《牛皇醮》启请时特别在"天曹上相太尉牛皇府君"之前先请"敕封盖天帝主显化天尊"（15：294），而《土主醮》也有启请"天曹太尉牛皇府君"（17：79）。只是两者之间具体存在什么样的关系还不清楚。

《奠土醮》亦属祈禳醮科，旨在醮谢后土、五方龙神、诸土府尊神、太岁，求其原赦修造屋宅时所触犯的禁忌（16：48—49）或神煞转移时的冲犯（16：47），故须上表"土府九垒宫"，由"当年太岁"呈进（16：51）。如果依照"安龙"时所念愿文（16：56—58），旨在祈求家族兴旺，则知此科应如牛皇醮科，专为重新修建之家户设醮奠谢土府，安镇龙神，而非专为土府尊神设醮祝寿之用。

除了上述醮科，其余四部钱氏醮科与两部西园氏醮科则是专为特定神祇祝贺圣诞或成道纪念之用，而且这些神祇也都能在麻城地区找到奉祀祠庙，因而推测这些醮科乃是地方祠庙设醮祝寿之用。其中，《祖师醮》用以醮谢"祖师万法教主玄天仁威上帝金阙化身荡魔天尊"及其所属诸仙真、灵官（15：46—48），因此表文必须送达玄帝所治宫府——"天乙真庆宫"，由其下属"水火二将"呈进（15：55）。科文称此为"玄府醮会"（15：49），疑即为崇奉玄天上帝宫庙所设醮科。根据《麻城县志》，当地确有"祖师庙"，并言其"在落梅河屏风岩。每岁上巳（三月三日玄帝圣诞），楚、皖、豫三省人士多朝谒之"①。因此，这部科本可能是提供祖师庙三月三日玄帝圣诞设醮祝寿之用。明代成书的《诸师圣诞冲举酌献仪》亦收录一份玄帝圣诞设醮朝贺的献词，其所供养的对象颇

---

① 余晋芳：《麻城县志前编》，第 1 册，第 166 页。

与《祖师醮》相近①。

此外，《祖师醮》多处献词提及明代敕修的武当山太和殿，以及当地玄帝信仰②。此科启请的对象也包括"武当山得道五百灵官、天乙真庆宫真仙圣众、北极佑圣府官君将吏、天和迁校府师将吏兵"（15：48），这些宫府虽为玄帝所治天界宫庙，同时也是武当山道教宫殿群之一③，由此可见此科立基于湖北武当山玄天上帝信仰的情形，而这也可能反映了麻城祖师庙与武当山之间的紧密关联。湖北地区原为武当山玄帝信仰的核心区域，梅莉2002年在麻城所做的调查，仍然可见当地"祖师"（真武大帝）相关信仰、传说与民俗④。

和《祖师醮》相近的还有《东岳醮》与《关帝醮》，也都属于全国性信仰。《东岳醮》用于醮谢五岳之尊的"东岳天齐仁圣大帝慈光救苦威权自在天尊"，及其圣眷、下属岳府元帅、官将，向其祈求释罪、消灾、延福（15：116），故其表文呈进"东岳大生宫"，及其下属"阳界功曹"（15：120）。科文称此醮会为"岳府醮会"（15：114），疑即专为东岳庙所行醮科。湖北麻城便有多座东岳庙⑤。虽然民国二十四年编成的《麻城县志》没能提供更多关于这些东岳庙活动的具体情形，但是目前已有的相关研究，仍能让我们了解每年三月二十八日东岳大帝圣诞，各地东岳庙在香会支持下

---

① 《诸师圣诞冲举酌献仪·高真降诞》："三月三日，正兰亭修禊之辰；一德一心，庆金阙化身之圣。恭炷真香，虔诚供养：万法教主玉虚师相玄天上帝金阙化身荡魔天尊、圣父净乐天君明真大帝、圣母善胜天后琼真上仙、圣师丰乾大帝、祖天师奉玄上相正一真君、虚危二宿星君、应化武曲星君、文昌梓潼帝君、武当山得道五伯（佰）灵官、北极佑圣府、天乙真庆宫、元和迁校府官君将吏、观庭香火高真、雷霆法部官将、真官土地、江东之神、是日朝贺三界真灵、玄虚过往纠察真司，悉仗真香，普同供养。"（8b—9a）关于此仪的简要解说，见任继愈主编：《道藏提要（修订版）》，北京：中国社会科学出版社，1991年，第215页。Kristofer Schipper and Franciscus Verellen ed., *The Taoist Canon: A Historical Companion to the Daozang*, Chicago: The University of Chicago Press, 2004, p. 962.

② 如"敕修太和名山，威镇武当胜境"（15：51）、"伏闻大明皇帝当年敕建于名山，真武玄天昔日修持于胜境"（15：51—52）、"伏闻华夏之邦，独有太和而最著，大明之世，惟称真武以尤灵"（15：53）。

③ 罗霆震：《武当纪胜集》，《正统道藏》，第33册，第27b—28a页。

④ 参见梅莉：《明清时期武当山朝山进香研究》，武汉：华中师范大学出版社，2007年，第178页。

⑤ 《麻城县志前编》："东岳庙：在北关厢，县人周宏祐题曰'岱宗驻跸'。自兵燹后，三坛均燬，春、秋时祭社稷坛及厉坛即于岳庙致祭，风云雷雨山川坛在土主庙致祭。"（第1册，第146页）又："东岳庙二，均在鲁家区，一为涂戴鲁三姓香火，一在闹石河下，咸、同间（1851—1874）被贼焚燬，近土人复置一重。"（第1册，第169页）

的活动盛况，以及道士在此之中受聘建醮酬神的情形①。

《关帝醮》则是用以醮谢"敕封汉寿亭侯·义勇武安王·酆都灭鬼灭魔朗灵元帅·崇灵护国至道真君·关圣夫子·仁义明佛·三界伏魔协天大帝神威远振天尊"（17：38）及其圣眷、相关僚属及酆都诸帅，用以感念其忠义，以及古今所被之惠，民物所沾之恩（17：44），因此上表"协天护国宫"，由其下属"周仓大将"呈进（17：45）。一如上述称号所见，此科所述关帝事迹来自多种不同传统，同时呈现出史传（《三国志》）、佛教（玉泉寺）与道教（酆都法、地祇法）诸种传统所发展的关帝形象②。而此关帝醮科同样可能提供关帝庙或武庙建醮之用。麻城地区便有这类祠庙，且因列入祀典，而为官吏朔望入庙焚香叩拜或新官赴任行香的官庙③。

相较于玄帝、东岳大帝与关帝均为全国性信仰，《土主醮》所醮谢的对象则为麻城当地神祇——"土主"，又称"帝主""福主""张七相公""紫微侯"④。若据醮科，土主封号全称为"敕封盖天帝主·助国顺天王·紫微侯·万古威灵·显化天尊"（17：77），这是根据清代方志所载张七在宋、明时期所受封号（宋封紫微侯，明封助国顺天王）组合而成，只是这些封赐并未见于宋明正史资料⑤。根据献词，醮主除了希望通过设醮表达其对土主护佑乡土（扶危拔苦，利济群生）之谢悃，同时也在祈求"消灾释罪，降福延生"（17：75—76）。祈愿表文则被送达"盖天主宫"，由于下属"姚、万二将"呈进（17：86）。

---

①袁冰凌：《北京东岳庙香会》，《法国汉学》丛书编辑委员会编，《法国汉学》第7辑（宗教史专号），北京：中华书局，2002年，第403—405，421页。

②杜赞奇（Prasenjit Duara）已经讨论这类关帝神话"即连续又不连续"的特性，称之为"刻划标志"（superscribing symbols）。Prasenjit Duara, "Superscribing Symbols: The Myth of Guandi, Chinese God of War," *The Journal of Asian Studies*. Vol. 47, No. 4(1988), pp. 778-795. 中译文见杜赞奇著：《刻划标志：中国战神关帝的神话》，韦思谛（Stepehn C. Averill）编、陈仲丹译：《中国大众宗教》，南京：江苏人民出版社，2006年，第93—114页。另可参见王见川、皮庆生：《中国近世民间信仰：宋元明清》，上海：上海人民出版社，2010年，第261—304页。

③《麻城县志前编》："关帝庙：在岐亭南城，成化三年（1467）成族重建，感应灵显，进士彭信古遵古酬愿，各献对联，后孟司马酬愿献额，装金异常。至今为朔望行香首及之庙。"（第1册，第163页）又："武庙：在县前街左。同治间（1862—1874）燬于贼，驻守麻城百胜营统带参将向百福倡修。其修竣年月与捐赀督工姓名有碑记之，在庙门内之左。"（第1册，第143页）

④土主信仰主要传布于鄂东地区，但并不限于此。由于商贩与移民，鄂中、鄂西南与四川也都可以见到此一信仰的传布。梅莉：《湖北麻城帝主信仰及其流传》，第41—43页。

⑤梅莉：《湖北麻城帝主信仰及其流传》，第41页。

醮科之中多所论及"土主"身世、形象与神迹,包括:(1) 出生于四川:"盖有神灵自蜀胎"(17:74);"蜀川生产"(17:75);(2) 家世与亲属:"神后徐氏四品夫人……神父张公评事大夫、神母杨氏淑德夫人、神兄张公六位相公、神弟张公二位官人、神子神孙神家眷属"(17:77—78);(3) 成道于五脑山:所谓"五脑成真"(17:75);"五脑山上得道真人"(17:79);"法受紫微,始得真成于五脑"(17:82);(4) 显灵事迹:"显绩九牛民祀起,化成三楚庙封开"(17:74);(5) 朝廷封锡:"功施宋代,方腊封锡于麻城"(17:82);(6) 土主形象:"强邪凶怪,乌驹踏而高飞九迈程;殃宿妖星,红棍指而远避三十舍"(17:85);"手提红棍,身跨乌驹,九牛猛吏作先锋,五路精兵前后卫"(17:86)。

这些土主形象主要来自清代以后增衍的方志传说。民国二十四年的《麻城县志》引述了现存最早的土主信仰记录——《大明一统志》(天顺五年,公元 1461年),其中只提到土主神即宋时麻城县民张七,及其毁庙、系狱,止息火灾,以及最后在五脑山仙化、邑人立庙等事迹①。其中,张七毁庙乃至仙化的过程,诸种方志与钱氏醮科所述大同小异,主要差异在于张七的出生、家世与封锡。乾隆六十年(1795)黄书绅纂修的《麻城县志》即言其生于"蜀璧山县","先人官大理评事,母杨夫人",且多述及年少聪慧并得到神人预言:"应以童身证道,显法于楚。"故于十七岁时游历至麻城,而有毁庙、系狱、禳火、升登与立祠之事②。这些新衍的身世以及禳火时的形象——"登马,棒(朱棒)指火灭",成为钱氏醮科土主形象的主要来源③。

根据《大明一统志》,最早的帝主庙可能位于麻城西北四公里处的五脑山上。清代乃至民国,麻城地区已经广布帝主祠庙,其中五脑山与县西门外相公桥

①《麻城县志前编》:"紫微侯庙:在五脑山,一在西门外。《一统志》:'宋时县人张姓行七,当时以"张七相公"称之,毁沿江淫祠,系狱。适有火灾,释张捍之,立止。至五脑山,人马俱化,邑人为建庙。'"(第 1 册,第 146—147 页)又梅莉:《湖北麻城帝主信仰及其流传》,第 41 页。

②乾隆六十年《麻城县志》卷二十五《列传十一·仙释》。转见梅莉:《湖北麻城帝主信仰及其流传》,第 41—42 页。

③民国二十四年《麻城县志》亦录有一种接近乾隆六十年的"旧志",但部分细节仍有差异。其中最大不同在于张七升登过程:"遂西行至相公桥,人马飞升,望者见其止于五脑山,遂立庙山麓以祀之。"(第 1 册,第 147 页)显然这个版本的改作在于补充"相公桥"这个地点,以其作为张七升登之处,而改五脑山为张七飞止之地。此一版本可能出自"县西门外相公桥右侧"的土主庙,而这座土主庙即与五脑山土主庙同列祀典之中。

右者列入祀典①。土主醮科很可能是提供五脑山帝主庙或麻城当地众多土主庙、福主庙、紫微侯庙或帝主庙建醮之用。

西园氏《化主醮科》则与《土主醮》一样,是另一部为麻城地方神祇打造的专属醮科。化主即为"龟峰顶上得道张公显灵化主羽化真人"(17:94)。相传宋代麻城知县张毅②在任期间多有惠政,岁旱之时又为民祈雨,颇有应验,得道成神之后栖止于他平时即爱游览的龟峰山上③,因此地方百姓特定为其立祠供奉。醮科献词便多感念张毅成道前后对于麻城当地的治绩善政(17:97—99)与福泽护佑,尤其是"熙宁三载"的祈雨事件(17:99—100)④,以及辞官修行的得道事迹。奉祀张毅的"化主庙"即在麻城县东六十里处的龟峰山顶⑤,民国二十四年所修的《麻城县志》记其"神像铁质。每六月开山,香火远集"⑥。此科应即开山之际的六月,特为化主所设之醮。

此科醮祭对象除了化主及其圣眷之外,同时及于唐王及其文武臣宰、能仁寺中伽蓝僧道,如"唐王天子上德皇帝""唐王殿上文武官班臣宰"(17:94),"唐王慕道隐其中,羽化真人修正道"(17:105),"能仁寺中一十八位护教伽蓝……本寺前传后教僧道尚人"(17:95—96),甚至及于"显灵土主张公大法真人"(17:94)。这说明了麻城化主信仰与当地能仁寺、唐王信仰之间的紧密关系。《显灵羽化灭罪真经》即以"化主"为紫微、文曲应化下生,时值释氏演说经教(《羽化经》)之时;后又入于龟峰,为禅永能仁。最终,禅永能仁于"午刻"乘骖飞身(详见附录三)。而此科设醮的时间或许因此而多在午时,一如醮科颂词所言:"阳光停午,迟迟瑞气才临;云鹤徘徊,肃肃灵坛已建。适当午景,爰举醮筵。"(17:106)

①梅莉:《湖北麻城帝主信仰及其流传》,第42页。
②《麻城县志前编》"名宦祠"中即有:"宋:知县钱治、知县张毅。"(第1册,第296页)
③《麻城县志前编》:"按龟峰化主不知何神,相传即宋之邑令张毅。公尝植万松,以庇行人,具见载记。令麻有惠政,岁旱为民祷雨,无不应者。尝同幕客蒋著等游龟峰,爱其幽峻,题名泐石,后得道成神,遂栖真于是山,民间称以'化主'。至今祷雨犹灵应。"(第1册,第149页)
④《麻城县志前编》亦记此事:"(龟山)上有化主庙,相传神即宋邑令张毅,旁有合掌石,有题名二行,刻熙宁三年七月,张公入山祈雨,偕江西进士吴弼、山僧圆喜赋诗,一行刻熙宁五年十月,张公偕江西进士蒋著、山僧圆喜、灵寂话别字。"(第1册,第76页)
⑤《麻城县志前编》,第1册,第56页。
⑥《麻城县志前编》,第1册,第149页。

这批醮科当中，性质较难确定的是西园氏的《老郎醮科》。根据内文，此科旨在醮谢"敕封紫微翊宿星君"（17：282、291）及其从属将军、使者。"翊宿星君"即为"老郎"，又称"喜神"，是为梨园弟子所奉祖师①，因此醮谢目的除了祈求"荡灾殃""赐福庆"（17：288），同时也希望"和合利市"（17：279），"金玉满堂，顺利求谋"（17：280）。由于紫微翊宿星君治于"冲天风火院"，故此院亦为呈表之所（17：291），此醮又称"风火之清醮"（17：289）。根据献词所言："兹涓吉旦，特启清场。……冀飙驭鉴一念之葵忱，赐千祥于第宅"（17：286），或"伏望下赴蓬茅之陋，俯歆葵藿之诚"（17：288），似此为受聘私家所设之醮，但也可能是梨园弟子为其祖师圣诞（三月十八日）所设的酬神之醮。在《诸神醮科》之中，这是少数还保留表文内容（17：291，另见附录二）的醮科。

相较明代《济度大成金书》"祈禳诸真醮仪"乃多"祈禳"性质的神明专醮，民国时期麻城醮科虽也存在这类科事，但却更多专为地方祠庙神明所设醮科。一如李丰楙所指出的，这样变化乃是为了适应地方社会的需求，尤其是地方道坛因应民间神祇崇拜所创设的新科仪。这些专为地方祠祀、行业诸神所设醮科，多于仙圣神尊圣诞之际施行，既演述其圣迹，同时举行献祭，酬答神恩②。

三、醮科结构与编写方式

湖北麻城所见这批醮科虽然适用不同场合，但其仪式结构与编写方式却颇一致。李丰楙描述这批醮科的形式时，便认为"其编写体例一依传统醮仪，均为地方道坛中能文之士所编写，遣词用典均符合科仪风格"③。如果考虑这批醮科所属教派，其中"启请"仪节所列宗派师真多署"清微灵宝"（详后），应可据以判断两者同出此系。至于"清微灵宝"，目前已知其为乾隆元年至三年（1736—1738）清政府重

---

① 陈巴黎：《北京东岳庙喜神殿考述》，《法国汉学》丛书编辑委员会编，《法国汉学》第7辑（宗教史专号），北京：中华书局，2002年，第427—447页。
② 李丰楙：《诸神醮科收录说明》，李丰楙主编：《道法海涵（第一辑）》，第1页。
③ 李丰楙：《诸神醮科收录说明》，李丰楙主编：《道法海涵（第一辑）》，第1页。

新调查登记地方道士时所做的三种分类（出家全真道士、清微灵宝道士、在家火居道士）之一①，但其内涵却不清楚，怀疑是指清微派或根据清微法所行灵宝斋醮科仪，一如南宋时期浙东地区流行的"天台灵宝"或"东华灵宝"②。至于清微派或清微法，则是南宋时期福建黄舜申（1224—?）所阐扬的重要道法传统，其后随即传布浙江、江西、湖南、湖北等地。这个传统同时继承了中古以前的古典道教，以及宋代诸种新兴地方驱邪仪式传统，融合成极具影响力的重要道派③。

若依仪节结构分析目前所见两种湖北麻城醮科（详见下列表一、表二），便可发现两者除了起始的"演偈"④与后段"发愿"仪节的有无之外，几乎没有太大差异⑤。

表一：第 4651 号抄本的醮科结构

	演偈	散花词	水香文	卫灵	启请	献茶	三献	诵经	宣表	礼诰	回奉
三官醮	√	√	√	√	√	√	√		√	√	√
火官醮	√	√	√	√	√	√	√		√	√	√
祖师醮	√	√	√	√	√	√	√		√	√	√
东岳醮	√	√	√	√	√	√	√		√	√	√
关帝醮	√	√	√	√	√	√	√		√	√	√
土主醮				√	√	√	√		√	√	√
牛皇醮	√	√		√	√	√	√	√	√	√	√
奠土醮					√	√	√		√	√	√

---

①Vincent Goossaert, "Counting the Monks: The 1736–1739 Census of the Chinese Clergy," *Late Imperial China*, vol. 21, no. 2(2000), p. 48.

②关于"东华灵宝"的传承与发展，可以参见谢世维：《宋元时期的"东华派"探讨——系谱、圣传与教法》，《东吴中文学报》，第 23 期，2012 年，第 161—190 页。

③Lowell Skar 著、横手裕译：《清微仙譜、雷法、神靈そして道原——中世の中國東南部における宗教の統合について》，田中文雄、Terry F. Kleeman 编：《道教と共生思想——第 3 回日米道教研究會議論文集》，东京：大河书房，2009 年，第 136—154 页。另见 Kristofer Schipper, "Master Chao I-chen (? -1382) and the Ch'ing-wie School of Taoism," 秋月观暎编，《道教と宗教文化》，东京：平河出版社，1987 年，第 715—734 页；李志鸿：《试论清微派的"会道"与"归元"》，《世界宗教研究》，2005 年第 3 期，第 116—125 页。

④此仪节名称为笔者推论所加，详后讨论。

⑤其中差异较大者为《奠土醮》，此醮科除了具备一般醮谢仪节外，还包括多项与安镇土府相关仪节，诸如"撒米""散灯""安龙"等（16:54—58）。

表二:第 0102 号抄本的醮科结构

	散花词	水香文	卫灵	启请	献茶	三献	宣表	发愿	礼诰	回奉
老郎醮	√	√	√	√	√	√	√	√		
化主醮	√	√	√	√	√	√	√	√		

这两种醮科的仪式流程,均可依照醮科的核心部分(即正式启请、醮谢),以及前后的预备、结束两部分,区分为三个阶段:

1. 预备阶段:演偈、散花词——水香文——卫灵

2. 正式阶段:启请——献茶——三献——宣表

3. 结束阶段:发愿——礼诰——回奉

其中,作为醮仪核心的正式阶段,包括:启请、献茶、三献(献酒)、宣表四个仪节。这几乎是所有醮仪必有的部分,其中"三献"仪节更是判定此一仪式性质的主要依据。林伟夫讨论设醮科仪的形成历史时,便以这一部分的描述与解说作为主要内容:

> 自古建斋,无设醮之仪,只于散坛拜表后,铺设祭馔果殽……备以茶酒,列于坛心,自三宝而下,至于三界真司、将吏神祇,无不召请,<u>三献宣疏</u>,盖酬其圆成斋福,翊卫坛场,辟斥魔灵,宣通命令故也①。

林氏此处所言乃指谢恩醮。唐代以后,道教醮仪逐渐定型化,斋后所设的谢恩醮成为醮仪的主要类型②。这似乎是由唐末五代杜光庭确立下来的结果。根据今本《太上黄箓斋仪》卷五十所收录的《散坛设醮》,仍然可以了解这个最初专为斋仪结束之后、用以酬神谢恩的醮仪蓝图。为了方便进行讨论,仍将杜氏"散坛设醮"的仪式程序依照上述三个阶段分析如下:

1. 预备阶段:入户——礼师——卫灵——发炉

2. 正式阶段:(1)上启、请圣——上香、上汤、上茶、上酒

(2)启白——上香、上汤、上茶、上酒

(3)重启——焚香、散果

---

① 《灵宝领教济度金书》,第 319 卷《斋醮须知品·设醮》,第 18a—b 页。
② 如前所述,另外一个重要类型是为宋代新增的多种安置于堂幕的神祇设醮。

（4）敕小吏神—送神

3.结束阶段：还戒—纳职—发愿—复炉—旋坛—解坛—出户—辞三师—回向—谢玄师

杜氏的"散坛设醮"乃由三种不同功能的仪节组合而成，亦即：（1）"朝仪"，无论是天师道章奏仪或灵宝斋仪，均以朝仪作为仪式架构，用以出入坛靖、燃灭香炉、基本祈愿之用，是为完整仪式的预备与结束阶段，即第一阶段所有仪节与第三阶段的发愿、复炉、旋坛、出户、回向等仪节；（2）醮仪：以迎送神灵、设馔献祭为目的，即第二阶段的所有仪节，其供献对象又依照神格高低区分为两个群组，分别供献。法师首先具位上启高位圣真，一一奉请，并上呈香、汤、茶、酒以为供献，接着重复两次启白与供献，具足三献之后才又敕召低位吏神受祀；（3）散坛仪节：杜氏此醮仍于斋坛举行①，故须于仪式之末安排"散坛"仪节，即与"宿启建坛"相对的"还戒""纳职""解坛""辞三师""谢玄师"等仪节，后世谢恩醮多无此类仪节。

杜氏于斋后所设的谢恩醮仪并非原创，部分内容沿用唐代张万福（约700）的阅箓醮仪——《醮三洞真文五法正一盟威箓立成仪》②。比较两者仪程③，便可发现杜氏除了增设"散坛"仪节，作为结束斋仪之用，其余即在张氏醮仪基础之上，取消了"出官"与"纳官"仪节，以及增设"卫灵""发愿""回向"仪节。杜氏针对预备、结束阶段所做的调整，几乎确立了宋元以后醮仪的基本形式。南宋蒋叔舆《黄箓大斋立成仪》、元代林伟夫《灵宝领教济度金书》、明代周思得《上清灵宝济度大成金书》皆设谢恩醮仪，其预备阶段亦多以入户、礼师、卫灵、发炉为主要仪节，而结束阶段亦见发愿、复炉、回向。至于正式阶段，主由三次上启、献酒组成，而且固定在第一次上启之后请降神灵，以及三次上启之一同时宣读此次醮

---

① 关于设醮场所的讨论，见张超然：《斋醮坛场与仪式变迁：以道教朝科为中心的讨论》，《华人宗教研究》，第4期，2014年，第1—41页。

② 张万福：《醮三洞真文五法正一盟威箓立成仪》，《正统道藏》，台北：新文丰，1977年，第48册。

③ 《醮三洞真文五法正一盟威箓立成仪》的三阶段仪节分别为：（1）预备阶段：净坛—入户—礼师—发炉—出官；（2）正式阶段：请圣—读词—上启、请圣—三上香、三上汤—重启—三上香、三上汤—重启—三上香、三上汤—送神—敕小吏神（上启—上香上汤）；（3）结束阶段：内官—复炉—送神—出户。

仪的请愿文书（"宣词"，或称"宣状""宣疏"）（参见附录五）。

相较之下，清代娄近垣（1689—1776）《清微黄箓大斋》①的《设醮科仪》便显不同。无论是在预备或结束阶段，娄氏《设醮科仪》，除了"卫灵"一节，少有唐宋以来常见仪节（"步虚""净坛"偶尔还可见到）。倒是正式阶段仍以常行的"上启""请圣""三献"与"宣疏"为主，只是娄氏特地在"请圣"之后，出坛朝外"迎圣"（参见附录五）。目前还不清楚如此转变的原因，或许与娄氏《清微黄箓大斋》题名所冠"清微"称号有关，因为湖北麻城所见清微醮科的部分内容也与娄氏做法相近（详后）。

相较于上述谢恩醮科，麻城醮科显得简单许多。除了作为核心的正式阶段仍须启请、献茶、三献与宣表，其余阶段各剩三个仪节。其中，作为预备阶段的第一个仪节，固定实行十句七言韵文的表现形式，但却没有标题说明此节名称。这样的情形也见于同为清微醮科的第 0241 号抄本，也以十句七言韵文置于卷首，没有标题②。倒是另外一种《清微社醮玄科》（第 0096 号抄本）提供的讯息，可能有助于进一步了解这类文体。

第 0096 号抄本收录了两种社醮科，其中第一种（《社醮玄科》）在八句七言韵文之后即有："偈毕，举《散花词》。"随即接续两句七言韵文，并于上句之末注上"散花林"三字，而在下句之末注上"满道场　社祠前供养"③。类似的情形见于第二种《社醮科》，但在十句七言韵文之前附有标题或仪节段落注记——"演偈"，且于倒数第二句（即第九句）之末注明"散花"④。如此可知，钱氏醮科的十句七言韵文应该分为两个部分：第一部分由八句七言韵文组成，称之为"偈"，醮仪即以此"演偈"为起始；第二部分即最末两句七言韵文，此即所谓的"散花词"。若依如此结构，再回头去看第 0241 号抄本，便可理解为何最末两句或有同列一

---

① 娄近垣：《清微黄箓大斋科仪》，收入故宫博物院编：《故宫珍本丛刊》，海口：海南出版社，2000 年，第 525 册，第 67—275 页。

② 即 L. 0241-1《关帝醮科》（17：51—52）、L. 0241-2《药王醮科》（17：227—228）、L. 0241-3《孔圣醮科》（16：355—356）、L. 0241-4《老君醮科》（15：3—4）、L. 0241-5《杨泗醮科》（17：119—120）。

③ L. 0096《清微社醮玄科·附开光科》（17：167—168）。《领教济度金书》第 10 卷《赞颂应用品》收录八首"七言散花词"与十首"五言散花词"，其末即言："凡散花，每两句为一首。上一句吟毕，继吟'散花林'三字，方吟下一句，吟毕，继吟'满道场　圣真前供养'八字。"（第 24b 页）

④ L. 0096《清微社醮玄科·附开光科》（17：181）。

行的情形，以及句末多有三个并列的句读符号，那应是用以表示"散花林"或"满道场"三字的符号①。除此之外，钱氏醮科卷首偈颂多以藏头诗形式表现，且多选取醮科主神圣讳中的八个字嵌于句首②，这样的现象也可说明上述偈颂与"散花词"两种文体并列的情形。

西园氏醮科则未见此八句偈颂，单以《散花词》起始。如此情形亦多见于其他数种醮科③，更较钱氏醮科以偈颂起始普遍。一般而言，适用道教斋醮科仪场合的赞颂文体多有固定形式与内容，但在这类专为地方神祇设计的醮科之中，由于酬献对象已非寻常道教神祇，因此必须重新创作合宜颂词。以目前所见麻城醮科为例，这类偈颂或《散花词》大多运用醮献对象的传记、传说典故，着墨于神格职司、圣殿景象的描述，偶或表达感念神恩之情。

预备阶段的第二个仪节标题为"水香文"，所有科本都没有相关内容的说明。这项仪节同样未见于上述宋明时期的谢恩醮仪。根据其他抄本的用例，《散花词》后或接并列的"香水"二字④，或特意将"水　香"二字区隔开来⑤，或称"宣水香偈"⑥。如此，或可推测此"水香文"应指"水文"与"香文"，两者次序或可调换为"香文水"。《道法会元》卷十八《清微发遣仪》便有"入香水文"一节，通过赞颂"香"的感通功能与"水"的除秽功能，达到净坛通神作用，如其所言："伏以仙境难通，以香为信；尘凡易浊，非水不清。"⑦而娄近垣《清微黄箓大

---

① L.0241-1《关帝醮科》（17：52）、L.0241-2《药王醮科》（17：228）。钱氏醮科亦见如此符号，如16：320、15：43、15：101、16：42。

② 如《三官醮》卷首八句偈颂首字合为"天地水府三官大帝"（15：23）；《祖师醮》卷首八句偈颂首字合为"万法教主玄天上帝"（15：43）；《东岳醮》卷首八句偈颂首字合为"东岳天齐仁圣大帝"（15：107—108）；《土主醮》卷首八句偈颂首字合为"盖天帝主显化天尊"（17：74）；《牛皇醮》卷首八句偈颂首字合为"天曹太尉牛皇府君"（15：291）。

③ 如L.4613《玄府醮科》（15：59）、L.4614《灵官醮科》（15：189）、L.0128-5《正一太岁醮科》（15：259）、L.0128-4《正一门神醮科》（15：273）、L.0128-3《正一奠土府醮科》（16：63）、L.0128-1《正一鲁班醮科》（17：215）、L.4662-1《正一乐王醮科》（17：259）、L.4662-2《正一龙神醮科》（16：77）、L.4662-3《正一罗祖醮科》（17：295）、L.0100-2《清微火府醮科》（16：287）、L.0222-1《文圣醮科》（16：384—385）、L.0222-2《武圣醮科》（17：3）、L.0222.3《蚕母醮科》（17：197）、L.0224-1《珍珠太子设醮科》（17：139）、L.0224-2《诸真清醮科》（17：155）。

④ L.4614《灵官醮科》（15：189）。

⑤ L.0224-1《珍珠太子设醮科》（17：139）。

⑥ L.0096《清微社醮玄科·附开光科》（17：181）。

⑦ 《道法会元》，第18卷，《清微发遣仪》，第3a页。

斋·设醮科仪》净坛解秽时亦用此香、水作用，其言："伏以达信通诚，凭香传播；除氛荡秽，仗水周流。俾得四气清明，庶令百神会合。将清法席，先净瑶坛；恭焚真香，虔诚关告。"①

预备阶段的最后一个仪节即为"卫灵"，麻城科本多作"卫灵章"。唐宋以降，此即斋醮科仪常行仪节，固定安排于"礼师"与"发炉"之间，祝念十四至十八句不等的两种不同版本的四言《卫灵咒》，召请五方神真正气，以达息魔灭奸、涤秽消氛的目的②。麻城醮科虽也保留四言形式，但句数不一，或十句③、或十四、二十、二十二句，甚至长达二十八句，其内容也与前述唐宋常见两种《卫灵咒》不同，每种醮科针对其所酬献的主神特别创作专属章词。

醮科的正式阶段以"启请"为始。此一仪节不只见于醮科，而是所有科仪必要节目。诸如正斋行道即于"发炉"之后"启请"，内容包括：（1）具称法位；（2）列举关启神真的对象；以及（3）口头说明本身为人修斋关启的理由，并诵读斋主所投词旨（读词）④。只是，醮科启请更多强调邀请关启对象降临醮筵，所谓的"降圣"或"请圣"，而"读词"则以"宣表"形式后移。宋明时期醮科多将初次具职启圣与"初献"连在一起，其余亚献、三献则又必须重新具职上启，至于"宣词"或"宣状"则是安插在三次献词之中（参见附录五）。清代娄近垣则在"请圣"之后，安排出坛"迎圣"，并举唱《云舆颂》表明众真已然驾临⑤，随后才续行三献，明显将"启请"与"三献"区隔开来。

相较之下，麻城醮科的"启请"仪节更近娄氏做法。首先，以"臣闻"或"伏闻"作为起始，以一两句骈文称颂所将启请的神祇德性，或表达自身虔诚祝祷的心意。诸如："臣闻道无不在，可以目击而存；神无不灵，惟在心诚而至。恭对皇坛，具称箓位。"⑥或："臣闻麻城虽远，假香信以能通；五脑□遥，仗丹诚而可

---

① 《清微黄箓大斋》，第9卷，《设醮科仪》，第1a页。

② 周西波：《杜光庭道教仪范之研究》，第387—394页。

③ 西园氏醮科之《卫灵章》均作四言、十句。

④ 周西波：《杜光庭道教仪范之研究》，第416—419页。唯周西波认为"读词"不包含在"启请"仪节之内，故其"上启"仪节介于发炉、读词之间。

⑤ 《清微黄箓大斋》，第9卷，《设醮科仪》，第7a—b页。

⑥ 《三官醮》（15:25）。

格。"①简单引言之后，随即"具位、炳戢，引领、上启"。依前"具称箓位"来看，"具位"即具称箓位；而"炳戢"疑即"禀职"，即禀明法职，这是南宋以来结合道法两种职箓的固定称法②。相较于"具位、炳戢"为仪式动作的指引，"引领、上启"则是标示"启请"时常行套语："具位臣某合坛官众等谨同诚上启。"③用以说明高功法师率领道众诚心上奏之意。其次，则是罗列该醮科所欲请降的神祇清单。麻城醮科所请降的神祇大致可以分为三群，包括：（1）道教尊神；（2）醮献的主要对象及其圣眷、从属神灵官将；（3）当地其他神祇（详后）。最终则以"恭望天慈，降临法会"一类套语作结，随即唱诵《云舆颂》④，表明所请神祇均已降临，之后才是献茶、三献。

由于麻城醮科多为特定地方神祇所设，故其启请神祇对象以及请降次序便具重要意涵。如上所言，麻城醮科所启请的神祇区分下列三类，包括：首先启请的道教"三宝天尊"、金阙四皇、二后、神霄九宸、十极高真、日月星斗、三官、五老、四圣、五师、三省、四府次序罗列，或有简省的情形。此类最末往往以传承宗派师真作结⑤，而那也是用以判断此部科仪所属道法传承的重要资料。接续在道教尊神与宗派师真之后的是此次醮献的主要神祇对象及其圣眷、从属神灵官将，亦即以醮谢主神为始，次列其夫人、父母、兄弟、子孙、师徒，最末则是所属神灵官将。以《土主醮》为例，此类神祇包括：

> 敕封盖天帝主助国顺天王紫微侯万古威灵显化天尊、神后徐氏四品夫人、三十六宫嫔妃淑人、神父张公评事大夫、神母杨氏淑德夫人、神兄张公六位相公、神弟张公二位官人、神子神孙神家眷属、祖师启教妙行真人……左

---

① 《土主醮》（17：76）。

② 酒井规史：《南宋時代の道士の稱號——經籙の法位と"道法"の職名》，《東洋の思想と宗教》，第25号，2008年，第115—134页。

③ 如《领教济度金书》，第249卷，《祈晴设醮仪》，第2a页；《洪恩灵济真君祈谢设醮科》，第2a页；《罗天大醮设醮仪》，第3a页。

④ 《玉音法事云舆颂》："云舆已降，鹤驾来临。斋事功圆，还当奉送。"（2：10b—11a）

⑤ 诸如："清微宗主妙化大帝、传符度箓列位先生"（《三官醮》15：29）、"五师三省列位师真"（《火官醮》16：323）、"泰玄都省列位师真"（《祖师醮》15：46）、"清微宗宝玄省师真"（《东岳醮》15：110）、"经籍度师先生官众"（《土主醮》17：77）、"太玄都省演教宗师"（《牛皇醮》15：292）、"清微灵宝列幕师真"（《老郎醮科》17：282）、"祖师清微灵宝列位师真"（《化主醮科》17：93）。

右持戈捧棍侍印盔甲大神、王朱二大力使姚万二大将军、九牛猛吏五福精兵、掌六畜牺牲旺相大神、排兵布阵捉缚枷拷大神①。

麻城醮科所请神祇的最后一类则为行科道士自身使役的官将符使，以及当地神祇、各级城隍、过往神祇。同样以《土主醮》为例的话，包括：

五脑山上得道真人、龟峰山中得道真人、天曹太尉牛皇府君、主宰六畜瘟癀使者、法部斗罡仙官将吏、三界四值传递符使、京都省府州县城隍主者、虚空检察过往神祇、三界万灵醮筵真宰②。

“启请”之后大部分麻城醮科会行“献茶”。虽然杜光庭的《散坛设醮》已经在三献之中“上茶”，宋明时期部分醮科也在初献酒时同时进茶③，但是进茶却没有形成独立仪节。相较而言，麻城醮科的献茶仪节却是独立于三次献酒之外，有些单单以“茶文”一词略记此一仪节④，有些则详细记述完整茶文内容⑤。总的来说，《茶文》的形式不拘，或采韵文形式，或采骈文形式，内容也不一致，但主题都是赞颂茶水品质与煎煮过程，同时表达恭敬虔诚的供献心意，一如作结套语所言：“无任恭虔，名茶上献。”《茶文》之后，随即接续两句七言《散花词》，来为这个仪节作结。以《三官醮》为例，其《茶文》与《散花词》如下：

夫茶者，洋子江边已起东坡之咏，武陵溪上又兴川子之歌。金童摘于春山，龙团雀舌；玉女烹于石鼎，蟹眼兔毫。未斟七碗于卢仝，先酌一瓯陈上帝。无任恭虔，名茶上献。

爽气已侵天上雾，清香直夺座中兰⑥。

麻城醮科“三献”的表现方式相对整齐，即由“伏闻”或“臣闻”起始的三段献词组成，三段献词最终分别以“酒行初献”“酒行二献”“酒行三献”作结，此处

---

①《土主醮》(17：77—78)。
②《土主醮》(17：78—79)。
③如蒋叔舆《黄箓大斋立成仪》卷22《谢恩设醮》便于“降圣”之后“上香、进茶、献酒”(12b)，或见附录五；而周思得《上清灵宝济度大成金书》卷24《设醮节次》亦于初献之时，由“侍经上九位前进茶进酒，当职道士左右班斟酒”(45b)，或见附录一。
④如西园氏的《老郎醮科》(17：285)与《化主醮科》(17：97)，以及钱氏《关帝醮》(17：40)、《奠土醮》(16：45)。
⑤此类型多见于钱氏醮科。
⑥《三官醮》(15：33—34)。

应即接续实际的酌献动作①。多数醮科最终则会以两句七言《散花词》结束此一仪节。这样的献词格式大致延续《济度大成金书》的做法，只是后者并未以《散花词》作结②。至于献词内容，一般斋后设醮的例子由于谢恩对象与事由相对固定，因此变化不大，大旨在向协助斋仪进行的一切神祇表达忏谢，并且指陈醮筵已然备办，希望垂降歆享③。相对于此，麻城醮科对象多为地方神祇，未符上述事由，故如卷首偈颂所见，主要运用醮献对象之传记、传说，或相关典故事迹，表明献者所知闻的尊崇神格，同时表达感念神恩、祈愿福佑之意，以及恭敬虔诚态度来行酌献。

　　三献之后即行"宣表"。"表"乃汉代用以陈情的政治文书④。南朝灵宝斋仪兴起之后即为该仪式固定使用的文书种类，源自天师道的章奏传统。如前所言，唐宋时期谢恩醮仪之"宣词"或"宣状"多未形成独立仪节，但麻城醮科却以"盖闻"为始，新起一个仪节，在叙明希望心意能够得到听闻的愿望之后，便是套语"具有表文，谨当宣读"，接着便宣读表文，完成之后便将表文焚化⑤。此段仪节固定会在最末注明表文所须送达的天界宫府，那往往是醮献主神的天界治所；在那之下则会附记一位从属于醮献主神的官将功曹，那应是负责呈进表文的人员。至于如此标记表文所应呈进的宫府名称，以及负责呈进的属神名单，应非科本内文或仪节标题、仪式动作之类的注记，而是表文外封所应题署的备忘文字。

　　"宣表"之后即"送焚"，"回坛"之后再行"结愿""礼诰"⑥，此即进入醮科的

---

① 《济度大成金书》卷四十《斋醮须知门·设醮》即言："诸酌献御位，系法师逐位跪斟；其两班醮筵，则选谙熟坛官分献如仪，须是徐徐步趋，不宜简慢。"又言当时多将此事委之"直事"，"盘盏弊陋，铺设倾斜"，而致盏内未有涓滴，而浇浸几案或桌衣、香炉的情形。（50a—b）
② 如《济度大成金书》，第22卷，第16b—17a页。
③ 《太上黄箓斋仪》，第50卷，第5a页；《黄箓大斋立成仪》，第22卷，第12a—b页；《领教济度金书》，第54卷，第5a—b页。
④ 周西波：《杜光庭道教仪范之研究》，第420—425页。
⑤ 《三官醮》（15：38）。明代醮筵词表多宣读之后即赞引出坛外，望天门焚燎，并由法师飞罡伏地运神，之后才又入坛行三献。但周思得以为至尊已降醮筵，故应恭对天尊宣读，结束后即奠于案上即可，无须躬亲诣阙进呈。俟醮罢送圣焚付掌醮司，令其赍呈。见《济度大成金书》，第40卷，《斋醮须知门·设醮》，第50a页。
⑥ 《化主醮科》（17：109）。

结束阶段。"结愿"又称"发愿",为唐宋以来斋醮科仪固有仪节,往往在科仪即将结束,法师"复炉"之前念诵固定愿文,用以表明希望运用该次修斋所获功德,所欲成就的诸种事项,其对象往往扩及宇宙天地、国土帝王、百官万姓,乃至一切生物、地狱苦魂①。只是这类仪节在麻城醮科之中,只见于西园氏醮科②。至于"礼诰",此一仪节并未见于唐末杜光庭所规划的斋醮科仪,应为元明之后脱胎自《三皈依颂》③的新项目。此节固定始自"志心皈命礼"之套语,其下则可接续任何神祇并且叠加任何相关神祇描述与封号(这一长串的描述与封号往往以"大悲大愿大圣大慈"作结),旨在重申虔诚皈心礼拜该一神祇之意。

醮科最终结束在"回奉"仪节。此节看似源自传统"回向"仪节,那是"仪式结束时,众官出户之后,至三师神位前吟诵,目的在于表达设斋功德普施众生的心意",具有固定内容:"向来设醮功德,上资皇帝,下及群生,同赖玄功,成无上道。"④然而,麻城醮科的"回奉"无论在形式或内容方面,都与"回向"有所不同。"回奉"大都以五言或七言的四句韵文形式表现,或称此为"偈子"⑤、"回奉偈"⑥;而内容也不再说明醮功分享的对象,而是用以祝愿,且是针对特定醮献神祇所行祝愿,如《四官总回奉》:"天官赐福降吉祥,地官赦罪免灾殃。水官老祖能解厄,火官四香化清凉。"⑦或者只是单纯赞扬神威或感念神恩,诸如:"五脑成真道,通不可名。仁民兼爱物,万古仰威灵。"⑧"大道本难名,仁从爱物生。洪恩流庶栀,六畜得清平。"⑨

根据上述仪节分析,可见湖北麻城清微醮科如何因应地方社会的宗教需求,运用既有的科仪结构与相关传记、传说事迹,创作特定神祇专属醮科。一般而

---

① 周西波:《杜光庭道教仪范之研究》,第475—479页。
② 《老郎醮科》(17:290—291)。
③ 《三皈依颂》旨在表达皈依道经师三师之意,同时祝愿此皈依功德能够有助于众生开悟。周西波:《杜光庭道教仪范之研究》,第345—347页。
④ 周西波:《杜光庭道教仪范之研究》,第366页。
⑤ 《火官醮》(16:351)、《土主醮》(17:87)。
⑥ 《牛皇醮》(15:304)。
⑦ 《火官醮》(16:351)。
⑧ 《土主醮》(17:88)。
⑨ 《牛皇醮》(15:304)。

言,道教仪式具有相对固定的程序,某些仪节甚至必须维持固定内容与做法,不可任意更动,但仍有部分仪节可以在一定格式之内,根据投词内容或斋主或醮主的请求加以创作、改写,其中赞颂、口启文辞或表章内容较具这类特性。但是湖北麻城清微道士专为民间信仰提供的专醮科本,却可见到更多这类现象,那恐怕是因为这些醮科举建的场合或者要酬谢的对象,都已与过去情况有所不同。无论是唐末五代杜光庭的"散坛设醮",还是蒋、林、周诸氏的谢恩醮,甚至娄近垣的"设醮科仪",都是用以酬谢协助斋仪进行的神真官吏,感激祂们在"圆成斋福,翊卫坛场,辟斥魔灵,宣通命令"等方面的功劳。元明时期林、周二氏开始为斋坛之外的各幕神真安排醮仪,因此而有专为三官、灵官、土府诸神所设之醮。但无论如何,这些醮仪仍然是以道教神祇作为主要对象,而未涉及民间诸神,那与湖北麻城清微道士为民间信仰所提供的仪式服务不甚相同。后者根据地方神祇的崇拜特性与信仰内涵,援用道教醮科的形式结构,为其创作专属醮科,充分表现出道教与民间信仰之间紧密的互动情形。

结　语

以上利用两部民国时期湖北麻城的清微抄本,考察其中收录的多种专为地方神祇修设的醮科,拟以作为重新检视道教与民间信仰互动关系的新案例。

根据目前对于道教斋醮科仪及其发展历史的了解,我们已能大致掌握"斋""醮"这两种不同类型的道教仪式在历史上的发展演变以及各自担负的仪式功能。简单地说,道士通过斋仪便能为自身或委托者向道教神祇忏悔,祈求祂们的原谅赦罪,并且赐予功德福报。至于醮仪,自其原型便以祝祷、献祭作为答谢神祇主要方式,这个仪式本质一直没有改变,即便它在后来持续与天师道章奏仪式或灵宝斋仪结合,仍然没有失去这样的功能,只是答谢对象随着不同形式的结合而有所改变,诸如与灵宝斋仪结合的"斋后之醮"便是用来答谢斋仪期间诸神将吏的辛劳协助。

这类道教科仪并不将其参与人员限定在道士自身、道教信众或国主帝王,同时也为民间祠庙提供服务。只是不论从晚唐开始为地方神祇崇拜定期举建黄箓大斋的情形①,还是当代人类学者记录港、台道士为民间祠庙所举建的大规模醮典,都仍停留在道士运用自身仪式传统与神灵谱系来为民间祠庙服务的方式,不免引发长期以来民间信仰或地方神祇在道教醮典之中的附属性问题。韩明士的两种人神互动模式确实已为这样的困境指出一个不错的解决方案,只是那仍然没能很好地解释道教醮仪与民间神祇崇拜之间不甚交集的困境。这样的困境源于宋代以降地方社会与民间信仰的快速发展,道教受到越来越强大的地方仪式传统与民间信仰影响,地方庙宇与香会成为道士最重要的雇主,致使道教必须与民间信仰积极互动,不仅造成民间神祇崇拜的道教化、地方仪法的道教化,同时也迫使地方道坛道士必须积极面对道教斋醮科仪与地方神明信仰之间联结松散的问题。

相较之下,本文所提供的湖北麻城醮科可以说是这类紧密结合道教与民间信仰的新范式。这些为地方神祇编写的专属醮科很好地说明了近代道坛道士如何应上述困境提出了解决之道。根据我们对于这批醮科所做的分析,可以发现麻城清微道士不仅充分掌握地方神祇崇拜的特性与信仰内涵,并且熟稔地运用传统道教醮科的形式结构,来为其所服务的民间祠庙创作专属醮科。这类醮科不再与邀请、赞助科仪的祠庙信仰格格不入。相反的,无论作为醮科起始的"演偈""散花林",乃至作为结束仪节的"回奉",随处可见根据醮科主神传记、传说、事迹所编写的偈颂。当然,作为醮科核心部分的三献祷词也不例外。通过这个方式,这些地方道坛道士不仅积极地响应了地方社会的宗教需求,同时也促成了近代道教丰富多样的区域性特色。

而这样的发展并非起自民国时期的湖北清微道教。为了更好地了解麻城醮科在道教科仪史上的定位,我们循着李丰楙的指引,尝试追溯唐宋以降道教醮仪的发展历程,并在前辈学者的研究基础之上持续分析醮仪种类。除了先前学者

①施舟人曾以西山游帷观为其崇拜对象(许逊)定期举建"黄箓大斋"的例子,说明了晚唐地方神明崇拜即以道教仪式作为敬献神祇的重要项目。Kristofer M. Schipper, "Taoist Ritual and the Local Cults of the T'ang Dynasty," In *Tantric and Taoist Studies in Honor of Stein*, edited by M. Strickmann, Brussels; MeLanges chinois et bouddhiques, vol. 3(1985), pp. 812-824.

已经指出的几种醮仪类型——方士醮仪、章醮、斋后之醮(谢恩醮),元代《领教济度金书》所见专为斋坛之外的各幕神祇所设专醮,以及始见于明代《济度大成金书》的"诸真醮仪"更受我们重视。虽然,《济度大成金书》已经出现专为特定神祇所设醮科,但那仍多是针对个别家族或个人所提供的祈禳仪式,而非因应地方宗教需求(如为神明祝寿)所提供的仪式服务。这也说明了目前发现的这批清代以降诸神醮科,非但不见于先前学者讨论的醮仪类型,即便到了明代《济度大成金书》也只见少量数种,因而确认其为明清以降的新型醮科。正是这类"诸真醮仪"的持续发展,促成了麻城醮科的出现,只是其间不乏元明时期高度发展的清微传统的强力影响,而我们对于这一部分的认识仍然不足,有待日后持续努力。

附录一:《上清灵宝济度大成金书》卷24《设醮节次》(45a—46a)

1. 排坛:先排辨醮筵,供养如法。

2. 上坛:道众诣靖,迎师上坛。

3. 上香:高功上香,都讲上香启白。

4. 洒净:次知磬举《荡秽咒》。都讲执水盂,绕醮筵洒净。

5. 立幕:次道众旋出"掌醮""降圣"二幕;高功上香、启白、宣咒毕。

6. 巡香:云璈引回正醮筵,左右巡香毕。知磬举《烧香颂》。

7. 入户:高功入户,都炉上香存用,归位跪炉。

8. 礼师:都讲举"各礼师"。

9. 卫灵:高功《卫灵咒》。

10. 发炉:都讲举"鸣法鼓",高功发炉。

11. 称职启圣:都讲"请称职位",高功称职;道众默称己职,和"上启"二字。高功启圣入科。

12. 请圣:次词忏手炉分请左右班圣位,从小请至大,左右互请。次都讲喝班:"请圣依科。"

13. 初献酒:次点酌,侍经上九位前进茶进酒,当职道士左右班斟酒。

14. 行香:次知磬举"散花法事",绕醮筵行香一周,归都炉前立。知磬举"玉

161

音法事"(或《三启》或《步虚》或《玉清乐》,随用一首)。毕,众官复位。

15. 重启:都讲"再称职位",高功称职、启圣、宣科,词忏宣词。

16. 重献酒:次当职又进酒。

17. 行香:次知磬举"促吟太清乐"。绕筵一周至炉前。次奏长吟法音,或焚词颂,毕,归位。

18. 三启:高功启圣入科。

19. 三献酒:次当职斟三献酒。

20. 宣状:次表白宣《进状》,次《单状》,次《都疏》。

21. 行香:宣毕,知磬举"促吟小步虚"。绕行一周至炉前。次奏促吟《大步虚》一首,复位。

22. 送圣:高功结科。知磬《送圣颂》。

23. 复炉:高功复炉。

24. 焚疏:云璈引至焚燎所,知磬举《焚疏颂》。

25. 回向:次《向来颂》,表白回向。

26. 礼成:众官交贺。礼毕。

附录二:《老郎表》(17:291)

老郎表　　　　冲天风火院

臣闻天高听卑,必至诚而可格;神聪虽迩,非祈叩以难通。

俯控一诚,借干　大造。臣谨表云(入意)

敕封冲天风火院紫微翊宿星君　星前

尊居天界,受敕皇朝。掌风火之经纶,伺人间之善恶。有求皆

应,无祷不从。伏愿　上圣垂慈,鉴醮修于凡信;高真默佑,纳菲

贡于尘凡。五谷丰登(六程秀实、畜类清泰),四海无忧攘之虞,一方获安征

之庆。臣干冒神威云云。

附录三:《显灵羽化灭罪真经》

大雄至圣显灵羽化护国灭罪真经

尔时释氏坐晃炎骞林,会集天仙、地仙、水仙、十方诸尊诸佛、一切四众神仙,演说经教,较量善恶。时会中有一广大菩萨,观见四海有洪源由毓育其身,乃是紫微文曲应化,摘降下生,麈柱舌旋,阴阳运泰,护圣修真,遇赤□城年,于华汉际,入于石顶,像号龟峰,禅永能仁。丹就功成,九九之数。午刻乘骖,鞭印迹石,景色飞身。唐以成功变变恒沙阿罗,百千万亿以会,故演《能仁羽化经咒》。

凡欲界众生,或积恶万劫,不敬天地,不孝父母,不忠君主,不重五谷,或心生,或口语,或自作,或教他演此妙经,一一雪释。但若阎浮世界,或命尽,或刑伤,或恶疾,或犯王法,或犯刀兵,或犯水火,或犯虎狼,或嗣息,或孤辰,或犯夫妇不成,或六亲争讼,或男女刑伤,或恶人咒诅,或灾非多并,或家业不成,或先亡连逮,或疫疠流行,或漂航惊忧,或冤家牵引,凡若善男信女诵者,并皆消灭。

如是至尊演说于世,闻者普皆亨乐。

尔时,真经再拜而诵:

稽首释迦尊,诸佛龙天众。

至尊演羽化,华会传教经。

察人心善恶,毫发似影声。

恶人促其寿,善者得太平。

尔时,三宝龙天八部诸佛而言:“凡信诵持此经,三五十遍、百千万遍,佩带此经,印刻散施,世世生生,常居吉庆,生前福寿延长,死后不堕幽壤。”大众欢喜,稽首而退,信受奉行。

大雄至圣显灵羽化护国灭罪真经卷终

附录四:0102号抄本卷末佚文

(一)礼诰

志心皈命礼

真人显化,救度众生。梁山县内现金身,一举登科龙虎榜。□登黄甲,袭承皇恩，鹿鸣宴上喜欣欣，不觉麻城封县主。到任二载，□气当恩。寅卯二年天大旱，龟峰取水救生民。眼观名山好修道，不贪名利要修行。妻儿送入路程程，从江而分别，八方汜水，诈死埋名，科头跣足入山林，乃从龟峰而修道，立修四十二年，道果圆成。龙凤二年得飞身，四月八日腾云驾雾，玉皇敕赐大德真人，头带葵花度众生，手执铁鞭□世□。大悲□□龟峰得道张公化主羽化真人。

（二）化主请经词

化主请经词

入意至以今　开转《显灵羽化灭罪真经》，今则……上告　三宝圣，恭望真慈俯垂洞鉴，伏愿身登黄甲，名显天下，鹿鸣宴里喜忻忻，陵烟祠□声绰绰，职司二任，掌管春秋，通人间善恶之无私，接圣驾亲临之有自，家安人吉，物阜财丰，臣干冒圣威……

（三）纳表

纳表

臣闻两仪交泰，阴阳旋回，有生不息于穹窿，善恶皆回于圣造，有祷必从，无求不应。臣谨表为……入意至　圣位，龙颜日辉，天心简在，□运神人之主，实乃体道之真，功成果满，羽化登仙，伏愿处处民朝于紫极，方方仰赖于祠。凡有钦崇，寻声救苦，散灾殃之横难，作苦海之舟航。□祸呈祥，转凶为吉。臣干冒圣……

（四）醮表

醮表

臣闻太极宫中，炼麈花而贵境；能仁寺里，留仙迹于龟峰。凛凛施仁，孜孜显化。臣谨表……入意　上圣　敕封显灵至圣翊顺候王昭烈羽化真人圣前。名著丹天，功参仙府。鞭骖宝座，大雄皇觉炼成丹；灵显经敷，白日腾空彰道德。俯从人欲，丕显神功。臣干……

附录五：宋元明清数种醮仪节目程序分析

（一）南宋蒋叔舆《黄箓大斋立成仪》卷 22《谢恩①设醮仪》：

---

①此处"谢恩"一词原作"请恩"，应为讹误，故改。

1.预备阶段:净坛—入户—行香—礼师—卫灵—发炉—出官

2.正式阶段:(1)上启、降圣—上香、进茶、献酒—(2)重启(含宣词)—行香—(3)重启—献车輦钱马、宣疏、行香—送神(回輧颂)

3.结束阶段:纳官—复炉—焚燎(焚词颂)—回向

(二)元代林伟夫《灵宝领教济度金书》卷54《科仪立成品·谢恩醮仪》:

1.预备阶段:上香(烧香颂)—礼师—卫灵—发炉

2.正式阶段:(1)上启、请众圣、降九御—初奠—(2)重启(含宣词)—亚奠—(3)重启—终奠—送神(回輧颂)

3.结束阶段:发愿—复炉—焚疏—回堂谢师

(三)元代林伟夫《灵宝领教济度金书》卷171《科仪立成品·三官醮仪》:

1.预备阶段:步虚—上香(烧香颂)—礼师—卫灵—发炉

2.正式阶段:(1)上启、请圣—初献—(2)重启—亚献—(3)重启—终献

3.结束阶段:发愿(十二愿)—复炉—送神(回輧颂)—焚燎

(四)明代周思得《上清灵宝济度大成金书》卷24《设醮节次》:

1.预备阶段:上坛—上香—洒净—立幕—巡香—入户—礼师—卫灵—发炉

2.正式阶段:(1)上启、请圣—初献茶酒、行香—(2)重启—重献酒、行香—(3)三启—三献酒、宣状、行香—送圣

3.结束阶段:复炉—焚疏—回向—礼成

(五)清代娄近垣《清微黄箓大斋·设醮科仪》①:

1.预备阶段:步虚—巡香—净坛(香文、水文?)—卫灵

---

① 娄近垣《清微黄箓大斋·设醮科仪》分两阶段,分别醮祭诸天圣众与将军吏兵。此处仅分析第一阶段仪节。

2.正式阶段：上启、请圣—（出坛朝外）迎圣（云舆颂）—初献酒（宣疏）—二献酒—三献酒—送圣

3.结束阶段：化财—回坛—诵《弥罗诰》。

划界而治:清代至民国山西泽州村社边界的形成与发展[*]

姚春敏[**]

一、关于"村界"

从上世纪三四十年代以来,村落问题一直是学界的关注焦点,此村与彼村之间的界限也在村落问题上屡被提及[①]。然,囿于边界资料的有限性、学术研究者旨趣及观念的影响等因素,使得我国边界研究长期边缘化,村落的边界研究更是少之又少[②]。有限的研究成果均集中在对南满铁道株式会社在 1940—1942 年间调查编成的 6 卷本《中国惯行调查报告》的解读中,据此资料,以戒能通孝为首的一部分日本学者认为,中国村庄没有明确的地理边界,土地是跨村界的,因而没有形成稳固的村庄地域集团[③]。杜赞奇利用此报告分析了华北农村普遍存

[*] 本文系国家哲学社会科学基金重大项目"中国戏曲文物文献搜集整理与研究"(编号 17ZDA244)、山西省重点基地项目"上党赛社文化考察与研究"(编号 2016328)、"泽潞商人研究"(编号 201818)阶段性成果。

[**] 山西师范大学戏曲文物研究所教授。

[①] 此处的村界指的是村落土地的外边界。近代民俗学和人类学研究中,多会描述自己所研究的村落的地理位置,提及研究对象与周边村落的地理区划,但对村落边界的讨论并不多。见孟凡林《"村落边缘"——一个乡村研究忽视的维度》,《社会科学家》,2011 年第 2 期。

[②] 边界研究的边缘化,不仅体现在村落边界上,行政区划边界的研究者亦寥寥。可见胡英泽:《河道变动与界的表达——以清代至民国的山陕滩案为中心》,《中国社会历史评论》,2006 年。

[③] 戒能通孝:《中国土地法惯行序说》,东京:东亚研究所第六调查会学术部委员会,1942 年。福武直《中国农村の社会结构》,东京:京都大雅堂,1946 年。

在的"青苗会"组织，认为："青苗会的重要性并不在于其护秋功能，而在于其在村财政中的作用。在许多村庄，青苗会不仅决定每亩看青费的多少，而且决定摊款的分配方式。另外，为了明确村与村之间财政权与管辖权的界限，青圈亦成为村界，使村庄在历史上第一次成为一个拥有一定'领土'的实体。"①青圈出现的时间是清末民初，按此时间推断，杜赞奇认为村庄在历史上第一次成为拥有领土的实体是在清末民初。其余，多数研究乡村史的学者则认为村界是乡土社会本已存在的固有观念，村庄的地理边界和产权边界统一在村庄居民的意识中，一般是约定俗成的，并无严格的文字表述。

凡此种种，使得历史上的村界问题扑朔迷离，难辨其详。作为文明史象征的村落在中国已有数千年历史，然，标志着村落空间分区的村界却无定论，至少目前对于具体行政区划内村落边界的研究在学界尚不多见。本研究拟以田野调查所获清代至民国山西泽州②千通碑刻为基础并结合相关实地测量，试析村社界形成及其发展，推论其成因和特征，拟从社会史角度解答围绕着村界问题，村落与地方政府的互动。不当之处，敬请师友匡谬。

现有碑刻显示，此地明确的村界在明代中后期已现端倪。如，明嘉靖六年（1527）《李瀚拜鹿路成汤庙碑记》载："潘庄、鹿路，吾沁水东南二巨村也，南北相

---

① 杜赞奇著，王福明译：《文化、权力与国家》，南京：江苏人民出版社，2003年，第187页。另，日本学者旗田巍在《中国村落与共同体理论》（东京：岩波书店，1973年）亦提出此种观点，认为看青会的出现标志着中国近代村界的出现。但，李有义在《山西徐沟县农村社会组织》（民国二十五年燕京大学毕业论文，北京大学图书馆藏）则认为，山西青苗会和大社比起来是个特殊组织。大社是个普遍组织，在一个大范围以内，青苗会是大社的一部分，除了看青以外，什么事情也不管，惟一的功能就是看青。而且在山西青苗会这个名词不很流行，最流行的是"巡田会"或"巡田房"。另，杨念群在《华北青苗会的组织结构与功能演变——以解口村、黄土北店村等为个案》（《中州学刊》2001年第5期）亦认为"青圈"界限与所研究的村界显然不一致，因为解口村青圈内耕田的地主，不必属于本村，也包括不少外村人。

② 清代泽州府位于山西省东南部，下辖凤台、阳城、高平、沁水、陵川五县，相当于今天的山西省晋城市。本文注释中的泽州县仅属目前晋城市下辖的一个县，并非清代泽州府。近年来，随着当地民间文献和考古的不断发现，相关研究成果层出不穷，主要集中在戏曲文物建筑、民间信仰和社会史上。其中，社会史的专著有杜正贞的《村社传统与明清士绅》（上海：辞书出版社，2007年）以及姚春敏的《清代华北乡村庙宇与社会组织——以山西泽州府为中心》（北京：人民出版社，2013年）。另有一些论文涉及泽州乡村社会，如赵世瑜的《村民与镇民：明清山西泽州的聚落与认同》（《清史研究》，2009年第3期）等，不赘列。值得一提的是，2012年由三晋文化研究会主编的《三晋石刻大全》中所属晋城的5卷已陆续出版，此为研究泽州文化提供了珍贵的一手资料。

去仅一里有奇。村之界有山,山之巅有庙。"①可知此二村以山及山间庙宇为界在明代已经明晰。遗憾的是,明代的村界碑刻目前仅发现此一通。鉴于孤证难立,故本研究认定清代为泽州村界的形成及发展期。清代至民国时期泽州的村(社)界碑刻极为普遍,目前所发现的此类碑刻约一百四十余通,范围遍及泽州五县,可以肯定地说,在清代泽州,各村社之间一般都存在着较为严格的界限划分。在此,本文未使用学界通用"村界"一词,而是以更符合当地特点的"村社界"来替代。清代泽州村社界最早是以神界的方式出现,即本地神庙所统治的山林或土地,如《兴峪村护堤禁取土碑记》载:"舜帝者,上古之圣君,伦常中之孝祖也。吾兴峪村地近历山,被德久远矣,庙居震方,护三社之康泰。"②随着附属于神庙的地方自治组织村社的日益成熟,此神界便以社界的方式出现,因此清代碑刻中屡次提及的是社界而非村界,清末民初,伴随着地方村政建设与废庙兴学运动的发展,村社组织日益衰败,村落话语权逐渐替代了村社,在表述中村界也即替代了社界③。

二、村社界限划分根源于社费征收

谈到村社界,顾名思义,指村社所管理的地界,也指此村社与彼村社的边界。它是一个地域范畴的概念。《周礼》云:"二十五家为社。"可见,社从出现时即是一种按地缘区划的组织。在泽州,关于村社的记载早在北宋时期的碑刻中即已出现④,社费的征收应与之同期起步,囿于史料缺乏,目前已难以复原清代之前

①现存晋城市沁水县嘉峰镇鹿路(今鹿底)村。
②民国二十二年(1933)《兴峪村护堤禁取土碑记》,现存晋城市沁水县兴峪村。
③清代泽州村社的组成五花八门,依地理位置而变化,有数个卫星村组合成一社,也有大村分成数社,但仍以独立的自然村为社情况居多,经田野调查与碑刻比对核实,比例占到半数以强。此类研究可见姚春敏《清代华北乡村庙宇与社会组织——以山西泽州府为中心》。
④碑刻中有关宋代的社主要出现在下列村落:大东沟镇庚能社,金村镇小南村二仙庙、柳口镇村二仙庙以及府城村玉皇庙。关于泽州宋代社发展可见《村社传统与明清士绅》,第三章《国家和地方历史变迁中的村社——以"七社十八村"为例》。

社费征收的具体情况①。从清初期开始,为了使社费的征收公正有序,个别村社开始依照村民所拥有的地亩定量收费,这一做法很快在泽州推广起来,乾隆朝时普遍形成了一种"按地亩折合社分"收费方法。具体做法如下:以村社为单位,统计村民占有的田地,把一定的田地折为社分,按照所折社分的多少收取适当的社费。如《补修炎帝庙古佛堂观音堂山神土地庙碑记》载:"按地亩公摊,一亩至五亩作社半分;六亩至十亩作社一分。每分摊钱五串,六合,共六十零半分,统共收钱三百三十余串文。"②《北杨村合社碑》载:"且又挨门逐户拾清地亩,二十四顷四十五亩。议定耕地十亩作社一分,有地七亩亦作社一分,自七亩以下皆作社半分,倘有无地之家只应门头社分,共计社分二百八拾二分半。"③等等。不赘列。

上见,各社社分单位虽不同,有七亩地为一分,亦有六亩至十亩为一分,但均按照村民的土地多寡收费,多田者多交,反之少交。按地亩折合社分收取社费,改变了之前社费依靠捐助的无序状态,且公平、有序也易于操作,此项工作同时要求村社组织能够详实地掌握村内各户最为准确的地亩数量。这样,定期测量和查验村社内村民的土地,成为村社最神圣的权力与责任,也是每届村社上任的第一要义。如《万章村禁约碑》载:"社起于亩,则或以多而报寡。地属于此,又或以此而□彼。所以地分日□,社事难备,人情浮嚣而风俗不淳者,此其渐也。我等乡人念其不整,是以公同众议重加清理,共得地亩廿千顷有零。"④

社首⑤作为社的领导者,他们的重要职责之一就是探明社界。道光二十九年(1849)《关爷祭田碑记》载:"但代远年湮,经界不分,履其田者大抵皆茫然莫识也。即访诸故老,亦未能道其详。余(其中一名社首)邀同三会社首,踏验而

---

①社费指的是村社活动的经费。从宋代至明代的碑刻来看,此一时期的社费主要以捐献为主。

②光绪三十一年(1905)《补修炎帝庙古佛堂观音堂山神土地庙碑记》,现存高平市野川镇常家沟村炎帝庙。

③道光二十六年(1846)《北杨村合社碑》,录自《高平金石志》(王树新主编,北京:中华书局,2004年,第567页)。

④乾隆四十六年(1781)《万章村禁约碑》,现存陵川县万章村。

⑤关于社首的研究,可见姚春敏《清代华北乡村"社首"初探》,《清史研究》,2013年第1期。

四至始明矣。又恐日久仍昧，方渤石以示人，使后之视者，皆昭然可考也。"①道光九年（1829）《清风寺补修庙宇彩饰神像碑记》载："而一社三庄稍有异议，（社首）因邀三社之人，从中公议，将寺边地界指明。"②光绪三十二年（1906）《重修真泽宫碑记》载："今同主神、四社维首妥为永禁，谨将四至勒石以垂不朽。东至东窑掌沟，南至分水岭，北至大河，西至牛家掌河。"③

按田亩征收社费是村社组织强调社界的初衷。除此之外，另一个重要原因是来自村社对村落自然资源的统计与管理的需要。泽州府位于太行山上④，四周均为山岭，村落多位于山地之中。除了丰富的森林资源外，泽州还富含煤铁资源⑤，这些资源是社费以及村民生活的一个重要来源⑥。圈定社界就是划定了村落自身的资源范围，这涉及村落内所有村民的利益，因而，村落也需要一个强有力的组织来保护自身的利益，这一要求反过来刺激了村社组织自身的发展。故，界定四至、明确社界就是明确了村社的管辖范围，保护了本村共有的经济利益，是村社神赋予的权力。乾隆二十五年（1760）《白龙神宫补修纪事序》载：

> 本（社）古有四至，东至于坡，西至于岭，南至于壑，北至于渠□□至□□槐杨，树具属居民官业，所有柏树无论大小，尽属本社官业。⑦

乾隆三十五年（1770）《西蛟河地界碑》载：

> 西蛟河社：凡西崖地土俱成大社，与家信□于四至分明，东至崖根，西至玉岩，南至埂根，北至山崖根，四至以里，土木相连，合社公议，立碑为记。⑧

---

① 道光二十九年（1849）《关爷祭田碑记》，现存沁水县郑庄镇庙坡关帝庙。
② 道光九年（1829）《清风寺补修庙宇彩饰神像碑记》，现碑无存，碑文来自民间抄本。
③ 光绪三十二年（1906）《重修真泽宫碑记》，现存陵川县崇文镇岭常村西溪二仙庙。
④ 新版《晋城市志》（晋城市地方志编纂委员会编纂：《晋城市志》，北京：中华书局，1999年，第394页）载：晋城山区5564平方公里，占总数的58.6%；丘陵2704平方公里，占28.5%；平川1222平方公里，仅占12.9%。
⑤ 泽州煤层比较浅，易于开采，当地人说"到处刨个坑，煤苗就出现"，有清一代，煤是泽州村落的主要取暖原料。从北宋开始，泽州就是全国主要产铁地之一，泽州人对冶铁业的依仗甚至超过了农业和其他手工业，所谓"黑行（冶铁业）不动，百行没用"。
⑥ 不定期的伐村社内的树木也可补充社费。另，清代泽州府是潞丝的重要产地，相当一部分村社以养蚕缫丝为主业，因此，按丝产量收费也是社费的来源，作为回报，村社有义务保护村社内的桑树禁止他社以及本社内村民的违规采摘。
⑦ 郭从文：乾隆二十五年（1760）《白龙神宫补修纪事序》，现存阳城县町店镇崦山白龙庙。
⑧ 乾隆三十五年（1770）《西蛟河地界碑》，现存泽州县金村镇西交河村。

172

有些村社甚至给自己社界的四至定名,以明确社界。如,故关社《神命整理祀事志》中有:

> 兹五月十三日,忽传神马详示增补:(社)庙前有黄砂印二处,大关风脉,命置为社田。立灰锥为界,共发银十四两零,改名"七星冈",只许修理,勿得损坏。复于村之东、西、北,锡以灵名曰"贵旺冈""挡风陵""黄罗镇"。凡神所命,诚为一村之福祉,万世所庇赖。余适舌耕于兹乡,众嘱为序。①

上碑载故关社根据村社周围的地形给四届定名,分别为"贵旺冈""挡风陵""黄罗镇"和"七星冈",命名目的是为了强调村社的界限。

定期查验村社内的土地,是村社的职责。然,随着时间变化,这一查验成果慢慢湮而不彰抑或纰漏百出,因此各村社纷纷在碑刻中记载本村的四至,以示永久。这种记载的详细程度超出了我们的想象。

如《补修紫峰山暨白马寺碑记》载石末村社地亩及地界:

> 摩天岭松树数十株,四至界碑古赵山。东山坡地十三亩四段,东南至社山厂,西北至古路。东水池一个,北至路,三面皆至本山厂。岭南山一架约有地十亩,四至界碑,每年贴许姓粮钱一百文。东山坡地一亩四段,四至皆本山厂内。羊窑头地四亩四段,东至后坡,西至路,南至崖根,北至山。南山坡地一亩六段,四至皆本山厂内。神南沟地四亩捌段,东西至崖,南北至水河本社。西岭上地式亩四段,四至皆本山厂内。神南沟地三亩一段,南、北至坡,东至水河,西至本山。西湾地四亩六段,南至坡,三面至本山。坟东地十四亩四段,东至路,西至坟边,南至坡,北至本山。北圪条地三亩三段,东至路,三面至山。茶棚底地三亩一段,南、北至坡,东至坟边,西至本山。池上地式段,东至水河,西至本山,南至古路,北至坡根。南沟边地一亩一段,东、西至坡,南至崖根,北至坟界。神南沟地一亩五段,东至社地,西至水河,南至崖,北至坡。神东头地三亩三分,东、北至坡,西至水河,南至坡根。②

上文繁琐的记载,可谓震撼,这些记载从侧面可反观村社对其界内土地掌握到了极为精确的程度。

---

①嘉庆十八年(1813)《神命整理祀事志》,现存高平市神农镇故关村炎帝行宫。
②道光二十六年(1846)《补修紫峰山暨白马寺碑记》,现存高平市石末乡石末村碧霞宫。

社地属公,村社在社界内享有管理权。《十里河西里阎社公立规条碑》载:"社者,农民春秋祈报之所也,地属公,故议公事者至焉。"①对于公有土地,村社的利益以神的名义不可侵犯。目前在泽州发现百余通禁约碑,如:

> 现时人心不古,凡真泽宫之松坡时有他人私相砍伐,若不严禁,流弊日深。今同主神、四社维首妥为永禁,谨将四至勒石以垂不朽。东至东窑掌沟,南至分水岭,北至大河,西至牛家掌河。立石后再有犯者,按人家议罚。②

其余内容大同小异,均强调在本村社界内,禁止外社与本社村民砍伐村社内树木,违者必究,或者禁止外人采摘本村桑林和挖掘煤矿,当然也有劝解本村社戒毒等等,不一而足。数目众多的禁约碑也反映出清代泽州村社界限的严格性和普遍性。由是观之,清代初期乡村社费征收从无序捐纳发展为有序按地亩征收,使得村社对界内土地开始实行严格登记和管理,是促使村社界形成的直接原因。也有迹象表明,恰是村社对界内土地掌握的准确程度使其成为地方政府征收赋税的工具,此推论仍需史料证实。总之,无论是按照地亩折合社分收社费,还是保护村社内资源的需要,都迫使村社严格界定界限,以维护自身利益。因此,地缘利益是影响村社界限划分的重要因素,分界是清代泽州村社的主要任务,划界而治也标志着村社在区域社会中独立话语权的出现。

三、村社界限标志

边界区划似乎是一个充满政治学意味的课题,但从区域社会史角度来看,如在村界研究中过多强调政治主导原则,往往会使研究者不知所从。村落之间边界线的确定是一个历史过程,也是社会空间格局与地域关系变化的历程,它体现了人与环境的关系,是社会和环境互动的产物。从碑刻和实地调查可知,在清代泽州乡村,此社与彼社的界限一般由庙宇、山岭、树木、河流、道路以及人为的界

---

①窦奉家:同治六年(1867)《十里河西里阎社公立规条碑》,现存沁水县十里乡西峪村。
②光绪三十二年(1906)《重修真泽宫碑记》,现存陵川县崇文镇岭常村西溪二仙庙。

石来区分。

田野调查中可知,设立界石明确村社界限的做法,遍及泽州五县,应为以上划界中最为普遍的一种方法。然,囿于近年来村界变化较大,历史上的界石破坏比较严重,加之其本身并无底款说明,故无法提供具体的清代界碑。所幸村落记载其他事物的碑刻提及界石,得以反证,如道光二十二年(1842)《禁羊赌水碑记》有:"村外交界各有界石,合社公立。"①

以庙为界是清代泽州民间最为典型的做法,取义为以神的名义各管一方。上文谈到明嘉靖年间碑文中明确表示潘庄、鹿路二村即以庙为界。清代泽州,半数村社四至均建庙标记。如道光二十一年(1841)《井郊村禁约碑记》:"桥上、村外各庙,凡社内地界,仍照旧规,一切永禁。"②嘉庆十四年(1809)《重修古庙碑记》:"伞山(村社)四至开明:东至龙王庙,西至佛堂庙,北至胡石岭,南连本村庄,四至周围五里有零。"③2009年11月,笔者实地调查了凤台县孟匠村,此村三面均以神庙为界线:通往枣元村的路边有山神庙,正北三间山神庙,西边是土地庙;通往东谢匠村的交界处,有一座安坡土地庙,所谓安坡,得名于那一代的丘陵地为孟匠村安姓人家耕种;村社后坡有个安道神庙,规模很小,仅为砖块砌成的小房,内塑山神,是村落最南端的界限④。土地庙和山神庙正是孟匠村赖以和周围村社相区别的界限。山神、土地均服从于村社大庙神灵——汤帝的控制,进入山神和土地神庙界限内,就是进入了大庙⑤的管辖地。以庙为界是清代泽州最典型的村社分界方法,因为神庙作为固定存在的建筑较之其物体更易区别。另外,以神的名义使得村社界的划分有了更深一层的意义,可借神灵无形力量来保护界内公产不受他社侵占。

上见,分界庙宇以山神庙和土地庙居多,但在盛产潞丝的泽州,蚕神庙也是

---

①道光二十二年(1842)《禁羊赌水碑记》,现存泽州县金村镇黄头村。
②道光二十一年(1841)《井郊村禁约碑记》,现存陵川县崇文镇井郊村三圣庙。
③嘉庆十四年(1809)《重修古庙碑记》,现存陵川县礼义镇西伞村二仙庙。
④孟匠村除了大庙外,其余的庙宇均已毁掉。庙宇空间分布是从《孟匠村志》(内部资料,现存于晋城市科技图书馆)和实地调查中得来。
⑤所谓"大庙",当地人称之为"社庙",是为一村主庙,庙中所奉主神为"社神",当地的社神主要有玉皇、舜帝、炎帝、汤帝、关帝和二仙娘娘,但社庙一般不会作为界庙。

一个重要的村社界庙。如,《永禁凤凰山穿凿蚵蚄岭碑记》载:

> 吾村东有凤凰山,一村来脉也,北有蚵蚄岭,一村主山也。考之邑志,凤凰山,县西南七十里,形似凤,接高都河,至凤台县五十里,是凤凰山,故名山也。蚵蚄岭上有蚕神庙,年久坍塌,基址犹存。每年孟夏,社长鼓吹敬神,其亦祀八腊之遗意欤……至麻讲路,西至枣园胡同,北至后垛地,南至调后路。
>
> 四至以内不许取土,二山自禁以后,永遵勿犯。有违者,按社规议罚。①

上见,积善村社北部蚵蚄岭上的蚕神庙便是积善村北与他社的边界,树立此碑目的即为强调村社的管辖范围②。

以山岭和树木为界,在清代泽州也比较广泛。古代泽州与相邻的潞州并称"上党",东有太行山,西南有王屋山,西北有太岳山,群山环绕。顾祖禹云:"郡地极高,与天为党,故曰上党。"③放眼望去,村落的周围尽是层峦叠嶂的山丘和郁郁苍苍的林海。树木是泽州村社的一个重要资源,山丘上的树林堪称村社的灵魂。《白华山禁约碑》载:

> 尝思山岭为风脉之源,桑株为养蚕之资。自古建都立邑,莫不以斯为重焉。故周书有封山之典,邹贤有树桑之诰,其关系岂浅鲜哉?如吾乡之北,有山名曰白华山。层叠而来,其风脉盖有本矣。下□四境之内,桑株林木,阜陵平川,一为取用之资,一为风脉之本,甚不可有以剥削也。④

作为特殊的屏障,山地为界异常明显。《补修三皇庙碑记》载:"且镇之东有清凉山,地形高厂,松柏森严,堪舆家□往谓合镇之屏障,而龙脉所从起也。"⑤碑文中的清凉山即为寺庄村社界限。实际上,我们很难把山地和生长在其上的树木区分开来,因此二者往往结合在一起成为村社重要的界限标志。

《创建文昌祠、土地祠碑记》载:

---

① 道光二十五年(1845)《永禁凤凰山穿凿蚵蚄岭碑记》,现存陵川县西河底镇积善村遇真观。
② 这种以庙为界的方法,在清代的其他区域同样存在,滨岛敦俊(《明清江南农村社会与民间信仰》,厦门:厦门大学出版社,2008年,第149页)认为江南的聚落与某一特定的土地庙之间有着固定的关系,一定区域范围内的地下管理神——土地神有其相应的范围。
③ 顾祖禹:《读史方舆纪要》卷四二。
④ 道光十年(1830)《白华山禁约碑》,现存高平市北诗镇秦庄岭村玉皇庙。
⑤ 光绪二年(1876)《补修三皇庙碑记》,现存高平市寺庄镇寺庄村三皇庙。

阖村诸公又于道光九年于村之东北隅得一山，形势高峙，峰峦秀美，足以妥土地之灵。于是捐资以□之，堂构以奠之，移植嘉木以树之，迄今四年余矣，松柏蔚然而深秀，庙宇焕然而改观，讵非妥神庇民之盛事哉。①

《合社公议移来松峰例禁至界旧碑记》载：

> 当观天地之间，有一物必有一主，且有一物必有一用。然欲借万世之用，□滋生之藩，则不能；而欲作栋梁之材，又□培养之久，则不可也，兹郊义里白玉宫西南有松峰一处，名曰□楼脚，四至开明，东至东山脚社地界，西至山顶，南至掌界，北至掌界，四至以重，一切大小松柏树木，并属里社所管，以借永远修造补葺之资。②

乾隆朝后，伴随着村社组织的成熟与发展，村社对界内山地和树木的所属不断强化，村社边界的山地如是私人所有，村社也会出面协商申明村社在土地内的管理权。如《苗沟村玉皇庙碑记》载：

> 吾村之西庙上松山，虽属苗茂豫一家，然其间树木森严，有关于阖村风脉。若不依社经管，恐无知之徒，私窃损毁，致碍村中风脉。因偕同诸维首与苗茂豫商酌，自今以后，禁止六畜践踏，斧斤斩伐等情，违者立即入社议罚。③

可知，苗沟村西的松山虽属苗茂豫家，但是社却对其上的树林具有管理权。再如《风脉碑志》载：

> 池之四至各有所属，北之业主司正兴，东西胡立□□马金印与胡应泗，至于大庙背后坡场，亦属胡应泗，然地虽有主，所植树木则属大社，□□根有证，又言及至今。④

可知，此村大庙背后的坡场，虽属于胡应泗所有，但是坡场的树木却属于大社管理。沁水县土沃乡可封村《重新庙院并禁北山碑记》载：

> 村之北山旧非社地，垦辟日多无能禁其濯濯也，纵不为堪舆家培风补脉

---

①道光十三年(1833)《创建文昌祠、土地祠碑记》，现存陵川县礼义镇杨幸河村祖师庙。
②同治九年(1870)《合社公议移来松峰例禁至界旧碑记》，现存潞城镇郊底村白玉宫。
③道光十年(1830)《苗沟村玉皇庙碑记》，现存沁水县胡底乡苗沟村玉皇庙。
④乾隆二十八年(1763)《风脉碑志》，现存沁水县郑村镇半峪村。

之说，然逼近村落正不宜乱石巉岩，骇人观瞻耳，幸地主之乐施而勒碑以禁，采樵者勿为翦伐，畜牧者勿为蹂躏，数年之后不将蔚然弥望乎?①

《阖社公议移来松峰例禁至界旧碑记》载：

> 龙祠西南，山古传地名松坡。庙宇重新，松生如初，山厂系中城首事冯氏之山，愿施本庙，希望后日成林，为庙内之资辅，其山上下左右除种地所有树木外，其余并不得开坡侵占，不□斫折及牧放牛羊，违者，村众送官究处，仍照原树赔补。本山四至：西至安脚地界西，南至姚掌地界，东至庙前地界，北至大王岑地界，四至以里俱□□。郊义里白玉宫西南有松峰一处，名曰□楼脚，四至开明。东至东山脚社地界，西至山顶，南至掌界，北至掌界，四至以及一切大小松柏树木，均属里社。②

以上碑刻均显示，树木虽生长在私人地里，但只要在村社界内，均为村社公产。为了明确此定理，村社也栽树以明社界。如《栽树碑记》载：

> 兹村之西北，其峰微低，有水鋈焉。今合社公议，愿栽松树于此山之巅，以障金风，以为脉气。奈地属他人，不敢□举。幸有社首三人、花户二人，均发善心，情愿各施坡地一处，栽树补□，以竖一邑之圣诚善举也。公同言明，其地无粮，所施地之长短，广□□有至界。任社中栽补松树，不拘株数。自施之后，社中坡上不得狡赖。恐世远年湮，茫无足据，聊陈数语，勒石以志。③

洼窑村通过栽树，扩大了原有的社界范围。《茂林口栽树碑记》载：

> 新栽小树四十余根，以补朔方之缺。此一事也，不但一社有光，实于合村有益。事既竣，嘱予曰，栽树之地当著其名，树边之地，亦当有名。予思嘉植纷披，芳株丛集，可称茂林口；树傍之池当名润芳池，此皆首事意也。④

西黄石村"新栽小树四十余根，以补朔方之缺"实际也是想扩大社界的范围。《让地碑记》载：

---

① 咸丰九年（1859）《重新庙院并禁北山碑记》，现存沁水县土沃乡可封村舜帝庙。
② 同治九年（1870）《阖社公议移来松峰例禁至界旧碑记》，现存陵川县潞城镇郊底村白玉宫。
③ 咸丰四年（1854）《栽树碑记》，现存陵川县潞城镇洼窑村三教堂。
④ 乾隆五十六年（1791）《茂林口栽树碑记》，现存泽州县北义城镇西黄石村静乐宫。

> 同治六年,底街维社首欲于村南栽树,以补一村风水。但栽树必用地基,因与地主商议,地主皆曰果于一村有益,情愿让地。于是有让一分者,有让二三分者,有让三四分者,不得社中地价,只教社包粮社钱若干,以成一村善事。①

这样,通过栽树和命名,村社明晰了自己的界线,以及管理社界内的一切河流、树木,以及煤铁等资源的权力。清代泽州广泛的村社界限划分并不是一种政府行为,而是村社为强调自身的势力范围自发兴起的一种行为,其做法本身带有极强的村社自主性,在界限设计和认定过程中难免有失公允,从而引发社会矛盾。

四、村社界矛盾及解决

清代没有正式的户口迁移制度,人民可以自由迁移,土地可以自由买卖。这样,土地产权虽在田主之间有地契手续,却给以按地亩收费的社管理造成了很大麻烦。比如,《城南村志》记载清末民初之时,城南村约有170亩地非城南人所有,而城南人在唐庄、玉井、南赵庄等地却有耕地210亩②。这种现象与以戒能通孝为首的日本学者观察到近代中国乡村大量土地跨村界的问题近乎相同,戒能于是认定传统中国农村并无村界。但,大量泽州碑刻显示,土地的频繁流动虽对村社的管理造成了麻烦,却并不影响村社组织对界内土地的管理以及村社界限的划分。如《县长张书榜判令》载:

> 从来群众之生仰赖社会之组织,故社会之习惯无国家之律□□擅自变更也。余村因僻入山野,地瘠民贫,仅以业农为生,而无副产以资利,凡属社会摊款皆以社分为标,地亩不能无转相买卖之事,□□□入彼社分却无减□之□□□有将地亩售卖邻村者,既□□□权利应尽此方义务,亦不能将社分土地过隔邻村而脱离此村关系。近有张沟村卢焕等因买卖村之地□本村之社多立年所毫无□□,近因摊派浩繁,意欲借故推诿,以致酿成讼诉。曾经

---

① 贾沅:同治六年(1867)《让地碑记》,现存陵川县西河底镇东王庄村佛爷庙。
② 高平城南村委会编纂:《城南村志》(内部资料),现存晋城市科技图书馆,第27页。

　　县府□明□□仍照旧章办理，兹将县判照录于后，以垂永久云：□得沟东卢
焕所种之桃坪地六亩，向日社钱在桃坪村交纳，兹因去年十月起收粮，□张
沟花□照数交付，唯卢焕一人藉词，抗不交纳。经桃坪闾长刘承尧等以破坏
公约妨碍公务请求惩办到府，据被告卢焕以己在义城乡交纳为词，毫无理
由。判令卢焕照起收之数，交付桃坪村了事。①

上碑略有漫漶不清，内容看似复杂晦涩，实质上强调了一个在泽州流传数百年的
习惯法：卖地不卖社。无论土地买卖多么频繁芜杂，村社习惯意义上的土地数量
永不更改，也即土地主权变更丝毫不影响村社界限范围。通俗点讲，村社界限一
旦形成，很难更改，隶属村界内的土地无论业主是谁，必须缴纳社费。

　　数百年的村社习惯法自然会遭到一些村民的抵制。个别村民偷偷卖地以逃
避社费，上碑即是实证。在田野中，问及村社对田地的管理时，村民仍会异口同
声讲卖地不卖社，村落的地是固定的。可见这条习惯法根深蒂固。看似混乱的
业主关系，交叉纵横，却错落有致，数百年的碑文是永不朽的条规。但，有些村民
总要为自身利益不惜铤而走险，不惜篡改碑文来更改村社界限以规避社费。
《诉讼记》载：

　　　　村之西有迎门掌松林一处，蔚然深秀，风景殊胜，历有年所，先人传，谓
天然佳景矣。于去年春，或有邻村彰门前村人韩某等蓄心赖坡久矣，假移松
羔为名，实则赖此坡为独有，本村人等出而交涉，据情报告公安局，复呈控于
县官府，□判令此坡产权属圪老掌所有，于彰门前村无干。但伊不服，上诉
于山西高等法院第三分院，既而仍照原判驳回。然韩某奇想天开，竟将伊之
禁止牛羊碑边伪镌乾隆元年彰门前村社立等字，数明此碑为保护松林之遗
碣，庶不知新伪字迹与古迹显然不同，第三分院即判为伪据。韩某败诉，归
来野心勃然。嗣恐日久相传失真，复生不测，因此谨将松林诉讼始末，刻诸
于石，而示将来。②

上见，松林为圪老掌村当时叫迎门掌所有，邻村彰门村韩某想霸占此坡，甚至不
惜伪造了乾隆年间的彰门村社禁碑以此证明松坡乃彰门村社所有，蓄心占为己

---

①民国二十一年（1932）《县长张书榜判令》，现存阳城县桃坪村。
②秦元孝：民国二十五年（1936）《诉讼记》，现存陵川县宗文镇圪老掌村。

有。目前发现此类私人卖地逃社费的案例共32通,其中26通均发生在民国初期,从统计数字可知,有清一代"卖地不卖社"的村社习惯法在当地执行的较为严格。

私人与村社之间因为村社界限的纠葛往往是村社取胜,但因村社界问题涉及各村社经济利益,故纠纷频出不断。泽州村落多位于山地,多数村社之间以地形为界,相邻村社之间经常会因为洪水等外力改变地形而发生矛盾,最终不得不依靠官府借助行政命令来划分社界。如乾隆四十三年(1778)《管院水北地界碑》载:

> 因河水滚发河滩地界限不清兴讼,蒙钱仁慈批云,查乾隆十六年控案,道南之北属水北(村),道北之地属管理院(村),以古道为界。①

如果说洪水属非常态力量改变界限,那么,村社之间发展不平衡造成的强社凌弱则是村社界限矛盾的常态因素。康熙朝时,陵川县龙王祠社与西溪社因为社界之间的矛盾引发争斗。西溪社形成时间较早,势力较龙王祠社强,因自恃强大,它不顾界碑想越界占领应属龙王祠社的松坡,两村社因此几酿血案,最后,在官府的干预下,以河为社界。"河东山属龙王祠,河西山属西溪。令自去立界碑,祠社众遵谕,立界碑。"②村社之间即使发展平衡,也极易因为资源相互争斗。如光绪末期,陵川县金家岭、神后底、西善底、空门里、□岗谷等六社为争夺一界边煤窑聚讼纷争,不得以诉诸官府,判定重新立界③。

以上村社间界限矛盾主要围绕着资源的争夺展开。目前关于村社界的矛盾基本解决方式均为政府出面调停,出公文定界,刻碑以示永久。民国时期,随着山西村政改革的推进,村社组织开始瓦解,独立村的话语权增强,碑刻中的村社界逐渐被村界替代。如民国十九年(1930)《景家沟桥梁修理改判记》载:

> 道光年间经县署判令,景家沟管备桥梁一切木料,敞村派人修搭,民国十八年九月间,村长常君焕章,村副郑君法云,按民国定章划分村界,又呈

---

①乾隆四十三年(1778)《管院水北地界碑》,现存金村镇管院村二仙庙。
②马海月:康熙四十三年(1704)《龙王祠碑记》,现存陵川县崇文镇岭常村龙王庙。
③侯新孩:光绪三十三年(1907)《六社公立界碑》,现存陵川县平城镇西善底村。

□□署蒙张县长批示，嗣后此桥归景家沟完全负责，与敝村毫不相涉。①
实地调查可知，此一替变本质上是新瓶装旧酒式的改革，除个别村落有变动外，
原有村社自然过渡至村，原有村社界限也自然过渡为村界。由此可知，民国时期
的村界借用了历史的遗存。

结　语

村界问题对于中国传统乡村社会有着重要意义，以华北农村为舞台，传统中
国村界近代始有的意见向来是最强有力的，近年来亦有学者认为唐宋时期村界
已经开始形成②。然，所举实例多属个案，独木难成林。本文选取清代至民国时
期的山西泽州为视角，对这一时期民间村社界进行了详细论述。大量的碑刻史
料证明，在清代，泽州村社之间划界非常普遍。村社组织对土地掌握的精确程度
超过了我们的想象，这一现象根源于征收社费以及对村社公有财产保护的需要。
按照功能主义的观点，制度是与需要相适应的，每个社区都有其倚重的文化本
位，即"文化的重点"，研究一个社区的文化要以社区的文化重心为出发点③。
泽州地处山区，民风"敬神信巫""乡多庙祀，醮赛纷举"④，神庙建筑居三晋乃至
全国之首⑤。多神的民风选择了依附社庙的村社为管理村落的主要组织，多山
的地形又使得村社之间资源的分割成为可能，由此造就了清代泽州村社划界的
可能和必然。泽州现象在其他华北乡村是否也存在，因缺乏更详细的史料，目前

---

①现存沁水县景家沟村。
②"在宋代，'白龙山在县南三十里尹村'（《太平寰宇记》卷8《河南道·汝州郏城县》），'定境山在县
西北五十里，唐长安年间，部人与慈州人争界，故以青山为界，天宝六年，奉敕改为定境山'（《太平
寰宇记》卷47《河东道·绛州正平县》））。据此，恐怕可以认为，州县边界是以村界为基础而确定
的，在古老的时代，村界的存在是越来越明确的。"自〔日〕丹乔二著，虞云国译：《试论中国历史上
的村落共同体》，《史林》，2005年第4期。
③吴文藻：《论文化表格》，《吴文藻社会学人类学研究文集》，北京：民族出版社，1990年，第223页。
④雍正《泽州府志》卷十一《风俗》。
⑤1981年，据有关专家的统计数字表明，全国现存宋金以前的木结构建筑（其中绝大部分为宗教建
筑）154座，山西省为106座，晋城市（古泽州所在）为45座，晋城现存分别占全国及山西省现存总
数的1/3和1/2。见《晋城市志》，第4页。

难以定论。但可以断言,泽州身处中原并非孤岛,它的模式或多或少也在其他区域存在。

清代至民国时期泽州村社界限的微观考察也透视出地方社会极为复杂的本来面貌。实地考察中村耆所述村界的边缘划分似乎总和一些宗族有着千丝万缕的关系,但碑刻的书写总是村社利益高于家族利益,也许是因为文字神圣,一旦上升到碑刻书写的层面集体的利益高于一切了。另外,强势宗族往往在村社中的地位非常特殊,如康熙朝重臣陈廷敬家族在空间位置上虽位于泽州阳城县郭峪村,但却并不参与其村社管理,所属土地也无需承担社费。但这样的家族并不多,属于村界划分的特例。在纷繁芜杂的村落环境中,作为一种地方组织,村社在划界过程中肯定经历了数次利益与人情的取舍和纠葛,甚至是流血斗争,终于以文字方式把自己的村界镌刻在社庙中,以昭后人。从某种程度上讲,政治学意义上的边界问题,其实质是人自我权力意识的外化,一个村落的边界,则是一种集体权力的外化,是村落主权意识的体现。泽州百余通村社界限碑刻有力地证明了有清一代,泽州村社已完成了从无序化状态向有序制度的过渡。那么,晚清村政改革与民国乡村自治的出现也许并不仅仅是国家努力将权力向下延伸的结果。相反,则是村落自身发展变化,促成独立村落的成型,使其政治地位日益上升,并逐渐取代了里甲与保甲制度成为基层社会的主体,正是这一趋势推动了村政改革的步伐。也许,我们一直以来忽略了存在了数千年的传统村落自身发展的内驱力,过分重视了外来力量的干涉和介入。

宗教社会跨界观察

修女亚松达的圣迹：反思近代中国与欧洲的宗教医疗空间

沈艾娣（Henrietta Harrison）* 撰

张安琪译　曹新宇校

在西方医学传入中国的经典叙述中，传教士扮演中心角色：他们引进生物医学技术，翻译教科书，在诊所中任职，兴建医院①。因此，正是传教士为科学思想体系和医学基础设施的发展奠定了基础，这二者既为现代国家的建立提供合法性，也增强了国家施诸公民身上的权力。医学现代化过程的中心是国家将其他形式的治疗手段视作迷信，加以摒弃。今日所谓的"传统中医"是个例外，经过转化，它的制度与功能都变得与西方医学相似②。如此，医学传教士的活动被整齐地划入大家熟知的两种类型：科学（传教士的医学活动）或宗教（传教士的福音传道）。但是，有一类传教士常常为人所忽视，他们的医疗行为受到超自然信

＊沈艾娣（Henrietta Harrison），牛津大学东方学院中国史教授。

① 王吉民、伍连德：《中国医学史》，天津出版社，1932 年。该书奠定以下三部著作的论述基础：Yuet-wah Cheung, *Missionary Medicine in China: A Study of Two Canadian Protestant Missions in China before 1937*, Lanham, MD: University Press of America, 1998. G. H. Choa, *"Heal the Sick" was their Motto: The Protestant Medical Missionaries in China*, Hong Kong: Chinese University Press, 1990. Karen Minden, *Bamboo Stone: The Evolution of a Chinese Medical Elite*, Toronto: University of Toronto Press, 1994. 近期的几部重要著作虽然基于非常不同的学术传统，但也都指出，在西方科技与医学向中国传播的过程中，传教士起到重要作用，这些著作是：Benjamin Elman, *On Their Own Terms: Science in China, 1550-1900*, Cambridge, MA: Harvard University Press, 2005. 杨念群：《再造"病人"——中西医冲突下的空间政治(1832—1985)》，中国人民大学出版社，2006 年。Larissa Heinrich, *The Afterlife of Images: Translating the Pathological Body Between China and the West*, Durham, NC: Duke University Press, 2008.

② Ruth Rogaski, *Hygienic Modernity: Meanings of Health and Disease in Treaty-Port China*, Berkeley: University of California Press, 2004. Kim Taylor, *Chinese Medicine in Early Communist China 1945-63: A Medicine of Revolution*, London: Routledge Curzon, 2005. 杨念群：《再造"病人"》。

仰的深刻影响。然而，当我们把对医学传教士的关注，从男性转向女性，从新教转到天主教，情况大不相同，科学与宗教的二分法站不住脚了，欧洲和中国在传统宗教文化和治疗行为方面的相似点突显出来①。本文观点已经偏离了传统的"宏大叙事"，因此，要按照"大历史"的规模来展开研究也不容易。所以，本文只是个案研究，讲述的是一位名叫亚松达（Assunta Pallotta）的意大利修女的故事。她于1905年逝世于中国。随后，她成为能治病救人的一方圣人，备受当地人崇敬。时至今日，在晋中地区，天主教徒仍然相信亚松达能够治愈疾病。"亚松达敬礼"还一度成为一种全球化现象，影响远达美国和突尼斯。

　　通过关注加入医务传道会（the Medical Missionary Society）的新教传教士，学者建立起传教士与生物医学之间的联系。1838年，一位英国医生和一位美国医生在中国创建了医务传道会。传道会及其继任机构只招收医学院的毕业生做传教士，并且特别将促进科学发展列入其宗旨②。根据这些医生自己对"医务传教士"所作的高度排他性的定义，G. H. Choa③等学者讲述了传教士为中国的医学现代化做贡献的故事，但是这个故事并不能代表传教士活动的全部及相关医疗实践的全貌。至少，推崇"亚松达敬礼"的修女就不符合这一定义。然而，这些修女经营医院和药房，开具处方，其中一位还以"伟大的西方医生"④之名，闻名地方。由此看来，她们确实是"医务传教士"。但她们却不是推崇西方生物医学、排斥中国医学传统的提倡者。相反，她们在开设的诊所中雇佣传统中医，推崇各类与地方民间医学相交叠的神迹治疗方法。

　　在本文讲述的故事中，多数角色是女性：来自意大利和法国的传教修女、中

---

①关注受"五旬节"教义影响的新教传教士能够发现类似的问题。见 Lian Xi, *Redeemed by Fire: The Rise of Popular Christianity in Modern China*, New Haven, CT: Yale University Press, 2010. Melissa Inouye, *Miraculous Mudane: The True Jesus Church and Chinese Christianity in the Twentieth Century*, Ph. D diss, Harvard University, 2011.

②Harold Balme, *China and Modern Medicine: A Study in Medical Missionary Development*, London: U-nited Council for Missionary Education, 1921, 41-2. 王吉民、伍连德：《中国医学史》，第312页。

③G. H. Choa, *"Heal the Sick" was their Motto: The Protestant Medical Missionaries in China*.

④Carlo Salotti, "The Seraphic Flower of China," *Franciscans in China* (February), 1936, 150.

国贞女，以及遍及全世界为自己及家人寻医问药的女性①。在此时的欧洲和中国，女性在家庭中都担负着照看病患的职责，特别是照料孩童和慢性病患者。因此，护理病患也成为传教修女的分内之事。同样，中国的女性也负担着为家人寻医问药的主要职责。此外，亚松达的故事围绕她去世时香气弥漫这一神迹展开。这一神迹首先被解读为天主对亚松达谦卑品质的认可，是女性信徒在男性主导的教会机构中争取权力的斗争。因此，"亚松达敬礼"受到全球化的性别权力网络的塑造，这一权力网络是 19 世纪、20 世纪初西方帝国主义的特征。

我们借助"中国或西方""科学或宗教"这类彼此联结却又明显互斥的概念类别，以理解西方医学传入中国的历史。但是，与"亚松达敬礼"相关的理念和行为启示我们需要对此重新进行思考②。在"亚松达敬礼"中，至关重要的理念包括：圣人之死、圣人的不腐之身具有神力以及圣物圣化的水有治疗功效。这些理念在中国和欧洲都有悠久的历史。此外，向亚松达祈求治病的人并不在乎不同医疗传统之间的界限，他们求助不同的医生，混用西方生物医学、传统中医、地方民间医学以及神的干预③。同时，罗马天主教教会在认可"亚松达敬礼"方面扮演了关键角色。教会雇佣生物医学专业出身的从业医生、采用生物医学的专业技术，以证实亚松达的尸身不腐是神迹，并且确实可以带来疗效。在"亚松达敬礼"的故事中，医学与神迹、科学与宗教、中国与西方不再是两两对立的类别，而只是现代世界在全球化的一体化进程中呈现的不同面向。

---

① 在以男性为重点关注对象的传统医学传教士的叙事中，例外的是最早有资质作为"西方式"医生的中国女性的故事，见王吉民、伍连德：《中国医学史》，第 363 页。有关新教传教士中的护士，见 Sonya Grypma, *Healing Henan: Canadian Nurses at the North China Mission, 1888–1947*, Vancouver: UBC Press, 2008.

② 有关医学和科学互动的相关研究，见 Benjamin Elman, *On Their Own Terms: Science in China, 1550–1900*, Sherman Cochran, *Chinese Medicine Men: Consumer Culture in China and Southeast Asia*, Cambridge, MA: Harvard University Press, 2006。

③ 关于中国和欧洲的医学多元化，见 David Gentilcore, *Healers and Healing in Early Modern Italy*, Manchester: Manchester University Press; Nathan Sivin, "The History of Chinese Medicine: Now and Anon," *Positions: east asia cultures critique*, 1998, 6(3): 731–53。

香气神迹

1904 年，亚松达作为玛利亚方济各传教修会（the Franciscan Missionaries of Mary）的成员来到中国。她在山西洞儿沟的孤儿院中工作。这里冬日严寒、春季缺水，每年都会爆发"伤寒"（西方传教士将这种疾病译为"typhus"），村民已经习以为常。孤儿院常常收留患病、濒死的孩童，因而尤为容易遭受伤寒的侵袭。1905 年春天，几个女孩子染病死了，亚松达和另外四名修女也病倒了。当地的中医为亚松达诊病，他向修女保证，亚松达的病症没有大碍。但亚松达从一开始就认为自己将不久于人世。她病了三周，最后几天，神情恍惚。终于她已病重到说不出话来，所有人都明白她确实时日无多。1905 年 4 月 7 日夜，神父为亚松达做临终祷告。当时，七位修女和四位在孤儿院中工作的中国贞女，围侍在她的床边。就在神父念经文时，法籍的玛利亚·新福利亚纳（Marie Symphorien）院长姆姆说她闻到一股甜蜜的香气，询问是否有人洒了香粉或是香水？事后，她形容这种香气的味道如同橄榄油、牛乳、玫瑰、鸡冠花。她依次询问在场的每一个人，但没人能够回答这香味从何而来。直到几人脱口而出，说，这香气一定来自天国。待她们转回身去，亚松达已安然逝去，香气也消散了①。

一个年轻女性去世时房间里飘过香气，这正是神迹产生的时刻。事实上，这也是唯一可能塑造出"亚松达敬礼"的时刻。因为直到她去世，从没有人关注过她。对亚松达一生最中肯的评价来自一位修女和一位小册子的作者。这位修女是亚松达来中国的途中所在团体的负责人。面对事后的提问，她回答说亚松达是如此谦卑而安静，以至于没有任何人注意她。有一本写于亚松达受福时的小

---

① Emidio Federici, *Beata Maria Assunta（Pallotta）Francescana Missionaria di Maria（1875-1905）*［玛利亚方济各修会的真福亚松达］, Roma：Francescane Missionarie di Maria, 1954, 186-92; Comtesse De Loppinot, *Soeur Marie-Assunta Franciscaine Missionnaire de Marie*［玛利亚方济各修会的修女亚松达］, Vanes：Imprimerie Franciscaine Missionaire, 1924, 42-56. 陈国砥（类思）撰、成和德译：《修女玛利亚·亚松达行实》，在《亚松达走过的路》（内部刊印）一书中再版，太原，1920 年，第 56—60 页，第 67、68 页。

册子,其作者如此总结她的一生:"至为平凡的奇迹,无言无为的故事。"①因为有关亚松达生平的记录大多是作者严格按照书写圣徒行传的目的写就的,所以即便在今天也难以找到很多信息。在她死后的早些年,人们把亚松达刻画成具备诸多品德的行为楷模,诸如谦卑、服从以及自我禁欲,在她去世时,自我禁欲颇为意大利天主教徒所推崇。到 20 世纪 20 年代,人们描述亚松达拥有纯真无邪、孩童般的灵魂,她对真理的亲近甚于科学,她是来自贫农家庭的女工。1954 年,亚松达受福时,她又被描述成在中国牺牲的殉道者。今日,亚松达在人们的描绘中是谦卑、朝拜圣体的典范。这些阐述仍然不足以解答历史学者的疑问,为什么偏偏是这位虔诚、谦卑的年轻女子被认定死于神圣的香气中。

亚松达的家乡在意大利中部山区,她的父亲是一位贫苦的佃户,她出生于1878 年,是家中五个孩子里最年长的。为了帮忙照顾弟弟们,亚松达在八岁时从乡村学校退学。之后做过泥瓦匠的帮工,负责搬运砖石。此后,又给一位裁缝做学徒。亚松达是个勤劳、虔诚的姑娘,一周中三天守斋,每天都去教堂,参加堂区女孩子的团体,她把砖块铺在被褥下面,睡在坚硬的床上,也不去跳舞。她希望成为修女,但是她的家庭无法负担大多数修会所要求的奉献。最终,她得到当地一位主教的帮助。这位主教和罗马有良好的联系,他安排亚松达加入刚刚成立的玛利亚方济各传教修会②。

这个修会由海伦·夏波登(Helene de Chappotin)③创立,海伦来自法国贵族家庭。她的家族在加勒比海地区拥有大片种植园。在修会内,阶级划分严格,根据奉献的多少,修女被分成两个群体④。亚松达没有带来一丁点奉献,并且只受过很有限的教育,这一切已注定她在修会中的生活状况。在见习期,她在罗马郊

---

①Emidio Federici, *Beata Maria Assunta (Pallotta) Francescana Missionaria di Maria (1875-1905)*, 160, 209.

②同上,第 23—70 页;Comtesse De Loppinot, *Soeur Marie-Assunta Franciscaine Missionnaire de Marie*, 9-16.

③即苦难玛利亚(Mary of the Passion)——译者注。

④Marcel Launay, *Hélène de Chappotin et les Franciscaines Missionnaires de Marie* [海伦·夏波登及玛利亚方济各修会], Paris: Les Éditions du Cerf, 25-31;郭全智:《山西天主教概述》,手稿,2007 年,第73 页。

外的田间劳作；随后，被调到佛罗伦萨。在那里，打扫、煮饭、洗衣、种菜、照看病患，在衣物储藏间睡觉休息。亚松达的传记赞颂她的服从和谦卑，但是得到称颂的代价是个人的牺牲。亚松达在做见习修女的第一年，就患上了淋巴腺炎。她曾一度给父母写信说，她知道他们为她在修会里做农活而感到失望。到达中国之后，亚松达和中国的女性同教一起，在孤儿院的厨房和洗衣房里工作。她们拈着念珠，教她用中文背诵《玫瑰经》，还教会她磕磕绊绊地说一些中文句子。后来，这些中国女性当中，有人回忆起亚松达曾指着厨房的炉火说：罪人在炼狱就像这样，但是比这更加可怕！亚松达死后，人们找到她的私人笔记。在笔记里，她提醒自己，本来即使以女佣的身份加入修会，也在所不惜。结果因为受了他人的爱德才得以进入"这间伟大的修会"，所以应该毫无拖延、不假思索地服从长上①。

亚松达谦卑、服从的品行源自她低微的阶级出身，但同时，她所践行的也是由修会中的贵族精英所理想化的女性品德。海伦·夏波登教导圣母玛利亚修会的传教修女，要立志成为像"纳匝肋的童贞女玛利亚"一样的人，谦卑、默默无闻、服从天主的旨意。和当时另一位更为著名的意大利修女瑰玛·甘甘妮（Gemma Galgani）一样，亚松达对所遭受的苦难甘之如饴，我们可能会将这些苦难视作源于性别和阶级的压迫，但是亚松达却用拥抱苦难的方式，使自己明白这些苦难的意义②。除开传记的诸多阐述，亚松达也不是一块白板：她的服从与苦难既源于卑微的出身，也是她自行选择的行为方式，通过如此行事，她形成了自身的个性，她的这种个性又成为日后种种叙述得以展开的背景。

---

①Emidio Federici, *Beata Maria Assunta（Pallotta）Francescana Missionaria di Maria（1875-1905）*, 95-134. 保拉·达普辣著，胡安德译：《微末：真福亚松达传》（内部刊印），2003 年，第 19、66 页；*Sinarum seu Tuscolana beatificationis et canonizationis Servae Dei Mariae Assumptae Pallotta sororis professae Instituti Sororum Franciscalium Missionarium Mariae*［天主仆从的宣福与封圣，中国或托斯卡纳的亚松达，玛利亚方济各传教修会的发愿修女］, Roma: Guerra et Mirri, 1923, 65-6.
②关于 Gemma Galgani，见 Rudolf M. Bell and Christina Mazzoni, *The Voices of Gemma Galgani: The Life and Afterlife of a Modern Saint*［瑰玛·甘甘妮之声：一位现代圣人的生前死后］, Chicago: University of Chicago Press, 2003. Robert A. Orsi, *Between Heaven and Earth: The Religious Worlds People Make and the Scholars Who Study Them*, Princeton, NJ: Princeton University Press, 2005, 110-27.

　　对神迹的产生，同样重要的是在亚松达去世时，围绕在她身边跪地祈祷的女性。她们分别来自在孤儿院中工作的两个群体，这两个群体相互独立、彼此竞争。一方是玛丽亚方济各修会中的欧洲女性；另一方是中国天主教贞女，她们在欧洲修女来到这里的两年前就在经营这家孤儿院。在山西，早至18世纪，就有天主教女性信徒发愿终身守贞，生活在本家中①。1835年，17位本地信徒因不肯踩踏十字架，被官府责打、流放，其中就有两位贞女②。自19世纪中叶起，传教士的人数渐增，他们邀请当地贞女一起管理新近开展的各项事业。亚松达去世的孤儿院成立于19世纪60年代，第一任院长是一位能够读书写字的贞女，父亲是一位名医，她从父亲那里学习医术。她不仅因善良虔诚受人称赞，她的医术更是广受赞誉③。还有一些贞女在乡村女校中教女孩读书识字、背诵教义④。尽管贞女身为未婚女性，通常在家中的地位较低，但是也有一些贞女因熟悉教内事务而颇受尊重。大多数天主教村庄，一年才会有一位神父到访。在没有神父的情况下，贞女通常担负起临终关怀的责任，有时也负责讲道。在义和团运动期间，即在亚松达到达中国前不久，有十位贞女在晋中殉道，她们中有些人被视作宗教领袖。在三贤村遭受义和团进攻时，贞女王兰兰反复向聚集在教堂庭院中的教民讲道，宣扬"耶稣之爱"和"殉道恩宠"。在义和团最终攻入教堂时，她举起了十字架⑤。

①Mathias Wan, Letters Sigan 15 April, SOCP vol 68(701), Rome, Archivium Propaganda Fide,1792. 关于中国天主教贞女的历史，见 Eugenio Menegon, "Child Bodies, Blessed Bodies: The Contest between Christian Virginity and Confucian Charity," *Nan nü*, 2006, 6(2): 177-240; R. G. Tidemann, "Controlling the Virgins: Female Propagators of the Faith and the Catholic Hierarchy in China," *Women's History Review*, 2008, 17(4): 501-20。

②Giovanni Ricci (Ioannes), *Vicariatus Taiyuanfu seu brevis historia antiquae Franciscanae missionis Shan-si et Shensi a sua origine ad dies nostros (1700-1928)*［太原府宗座代牧区或古方济会修士山陕传教简史，从起源至今(1700-1928)］, Pekini: Congregationis Missionis, 1929, 63.

③Antonio Feliciani, Letter Xansi 14 January, C432, Rome, Archives of the Pontificia Opus a Sancta Infantia,1865.

④Hugolin Villeret, Letter 15 February, C432, Rome, Archives of the Pontificia Opus a Sancta Infantia, 1888.

⑤Giovanni Ricci (Ioannes), *Pagine di eroismo cristiano: I terzari cinesi martiri nello Shan-si 25 settentrionale (Persecuzione dei Boxers-1900)*［基督徒英雄的篇章：1900年义和团迫害下在山西北部殉道的中国三会会士修士］, Lonigo: Tipografia Moderna, 1925, 177-80.

晋中的天主教贞女,还计划建立她们自己的修会①。亚松达去世时,在场的贞女便是这一传统的继承者。此时,新来的欧洲修女试图控制她们,所以两者之间常常发生摩擦。

在海伦·夏波登创立修会时,她认为管理当地的女性信徒(比如中国贞女)是修会的功能之一。事实上,玛利亚方济各修会的成立源于一场纷争,纷争的焦点恰恰在于如何管理当地修女。夏波登早先曾加入圣母补辱会(Sisters of Marie Reparatrice),前往印度传教。后来,她升为修道院院长。然而,就如何管理一部分希望自治的印度修女这一问题,她与当地耶稣会神父发生争执。最终,这场争执以她被修会除名而告终。她进而成立玛利亚方济各修会②。这场纷争属于她向男性权威索取更大自治权的过程,她也确实得偿所愿。但是,在传教会领域,这份自治权恰恰意味着对当时殖民地原先自治的修女的控制。在30年后的山西,玛利亚·新福利亚纳姆姆发现自己处于同样的抗争中。1899年抵达山西的第一批修女,在次年的义和团运动中全部遇难。当时的主教并不愿意接纳她们,他声称,在中国其他省份的欧洲修女年幼无知,没有用处。玛利亚·新福利亚纳来到后,她发现中国贞女不愿意服从她的权威,而且欧洲神父支持贞女的做法。最终,玛利亚姆姆在斗争中失败。主教允许中国的贞女以乡村为基础建立她们自己的修会,而大多数欧洲修女离开了山西,留下的人也搬到了省会太原③。

1905年,欧洲修女和中国贞女之间的斗争还处于早期阶段。玛利亚·新福利亚纳将其描述成"谦逊服从"与"骄傲不驯"之间的对抗。亚松达到来后,玛利亚·新福利亚纳姆姆对她的服从非常满意,她抓住每一个机会,将亚松达的谦卑展示给修会中的其他成员。由于亚松达出身卑微,她特别找了些让亚松达出丑

---

① Gregorio Grassi, Letter Chan-Si Settentrionale 20 May, Sinae, Rome, Archivio Curia Generalizia Ordo Fratrum Minorum[方济会总会档案], 1896.

② Marcel Launay, *Hélène de Chappotin et les Franciscaines Missionaires de Marie*, 83-90.

③ Gregorio Grassi, Letter Chan-Si Settentrionale 20 May, Sinae, Rome, Archivio Curia Generalizia Ordo Fratrum Minorum. Eugenio Massi, Letter Ke-oll-Kao 8 June, 太原,山西北教区档案,1909。Ugolino Arcari, Tetter Tong-oel-Keou 28 February, 太原,山西北教区档案,1913。《亚松达走过的路——谦卑服务:亚松达行实及续编》(内部刊印),太原,2005年,第46页。Domenico Gandolfi, "Cenni di Storia del vicariato apostolico di Taiyuanfu Shansi, Cina 1930-1953[中国山西太原府宗座代牧区的历史,1930-1953]", *Studi Francescani*, 1987, 84: 299-360, 308.

的任务,交代她去完成。实际上,这些任务对亚松达来说很难完成。比如,像院长姆姆(一个亚松达难以企及的职位)一样每天巡视孤儿院,或者是替修道院遛狗(这在中国乡村中,是非常奇怪的行为,常常引来一些村民和修女的嘲笑)。在亚松达做这些事情的时候,玛利亚姆姆还让其他人出去观看。也许是因为这些指示,也许是因为在厨房中难以与中国人交流,困难的处境让亚松达感到很绝望,在她写给罗马修会会长的信中,她表达了对"圣召"的怀疑①。

因此,在亚松达弥留之际,当玛利亚姆姆环视围侍的女性,要求她们确认一阵清香的存在时,每个人都"应该"已经意识到,这会证实亚松达的圣德,并把她的盲目服从树立为其他人的榜样。天主教认为临死的清香代表灵魂直接从俗世升入天堂,因此是信徒圣洁的象征。这一观念可以追溯至公元 4 世纪,对于证实隐修女的神圣性特别重要②。在亚松达的案例中,尤为引人注目的是对香气的描述,香气是橄榄油和牛乳的味道,这是在山西难以找到的欧洲食品③。经由亚松达的身体传送的天国之香带着对欧洲的乡愁,并且明确表明不属于中国。如果说,是亚松达的社会阶级塑造了她的信仰与行为,那么在更广阔的世界中争取欧洲权力的斗争则书写了她的死亡时刻。因为,正是这些斗争将意义赋予亚松达去世时在房间内弥漫的、转瞬而逝的香气,因而从在场者的个人经历中产生出作为社会事实的神迹。

然而,不仅是亚松达去世时的在场者创造了神迹,闻讯赶来的当地居民也参与了神迹的创造。后来,他们在整间孤儿院及送葬队伍的沿途所至闻到了同样的香气。香气因为能够为人直接感知,却又无形无影,牵动人之情绪,却又难以名状,所以在佛教和基督教中,是圣神显灵的标识。甜蜜的香气象征中国佛教僧

---

① *Sinarum seu Tuscolana* , 201, 334;Comtesse De Loppinot, *Soeur Marie-Assunta Franciscaine Mission-naire de Marie* , 33, 41.

② Suzanne Ashbrook Harvey, *Scenting Salvation: Ancient Christianity and the Olfactory Imagination* , Berkeley: University of California Press, 2006. Constance Classen, "The Breath of God: Sacred Histories of Scent," in *the Smell Culture Reader*, ed. Jim Drobnik, Oxford: Berg, 2006,376-389. Suzanne Evans, "The Scent of a Martyr," *Numen*, 2002,49(2): 193-211.

③ 陈类思:《修女玛利亚·亚松达行实》,第 60 页。

侣的圆寂，这一历史至少可以追溯至公元 8 世纪①。这也构成当地天主教文化的一部分。1900 年，当贞女胡桂妞在义和团运动中被害时，据说有一阵玫瑰的香气洋溢在空气中，教会会长解释说，这是由于圣母玛利亚显灵。事后，人们发现被扔到水井里的胡桂妞的尸体没有腐烂②。因此，当亚松达灵异的死讯在村里传开后，它与一个确立已久、易为人所理解、阐释、传播的文化模式相契合。正是中国的关系网，而非教会的关系网，传播了既已发生的事件的消息。到访的神父都是中国神父，在这个区域中活动的外国传教士一个也没有来。事实上，在亚松达死后两周多，当地一位意大利传教士从中国教徒那里听说这个消息，才致信主教③。现场朝圣的人群包围了孤儿院，他们的虔诚给修女们留下深刻印象，她们说，在进入安放亚松达尸身的房间之前，这些朝圣者在门口下跪、画十字。不仅全村上下扶老携幼，都参加了亚松达的葬礼，还有人从很远的地方赶来。当人们从墓地返回孤儿院时，整栋建筑都香气弥漫，这香气比之前的更加浓郁、持久，直到亚松达死后整整三天才最终消散④。

一项神迹必须对发生时所在的社区产生意义、对社区中的人有影响，才能受到认可⑤。人们在亚松达去世时闻到一股清香的神迹，即是如此：它对发生神迹的孤儿院中的修女和贞女产生影响。因为由亚松达所体现的对教会长上，尤其是欧洲长上的服从，本来是一项饱受争议的"品德"。但是神迹被解读为神对这项品德的认可。同时，神迹也对更大的社区有意义。邻村村民对亚松达的美德一无所知，他们将香气理解为精神力量的象征，在乡邻之间口耳相传。当他们也

①Bernard Faure, *The Rhetoric of Immediacy：A Cultural Critique of Chan/Zen Buddhism*, Princeton, NJ：Princeton University Press, 1991, 150-52. 在唐代，类似的现象也与道姑有关，见 Suzanne Cahill, "Smell Good and Get a Job：How Daoist Women Saints were Verified and Legitimatized during the Tang Dynasty（618-907），" in *Presence and Presentation：Women in the Chinese Literati Tradition*, ed. Sherry J. Mou, Basingstoke：Macmillan, 1999, 171-85。
②Giovanni Ricci（Ioannes）, "Acta martyrum Sinensium anno 1990 in Provincia San-si occisorum[1900年中国殉道士在山西被杀事件]," Acta Ordinis Fratrum Minorum1911-13,（32）15-17.
③Basilio Pucello（步崇理）, Letter Ke-leo-cheu 27 April, 太原, 山西北教区档案, 1905。
④Comtesse De Loppinot, *Soeur Marie-Assunta Franciscaine Missionnaire de Marie*, 57.
⑤William Christian Jr., "Religious Apparitions and the Cold War in Southern Europe," in *Religion, Power and Protest in Local Communities：The Northern Shore of the Mediterranean*, ed. Eric R. Wolf, Berlin：Mouton, 1984, 239-266. 该文为圣迹通过这种方法得到认可提供了具体案例。

闻到这股香气时，变得更为激动。因此，正是前来朝圣的人群奠定了相信亚松达具有神奇力量的基础。天主教会的全球机构与当地中国社区的理念和行为之间的互动模式是"亚松达敬礼"的中心。

不腐尸身

1913 年，在亚松达去世八年之后，她的尸体被挖掘出来。这是应玛利亚·新福利亚纳的要求，并且得到希贤主教(Eugenio Massi)的授权。目的是对尸体进行正规的尸检，以查验除去世时的异香外，亚松达的尸体是否也得以神奇地保存。神父、修女、贞女和村中教民都聚集在洞儿沟的墓地里，亚松达的棺材被抬出来，在上升的过程中，部分木头破碎成粉，但是尸身保持完好，人们把尸体安放在太原城外教区墓地的小教堂中。在这里，一位名为方济各·彼昂盖利(Francesco Bianchieri)的意大利内科医生对尸体进行检查，并负责向教区提交报告。在他的指挥下，修女移除尸体上已经腐烂的衣物，用酒精擦拭皮肤，清除灰尘和细土。为防止尸体因接触空气而腐化，她们为她罩上新的丝绸会服，然后称重，放在阳光下拍照。彼昂盖利在报告中写道，亚松达死于伤寒，这是一种肠病，通常来讲，腐烂会从腹部开始，迅速蔓延，但这并没有发生在亚松达身上。他描述了亚松达头部的独特角度，面色如旧象牙和羊皮纸；眼睛、头发、身体末端以及坚硬的关节，都保存完好。关节得以保存，说明韧带系统的完好，它们仍然将亚松达的双手支撑在一起，呈祈祷的姿态。他的结论如下：

> 客观地检查之后，这次尸检给我留下的印象是准确而真实的，因而我的结论是：这是一具完美保存的尸体，没有人能够否认这是圣迹。上述全部结论，都是源于对事实的忠实阐释而得出的最终推论，没有在任何方面受到先验观念的影响。[1]

几天后，人们把亚松达的尸身安放在金属包裹的玻璃棺中，埋葬在教区墓

---

[1]Comtesse De Loppinot, *Soeur Marie-Assunta Franciscaine Missionnaire de Marie*, 67. 补充记录见同书，第58—66 页，以及 *Sinarum seu Tuscolana*, 438。

园里。

彼昂盖利的话表明,死时的香气和不腐的尸身不仅是可以为人所经验到的事物,而且在成为神迹之前,必须被组织成文字,并且必须使用医学术语,特别是解剖学术语来组织。在亚松达的例子中,除文字之外,还有现代科技的影像证据。因此,彼昂盖利用"背卧位"描述亚松达的姿势,而不是说她平躺着,描绘的是她的头部相对于"胸腔"的角度。对于教会的官方程序而言,尸身不腐证明死者是圣人,直接进入天堂,因而肉体不会腐烂。若想证明这一点,必须由医生做调查,且明确使用解剖学术语和逻辑推理作客观的尸检。摄影为医生的报告提供科学佐证。这一过程仿照司法调查中尸检的模式①。因为医生的证词是由科学的现代医学专业术语组织起来的,因此,对神迹的判定至关重要。

在任何常规定义下,方济各·彼昂盖利都是医务传教士。他在欧洲接受医学训练,受雇于教区,在太原新近成立的传教会医院中工作。在有关山西地区西医发展的地方文献中,方济各·彼昂盖利和若瑟医院是医学现代化历程中的组成部分②。希贤主教坚信,传教士应该为中国的近代化做贡献。辛亥革命之后,他建立了一所著名的高中,接受新任地方长官捐赠的资金和科学设备。他还尝试开创中文报刊(没有成功),并成立了若瑟医院,雇佣彼昂盖利在医院中任职③。前几任主教一直希望教区出资建造西医医院(以与更加富裕的英、美新教传教团体竞争),直到庚子赔款使这种希望成为可能④。

①Katharine Park, "The Criminal and the Saintly Body: Autopsy and Dissection in Renaissance Italy," *Renaissance Quarterly*, 1994,47(1):1-33. Katharine Park, *Secrets of Women: Gender, Generation, and the Origins of Human Dissection*, New York: Zone Books, 2006. Jacalyn Duffin, "The Doctor was Surprised: or How to Diagnose a Miracle," *Bulletin of the History of Medicine*, 2007,81(4):699-729. Fernando Vidal, "Miracles, Science, and the Testimony in Post Tridentine Saint-Making," *Science in Context*,2007,20(3):481-508.
②朱哲文:《解放前的太原医药卫生事业》,《太原文史资料》第 6 辑,1986 年,第 116—120 页。
③*Acta* 1917 (36), 32; Chen Guodi, Letter T'ae-juen-fou 12 November, 太原,山西北教堂档案,1913。关于 1912 年前后,对基督教现代化的普遍热情,见下述两部著作:Ryan Dunch, *Fuzhou Protestants and the Making of Modern China*, New Haven, CT: Yale University Press,2001; Léopold Levaux, *Le Père Lebbe: Apôtre de la Chine moderne (1877-1940)*, Bruxelles: Éditions universitaires, 136-57.
④Archives de L'oeuvre de la Propagation de la Foi[传信部档案](1898), E101-2 Chansi Septentrional, E14979, Lyon, Oeuvres Pontificales Missionaires Centre de Lyon. Henrietta Harrison, *The Missionary's Curse and Other Tales from a Chinese Catholic Village*, Berkeley: University of California Press,2013.

对西医的强调是传教士的一大转变：在彼昂盖利到来之前，修女经营的诊疗所延请的是当地中医，传教士自己也通常由中医诊治。19 世纪 90 年代，在圪燎沟的武奥林（Hugolin Villeret）生病了，他去看天主教中医，医生给他把脉，诊断出病因是由疲劳和着凉引发的内火，给他开了三服药，并以燕麦粥作为食疗，医生准确预估了病情走向。武奥林嘲笑去看英国新教医生的主教，主教也得了同样的病，遵从医嘱服用西药——当然，欧洲的泻药并不适宜在当地气候下使用，因此，他病了更长时间①。另一位传教士为了发汗，接受针灸和药物治疗。但这并没有减轻他的骨头和喉咙的疼痛，反而引发剧烈的胃痛，于是他看了另外两位中医，三位教徒还代表他去朝圣。最终，一位农民治好了他的病，这位农民建议他运动腹部和脊柱，还给了他一剂泻药②。迟至 1912 年，一位新来的传教士在写家信时，劝告他的母亲不必忧心他的健康，因为中国也有药品，而且可能比欧洲药物更加有效③。

彼昂盖利是若瑟医院雇佣过的唯一一位有资质的西医。他的出现标志若瑟医院是一所现代化机构，但是雇佣他可能也是为了为亚松达不腐尸身的神迹提供科学证明。彼昂盖利虔诚、慷慨、受人欢迎，但是对教区而言，雇佣他费用颇高。仅仅在亚松达的尸骨被挖掘出来几年之后，希贤主教离开后，他也辞职了。流传于教区中国神父间的说法是，希贤和亚松达来自意大利的同一地区，他需要彼昂盖利为亚松达争取真福品，所以他愿意承担雇佣外国医生的费用。但是，新任主教不愿意继续负担这笔花销。此后，直到 20 世纪 50 年代中国政府接手之前，医院依靠的是由彼昂盖利训练的当地人，然后由天主堂的修女轮流兼任，这

---

① Léon De Kerval, *Le R. P. Hugolin de Doullens ou la vie d'un Frère Mineur Missionnaire en Chine au XIXe siède*, Rome：Vanves；Paris：Imp. Francisc. Miss, 1902, 192-95.

② Martino Antonelli, Letter n. d. Taiyuan, 山西北教区档案, 1905 年左右。

③ Teodosio Lombardi, *Un Grande Ideale：Monsignor Ermengildo Focaccia O. F. M. Vescovo di Yütze in Cina*［伟大的楷模：中国榆次教区的方济会主教富济才蒙席］, Bologna：Edizioni Antoniano, 1968, 336. 18 世纪，在印度的欧洲人中间，这种环境主义的范式普遍存在，见 David Arnold, *Colonizing the body：State Medicine and Epidemic Disease in Nineteenth-Century India*, Berkeley：University of California Press, 1993, 11. 值得注意的是，这种范式持续到相当晚的时期。关于中国和欧洲药理学之间的联系，见 Lei Sean Hsiang-Lin, "From Changshan to a New Anti-Malarial Drug：Re-networking Chinese Drugs and Excluding Chinese Doctors," *Social Studies of Science*, 1999, 29(3)：323-58.

些修女中只有一位接受过正规的医学训练①。

因彼昂盖利的西医身份,所以他对亚松达尸身不腐是神迹的证实具有效力。但同时,他提供的证据也将亚松达与有关神圣性的强大传统联系起来,而这类传统在中国和欧洲都有意义。中国佛教寺庙的莲台上供奉着僧侣的不朽之身。正如,在意大利教堂的祭台之下,天主教圣人的遗体仍安眠于玻璃棺中。在历史上,这二者往往是信徒朝敬的对象。佛教徒和天主教徒都认为,尸体不腐是精神纯洁的标志:对利玛窦而言,两者的相似之处显而易见。在 16 世纪,当他拜访寒山寺时,见到了 8 世纪伟大的僧人慧能禅师的肉身像②。据说,有些佛教僧侣会在死前进行斋戒,以保存肉身。他们死后,人们用漆和金粉对肉身进行妆饰,以便将其展示给信众。这种行为一直持续到 20 世纪:佛教高僧要求把他们的肉身储存三年。三年之后,那些没有腐坏的肉身于 1959 年在台湾镀金,又于 1962 年在香港镀金③。在中世纪和近代早期,欧洲人认为不腐的尸体可以产生治病香膏④。中国 16 世纪的药物学经典著作《本草纲目》也记载了相似的药膏,传说在天方国有一人在死前,只吃蜂蜜,不食他物,亦不饮水。然后,人们把他的身体密封在蜂蜜中长达百年,以产出治病药物⑤。王奶奶的故事体现出此类观念、民间宗教和治愈疾病之间的联系。王奶奶是一位神仙,因为具有治病的力量,所以在北京地区受到崇拜。传说她曾经是一位贫穷的妇人,以帮工为生。有一种传说是人们在丫髻山上建铁瓦殿,王奶奶往山上背铁瓦,建成那天进入大殿里坐化,

---

①郭全智:《山西天主教概述》,第 69—70 页;郭崇禧:《太原天主教史略》,第 233—234 页;李崇德、阎福:《若瑟医院二三事》,《文史资料》第 2 辑,太原市天主教爱国会,1964 年。

②Matteo Ricci, *China in the Sixteenth Century: The Journals of Matteo Ricci: 1583-1610*, trans. Louis J. Gallagher, New York: Random House, 1953, 222-23.

③Bernard Faure, *The Rhetoric of Immediacy: A Cultural Critique of Chan/Zen Buddhism*, 151-52. Robert H. Sharf, "The Idolization of Enlightenment: On the Mummification of Ch'an Masters in Medieval China," *History of Religions*, 1992, 32(1): 1-31. Holmes Welch, *The Practice of Chinese Buddhism 1900-1950*, Cambridge, MA: Harvard University Press, 1967, 343-44. W. Perceval Yetts, "Notes on the Disposal of the Buddhist Dead in China," *Journal of the Royal Asiatic Society of Great Britain and Ireland* (July 1911): 629-725, 709-24.

④Piero Camporesi, *The Incorruptible Flesh: Bodily Mutilation and Mortification in Religion and Folklore*, trans. Tania Croft-Murray, Cambridge: Cambridge University Press, 1988, 3, 8.

⑤李时珍:《李时珍全集》,湖北教育出版社,2004 年,第 3580 页。

成为肉身。"肉身"指的是佛教高僧的干尸①。

通过教会权威所要求的生物医学的过程，亚松达尸身不腐得到认可。这与教区在帮助城市引进西医的过程中所起的作用密不可分。然而，科学求证的结果是"亚松达敬礼"的产生，人们相信向亚松达祈祷能够治愈疾病，这一信念不仅在当地传播，也传播到更广阔的世界。

治病圣物

1915 年，一位姓贾、教名为米卡丽娜的中国女性来到孤儿院，她想医治溃烂的手臂。欧洲护士玛利亚（Marie N. D. de Foye）称米卡丽娜此前在头部扎过针灸，但是受到感染，中国医生说她的病难以治愈。玛利亚护士赞同医生的诊断，于是她建议米卡丽娜一家向亚松达祈祷。她把亚松达会服的一角布放在病人的伤口上，同时敷上药糊。然后给了她一些补铁药和亚松达棺木的碎片。米卡丽娜用水蒸煮棺木碎片来清洗伤口。不久之后，玛利亚护士离开了村子。当她一个月后回来时，米卡丽娜再次来拜访她，此时米卡丽娜已经痊愈②。几年之后，在地球的另一边，在北意大利的一座小村庄中，有位名叫罗萨·菲德里高提·博思（Rosa de Fedrigotti Bossi）的妇女，在十年间，她忍受着反反复复的剧烈腹痛。和米卡丽娜一样，她已经咨询了数位医生，并且尝试了多种治疗方法，均没有起效。1920 年春，她的病症加重了，玛利亚方济各修会的一位修女建议她向亚松达祈祷。修女告诉她亚松达死时，圣洁的香气四溢，通过向亚松达祈祷，已经发生了一些奇迹。她给了她一方小小的印有亚松达肖像的祈祷卡片。整整九天，罗萨除了念诵卡片上的祈祷文，还要念诵三次天主经和圣母经，她的腹痛止住了。一年后，她写信给玛利亚修会的传教士说她已痊愈，她的几位亲属、一位医生还有当地的一位贵族都在信上签了名③。有关亚松达能够治疗疾病的故事还

---

①杨念群：《再造"病人"》，第 211 页。
②*Sinarum seu Tuscolana*，408–9.
③Comtesse De Loppinot, *Soeur Marie-Assunta Franciscaine Missionnaire de Marie*, 72–4.

有很多,在米卡丽娜和罗萨·博思的故事中,她们混合使用多种治疗方式,因而具有典型性。她们不仅向亚松达祈祷,还使用其他中、西医的治疗手段,此外,她们念诵简单的祈祷文,在患病处放上圣物,使用蒸煮过棺木的水①。

为了达成神迹,人们向修女祈求亚松达的一角衣服,后来是棺木碎片。虽然大多数人出于治病的目的,但在早年,也有其他类型的请求,比如到亚松达的墓上祈雨,佩戴她生前的十字架以战胜精神衰颓,或是进行临终悔悟②。通过方济各修会广为流传的刊物以及玛利亚修会的人际关系网络,这些事件传播到全世界。向亚松达祈祷的人常常发愿,请求应许之后,他们会广为宣扬她的恩典,为亚松达获取更多荣光。于是,他们写信给玛利亚修会,请修会将亚松达的恩典公布出来。因此,在法国、突尼斯、印度、叙利亚以及全中国和意大利,都有经由亚松达的干预治愈疾病的记录。除治愈疾病外,人们把锡兰一位尼姑皈依天主教、埃及亚历山大里亚新建玛利亚修会的修道院以及突尼斯消除蝗灾都归功于亚松达③。大多数寻求亚松达帮助的人只是简单地向她念诵祈祷文,正如罗萨所做的一样。但是也有人向在华修女写信,索要圣物。在一位美国妇女的记录中,她写道因为自己的鼻子严重出血,于是她从太原的修女那里要来亚松达的一片面纱,这片面纱救了她。另一位来自印第安纳州拉菲特的妇女报告称,她的兄弟因脚伤住院,亚松达的一片棺木和祈祷文治好了他④。人们祈求亚松达的帮助以治疗疾病或是祈求其他恩典,他们所参与的绝不仅仅是一种传统的过程,而是快速全球化的进程,在中国偏远之地发生的事件能够构成遍及世界之人的生命故事。

---

①笔者认同使徒行传中记录的这两个故事和其他的事例是真的有人病倒而后康复,因为准确性对于宣福的过程,非常重要,这也是收集这些故事的原因。康复的原因不得而知。毫无疑问,也有人向亚松达祈祷而不得痊愈,他们的经历也没能被记录下来。以下三部著作分别从体质、心理、历史三种取径解释此类经历:Thomas J. Csordas, *The Sacred Self: A Cultural Phenomenology of Charismatic Healing*, Berkeley: University of California Press, 1994; Robert A. Orsi, *Thank you, St Jude: Women's Devotion to the Patron Saint of Hopeless Causes*, New Haven, CT: Yale University Press, 1996; Amanda Porterfield, *Healing in the History of Christianity*, Oxford: Oxford University Press, 2005.

②*Sinarum seu Tuscolana*, 233, 401-2, 421-22.

③*Sinarum seu Tuscolana*, 1923, 396-419; Comtesse De Loppinot, *Soeur Marie-Assunta Franciscaine Missionnaire de Marie*, 69-75.

④*Franciscans in China* 1925(3)5:92-3; 1926(4)7:119.

随着时间的推移,向亚松达祈求的类型逐渐集中。为了响应宣福礼的程序要求,20 世纪 20 年代之后,记录在案的事例都是与医治疾病相关的。在成功发掘亚松达的尸体之后,玛利亚方济各修会的首脑和教皇庇护十世进行了会晤。教皇积极认可了只是遵从所属修会的规章就可成为圣徒的观念(尽管,在随后的文件中,教皇透露出对神迹数量如此之多的疑虑),并且敦促把为亚松达宣福的案例提前。在教会内部,封圣是官僚化、司法性的过程,深受欧洲科学理念的影响,强调对证据的严格检验①。首要要求是提供证实候选人英雄般品质的书面报告,如果必要的话,还要采访认识她的人。1932 年,为亚松达所进行的这一环节成功完成②。此外,在宣福礼之前,为了证实候选人的圣徒身份,教会要求出示两次神迹的证据,以证明神迹是由向候选人祈祷所实现的;在候选人受封成为整个教会内部的圣徒前,还需要出示另两次神迹的证据。这些证据必须能够证明已经发生的事件不是自然规律的结果,而缘于向候选人祈祷。这些规定导致的后果是,长期以来,大部分神迹都是有关治愈疾病的,并且必须有医学证据表明病人不可能自然痊愈。这使得"亚松达敬礼"呈现两种倾向:首先,相对于其他类型的神迹而言,推崇"亚松达敬礼"的修会刊物更倾向于强调治愈病患的神迹,因而在亚松达墓前祈雨的行为在 20 年代就停止了,村民回到圣母玛利亚的朝圣地祈雨;其次,与其他事件相比,在治疗疾病的过程中同时使用了西方生物医学的案例更有价值。

与上述米卡丽娜和罗萨·博思的例子相仿,大多数记下亚松达治病法子的人,都是寻医问药的女性,她们不顾一切为自己及家人寻找治疗方法,既求助于神父与圣人遗物,也求助于中医与西医,寻求亚松达的干预只是其中的一部分。1919 年,太原市一对夫妇两岁的儿子得了痢疾,他们带他看了两位中医并且请彼昂盖利诊病,但是毫无起色。随后,他们请神父为孩子做坚振礼(亚松达幼年时也因类似的原因受坚振礼)并且准备后事。神父给了他们一件亚松达的遗物,孩子的母亲把它放在孩子身上,向亚松达祈祷,许诺为亚松达做一场大弥撒,

①Jacalyn Duffin, "The Doctor was Surprised: or How to Diagnose a Miracle."
②Emidio Federici, *Beata Maria Assunta (Pallotta) Francescana Missionaria di Maria(1875-1905)*, 201.

然后孩子痊愈了①。另一事例是,一个五岁女童的脖子上长了一颗巨大的肿瘤(肿瘤的肿胀使女童渐渐失明),她的母亲带她前往太原去见做贞女的姨母。然后,她们带她去修女的诊所诊病,在一位中国神父的建议下又去找中医诊病,之后又去了政府医院以及新教传教士开设的医院。她们还尝试唤起在1900年义和团事件中牺牲的殉道士的超自然力量的帮助,然而,皆无效。一位传教士建议向亚松达祈祷,他给了女童印有亚松达肖像的金属牌,贞女教她念诵"亚松达阿姨,请怜悯我"。几天后,不知为何,女童的母亲对女童颇为生气,女童一面哭泣,一面颇为虔诚地念诵这句祷告。于是,肿瘤消退了,她突然发现自己能够看到母亲给自己吃的玉米棒②。以上这些案例和其他类似的案例,都强调使用各种手段治疗病患。中医的诊断被囊括进来,与来自新教传教士医院和政府医院的西医的诊断一起,构成证实神迹的证据。

因为对病人的医治通过社会"网络"起作用,这种医疗社会网络连接着大众,尤其女性和玛利亚方济各修会的修女,因而也延伸到与若瑟医院的联系。经营医院的修女很自然地积极推动亚松达的宣福进程。正因如此,她们建议患有疑难杂症的病患使用亚松达的遗物以治病。例如,医院诊断出一位受脚伤的病人感染了破伤风,于是给他服用混合了亚松达棺木碎末的水③。再如,1925年,一位十五岁的少女被送进医院,她从墙上掉下来,患了脑震荡。八个月后,她已经失去了语言能力,也无法认出她的家人。修女断定她的病情已非人力所能为,于是给了她一张亚松达的肖像和一小片棺木碎片。她的父母把木屑放到水里蒸煮,然后拿给她服用,同时向亚松达念诵简单的祈祷文。治疗九天之后,少女痊愈了。她的父亲写信给修女以表达感激之情,并且保证他会践行皈依天主教的誓愿④。

---

① *Sinarum seu Tuscolana*, 430-1. Emidio Federici, *Beata Maria Assunta (Pallotta) Francescana Missionaria di Maria(1875-1905)*, 25.

② Teodosio Maestri(梅德立), "La piccola Taumaturga di Tay-yuen-fu[太原府的小神医]," *Le Missione Francescane dei Fratri Minori*, 1923,1:115-8.

③ 同上。

④ Teodosio Maestri, "More Work of Sister Assumpta[更多亚松达修女所做的圣功]," *Franciscans in China*, 1925, 3(4): 77-8.

正如后一例所表明的,在太原使用遗物治病不仅仅局限于天主教徒。事实上,早在 1913 年,玛利亚·新福利亚纳就写到,教外村民同样祈求恩典,且虔诚的程度不亚于天主教徒①。"亚松达敬礼"既是天主教全球经验的一部分,也与当地的医疗文化紧密契合。教会统治阶级青睐使用祈祷和与遗物进行身体接触的方式来治疗疾病,但欧洲传教士不仅仅惯用此类治病方式。中国和欧洲都有使用灰末、遗物和圣水治病的传统。在欧洲,使用依纳爵圣水和沙勿略圣水治病是耶稣会士的特征,他们把圣依纳爵或圣沙勿略的遗物浸泡在水里制作圣水,用其内服或外敷②。在中国,道士焚烧书写的符咒,把灰烬和水混合起来给病人服用以治疗疾病,同样历史悠久。向吕洞宾祈祷也很常见,他是与医药相关的道教人物。在供奉吕洞宾的宫观的供桌上,放有标着数字的签,朝拜者抽签以获得处方。在有些道观中,处方包括服用道观的香灰。许多民间医药的制作也需要把物品浸泡在酒里,然后服用③。

"亚松达敬礼"的形成得益于与外部世界的联系。20 世纪 50 年代早期之后,由于欧洲传教士离开中国大陆,这种联系受到极大破坏。于是,亚松达的遗物几乎全部为民间医学领域所吸收,用蒸煮亚松达棺木的水给病人服用逐渐成为最主要的治疗方式。并且常常由老年男性自发将亚松达的遗物和民间医药一起使用,而不是经由玛利亚修会的女性网络。1964 年的案例表明,浸泡亚松达棺木的水和用同样方式制作的民间医药之间具有明显相似性。在这个案例中,病人是男性,因为受风生病,病情恶化得很厉害。他服用了几剂不对症的药物,如果不服用虎骨酒,这些药物本不会起效。但在病人饮用虎骨酒之后,引发了严重的后果,全身起满疹子,口吐黑血,病情危重,医生断言病人不可能存活。他的家属希望带他去医院,又担心他会死在途中。于是,他们给他蒸煮过亚松达棺木

---

①Comtesse De Loppinot, *Soeur Marie-Assunta Franciscaine Missionnaire de Marie*, 62.

②Trevor Johnson, "Blood, Tears and Xavier-Water: Jesuit Missionaries and Popular Religion in the Eighteenth-century Upper Palatinate," in *Popular Religion in Germany and Central Europe, 1400-1800*, eds, Bob Scrivner and Trevor Johson, Basingstoke: Macmillan, 1996, 183-202.

③Michel Strickmann, *Chinese Magical Medicine*, Stanford, CA: Stanford University Press, 2002, 9; 杨念群:《再造"病人"》,第 190 页、第 223 页;刘大鹏:《晋祠志》,山西人民出版社,1986 年,第 181 页;刘大鹏著,乔志强注:《退想斋日记》,山西人民出版社,1990 年,第 34 页。

碎片的水,并向亚松达祈祷。在一场持续许久的危机缓解后,病人痊愈了。这段时间记录下来的案例表明,棺木水直接作用于身体,它具有和其他此种类型的药物一样的功能。因此,一个农夫的牛染上重病,本来必须宰杀这头牛,这对贫困的农户而言无疑是一场灾难。但是当他喂给牛蒸煮过亚松达棺木的水之后,牛痊愈了①。

在"文化大革命"期间,破坏天主教墓园的红卫兵再一次把亚松达的尸体刨出来,扔进水渠,尸体不见了②。反对信仰治疗一直是新中国宗教政策的特征。这些政策常常将信仰治疗与政治上打压的"千年王国运动"信条归为一类,视作"社会问题"。在20世纪60年代,太原发生了一起动人心弦的事件。一位年轻的天主教徒被带到一系列群众大会,要求他供认谋杀了因饮用圣水而生病的母亲。他供称,家里人不肯带她的母亲就医,反而以"驱邪"为名将她殴打致死③。亚松达治疗病患的记录表明,上述故事,以及故事中所反映的科学医药和宗教信仰之间的鲜明对立具有误导性。"亚松达敬礼"是从用科学手段记录下的证据中构建出来的,而传教士提供的西方医学受到"亚松达敬礼"的需求的影响。进一步而言,向亚松达祈祷治疗疾病的人们的行为方式受到中国和欧洲的民间医药传统的塑造,中医和西医的精英医生通常也参与这一过程。

周年纪念

2005年,太原教区组织了一系列活动,以纪念亚松达逝世一百周年。他们与亚松达出生地所在的意大利教区取得联系;在亚松达去世的建筑中举办图片展,展出的图片由香港的玛利亚修会提供;当地修女重新表演亚松达的故事;重新印制祈祷卡片;出版书籍。在主要庆典中,安排由亚松达治愈的病患做公开宣

---

① 《亚松达走过的路》,第96—97页。
② 同上,第105、137页。
③ 《控诉:是谁害死了我妈?》(内部刊印),太原,1966年;《宗教工作通讯》,1965年12月28日,第14页。

誓①。通过公布这些证词,教区不仅赋予个人宣言以合法性,而且把这些证词与为亚松达争取封圣的全球化运动联系起来。自1954年亚松达受真福品,争取为亚松达封圣的努力就已开始,一直延续至今。主教早年访问亚松达在意大利的家乡,就是这一过程的象征。在人们重建早期的全球化联系时,这些纪念活动把亚松达的美德带回公众视野,用实例说明人们通过亚松达寻求医治的延续。

这些纪念活动和随之出版的各种刊物都浓墨重彩地强调亚松达谦卑与服从的品格。与在亚松达生活的年代一样,这些品格常常体现在贫苦村妇身上,并且无可避免地为她们带来麻烦。为了纪念她,许多女性被赋予"亚松达"的教名(亚松达死后,教区内的女性以此为教名是普遍现象),教区鼓励她们把这名字的意义写成文章。在纪念活动之前,和其他大多数当地天主教徒一样,这些女性大体上对亚松达的生活知之甚少。她们以"亚松达"为名,主要因为亚松达作为主保圣人,具有神奇力量。其中一位写道:"我想,如果是我,那我肯定不愿意,在家乡时做着就是这样的工作,远渡重洋来到中国为的是传扬天主爱的福音,可做的还是这样低下的工作,怎么传扬天主的福音呢?"她继续写道,"其实只需要完全服从、自谦自卑,做好自己的本职工作就足够成圣了"②。然而,其他人选择和亚松达一样,践行这些美德:为了纪念亚松达,当地的农村女性在村里的小圣堂中形成了一个小团体,她们到这小堂里来一起念经,以期在日常生活中践行亚松达的精神。

亚松达仍然具有治愈病患的强大力量。在"文化大革命"期间,她的大多数遗物都丢失了。因此,如今治病的方法变成蒸煮从亚松达的照片上撕下来的一角,然后服用蒸煮过的水。遗物本身也经历了科技上的转变。最早记录在案的事例发生在1974年,据说照片摄于亚松达生前,然后一直保存下来。但是近几年,人们使用的照片是散发的祈祷卡片。一位年老的修女继承了亚松达的一片棺木,她告诉与她一同生活并接替她在医院工作的侄女要大量复印亚松达的照

①《亚松达走过的路》,第119、127、130、145—147页。
②同上,第110页。

片。最近两起依靠服用这种照片水而治愈疾病的案例，均发生在 2001 年。其中一例是，一位女性在术后康复过程中饮用了这种水，她把自己的快速康复归功于此。在另一例中，一位男童身患绝症，但是医院无法确诊病因。于是，他的家人带他来到在"文化大革命"中殉道的神父的墓前，让他服用亚松达的照片水①。今天的情况和过去一样，为了治疗疾病，人们寻求各种各样的治疗方法，祈祷、民间医学的手段和生物医学的方法，求助于亚松达的干预只是这些治疗方式中的一种。

亚松达的故事清楚表明，讲述西方传教士把现代医学带入中国的历史并不容易。这不代表在华医务传道会的成员赞成"亚松达敬礼"：作为新教传教士，他们很可能对此感到气愤，同时，作为近代有自我意识的智识精英，他们并不会赞同治疗方法中民间医学的部分。然而，这并不意味传教士故意降低西方医药的水准，以使人皈依天主教。因为绝大多数记录在案的治疗事例都发生在已经皈依的虔诚信徒的家中。进一步而言，尽管病人痊愈的原因没有定论，甚至教会也支持对原因的讨论，但是病人从曾经困挠他们、令他们感到恐惧的疾病中痊愈了，这是无可争辩的事实。在亚松达治愈病患的众多事例中，只有两起得到天主教教会的官方认可，且都发生在意大利。由于教会坚持认为认定神迹必须有来自生物医学的证据，因此，这些神迹不大可能来自中国乡村。西方生物医学和传统中医都是男性主导的天下，而女性为自己及家人寻找治疗方法时，使用的是把民间医药、神迹治疗和专业医学方法联结起来的社会网络。当我们把目光从男性的世界转移到女性的世界，就会发现科学与宗教不是互相区隔、彼此相异的，它们同是有关世界如何运作的理念复合体的一部分，在历史的进程中，互相影响、塑造彼此。尽管在中国和欧洲，有关圣人神力和民间医药传统的理念是相似的，但两者不是派生关系，它们之间也没有显而易见的联系。因此，亚松达的故事和"亚松达敬礼"所体现的不是西方医学向中国的简单转移，而是在与地方传统的互动中和在来自全球的影响下，在中国和欧洲，人们寻求治疗方法的行为是如何被塑造的。

---

① 《亚松达走过的路》，第 99—102 页。

[鸣谢: 以下人士的观点影响了本文的写作,对他们的帮助,笔者深为感激。他们是 Sr. Palmide Gamba F. M. M. , Jeffrey Snyder–Reinke, Mary Laven, Bridie Andrews,于文,边和。]

"宝山奇香"考

——中国的千年王国论与越南南部的民间宗教

武内房司*撰 孙 江译

　　近代越南南部以诞生了"和好教"和"高台教"等新兴宗教而闻名,其中和好教,据说仍拥有超过百万的信徒,至今仍保持着影响力。

　　和好教是新兴佛教教团,大约在 1939 年,由越南西南部和好村青年黄富数 (1919—1947)所创。如果考察 1940 年后和好教迅速发展的历史,不难看到,它是在另一个民间宗教"宝山奇香"的影响下诞生的,黄富数在创立和好教前,曾亲自前往接近柬埔寨西南部的"七山"(Thât So'n),从扎根于当地的宝山奇香中吸收了教义。

　　19 世纪中叶,宝山奇香出现于越南南部湄公河三角洲,以该地为中心该教迅速发展起来。创设人段明谊,又名西安佛师,越南南部沙沥省松山人。大约 1851 年,越南南部霍乱猖獗,段明谊一边进行治疗活动,一边向民众宣播自创的新宗教。段明谊率领众弟子,在接近柬埔寨的朱笃地区建立布教据点,布教时,将印有"宝山奇香"四字的护符分发给信徒,因此该教被称为"宝山奇香"。

　　关于宝山奇香,在 1970—1980 年代,越南学者山南、日本学者宇野公一郎、美国学者 Hue Tam Ho Tai 等曾先后进行过研究①,但是,关于该宗教的性格和教义尚有许多需要进一步研究之余地。确实,Hue Tam Ho Tai 等对于越南南部农民社会千年王国民众运动之研究在美国的亚洲研究界影响很大,其中"道德经

---

* 日本学习院大学教授。

① So'n Nam, *Ca´ Tính Cu'a Miê´n Nam*, Saigon: NXBĐông Phô´, 1974(《南的特性》,西贡,1974 年);宇野公一郎:《"宝山奇香"初探——ベトナム宗教運動研究(一)》,《民族学研究》43 卷 4 号,1979 年;Tai, Hue Tam Ho, *Millenarianism and Peasant Politics*, Harvard University Press, 1983.

济学"概念产生了人所共知的影响①。尽管如此,以往对于"宝山奇香"宗教的内在的理解并不深入。究其原因,似应归结为论者对给予越南南部社会以极大影响之华人系宗教,特别是以救世为指向的宗教运动理解不足,Hue Tam Ho Tai 的研究对涉及中国民间宗教道教、白莲教等叙述暧昧不清。关于 18、19 世纪中国民间宗教运动,伴随对清代档案及宝卷之类的民间宗教文献之发掘和分析,近二十余年来取得了长足的进步。

本文在近年有关中国民间宗教运动研究的基础上,旨在从全新的视角,对越南南部兴起的宝山奇香运动予以研究。笔者之所以关注宝山奇香,乃是因为以往论及东南亚新宗教运动时,过分聚焦于华人社会中兴起的宗教与本国的关系,宝山奇香运动虽然不断受到华人系宗教的影响,但是,就其在南部社会土著化的独特历史而言,对于考察民间宗教的传播和变异,它提供了一个饶有兴味的个例。

一、19 世纪越南南部社会

正如以往众多研究所指出的,华人移民越南南部社会的历史可以上溯到明末清初②。不少移民鄙视杨彦迪等臣服于清朝,在郑氏政权崩溃后,辗转迁移到南洋。初来乍到的华人受到广南国阮氏的庇护,得以积极参与对湄公河三角洲流域的开发。在此之前,湄公河三角洲的生产和生活的主角是高棉人,为免遭雨季洪水侵害,高棉人在能够自然排水的小高地或丘陵建立了自己的村落③。

但是,随着以广东为中心的华南地区对米谷需求的增大,特别是在 19 世纪

---

①参照如下研究:高田洋子:《スコット·ポプキン論争をめぐって》,《東南アジア:歴史と文化》,第
　14 号,1985 年,183—187 页;岸本美绪:《モラルエコノミー論と中国社会研究》,《思想》792 号,
　1996 年。
②藤原利一郎:《ベトナム歴朝の対華僑政策》,《史窓》,48 号,1991 年。
③高田洋子、ブロショ ピエール:《広大低地氾濫原の開拓史——トランスバサックにおける運河社
　会の成立》,《東南アジア研究》,39 卷 1 号,2001 年。

以降，湄公河三角洲出产大米对广东的出口不断增加，从华南迁徙到湄公河三角洲居住的华人也越来越多。明命九年（1828），统治创设宝山奇香的段明谊出生地——沙沥地区的永清镇镇官对华人移民情况报告如下：

> 永清镇镇官为饬知事。兹承传示内叙，照得。从前清船来商，城辖常有搭客，每艘多者五六百人，少者不下三四百，迨至回帆之日，不过舵工水手七八十人而已，余皆留来访寻亲眷，散居于铺面及各社村市肆，或以商贾为业，或以农圃谋生，一年之中不下三四千人，且该等原系空手而来，窥见城辖乃肥饶之地，山泽利溥，易于生涯，故居聚日繁。①

19世纪上半期以降，在日渐增多之华人和原住民高棉人以外，湄公河三角洲西部有被称为"阇婆"的马来人居住其间，他们是为逃避弹压而移居此地的天主教徒，秘密从事生产活动②。

基于与暹罗势力对抗的目的，阮朝政权、特别是明命帝时期积极推进对湄公河西部地区的开发，如明命十二年（1831），在接到朱笃堡新成立的社/村，人民无法开垦的奏文后，明命帝为了加强边疆防备，颁行积聚商民、贷款而予以开垦等政策，进而免除人民三年庸役③。但是，这种奖励移居的政策未必立刻导致比较安定的村落形成，移居湄公河西部的农民必须确保雨季来临时的居住地、水源和驱除毒蛇和野兽之害等。

Hue Tam Ho Tai 认为，宝山奇香等新宗教的发源地，沙的（沙沥）和朱笃，位于越南南部，19世纪中叶以降，属于典型的开发社会，开拓历史尚浅，与北部农村相比，村落互助尚不发达，在霍乱等疫病蔓延之际，人们以宗教为纽带强化彼此之间的联系。在南部开发社会，越南人以外，还有很多华人和高棉人，他们之间互相影响，由此形成了南部开发社会的不安定性、民族和文化的多样性等特征。Hue Tam Ho Tai 从开发社会的特征探求宝山奇香等新宗教诞生的背景，认为即使在今日这些新宗教尚未失去生命力。

---

① Trung tâm Lưu trữ~ Quôćc gia II（越南国立第二文书中心），Hôˊ Chiˊ Minh，S. L. 1742。

② Soˊn Nam，*Tiˊm HiêˊuDâˊt Hâˆ. u Giang &Li. ch SưˊDâˆˊt An Giang*，Hôˊ Chiˊ Minh：NXB Bêˊn Treˊ，2006，tr. 71，嶋尾稔《明命期（一八二〇——八四〇）ベトナムの南圻地方统治に关する一考察》，《慶応義塾大学言語文化研究所紀要》23 号，1991 年，第 175—191 页。

③《明命政要》卷 24，抚边。

宝山奇香的创始者段明谊以沙的为据点,通过治疗霍乱,而获得湄公河流域民众的支持。以下,以和好教理论家王金《西安佛师传》为文本,简单地介绍 Hue Tam Ho Tai 所梳理的西安佛师——段明谊的事迹。

丁卯年(1807),西安佛师出生于沙的省松山一个富裕农家,俗名段明谊,法名"觉灵"。丙辰年(1856)去世。段明谊父亲曾当过郡长,在其幼年时死去。父亲去世后,段明谊一家被其父亲族从村中赶走,过着贫穷的生活,直到1849年末,段明谊才又回到松山。

段明谊回到松山后不久,霍乱肆虐全国,死者据说达到50万人。其时,松山人宰牛以为牲,试图驱走霍乱。段明谊反对屠杀役畜仪式,针对疫病而展开治疗,很多患者被其治愈。离开松山时,段明谊留下五公旗。

离开松山后,段明谊来到湄公河上游龙川省隆建,那儿正遭遇霍乱之害。段明谊端坐于亭中神坛上,自称是为拯救众人而被派遣到地上的佛祖,受到当地有势力者的攻击。段明谊在神坛近旁搭建小屋,从事治疗活动。他在黄纸上用朱笔写字,焚烧后将灰烬倒入水中,点燃线香,献给佛陀。接着,段明谊对身后的患者讲述因果报应和拯救之必要性。渐渐地,段声名远播,《西安佛师传》称数以万计的人前来求治。段明谊在给孩子施治之时,规劝其家人皈依。段明谊称,病乃罪孽累积所致,罪孽越深,越难治愈。段明谊得到很多人的信奉,于是,他被称为活着的佛祖而远近闻名。

如果仅以治病型宗教而止的话,伴随湄公河三角洲开发热的终结,宝山奇香的影响也许不会持续下去。以往段明谊所宣传的宝山奇香是以村落为活动据点,通过治病和说教解决开发社会里疾病和自然灾害带来的问题,使移民生活趋于安定。但是,1860年代以降湄公河地区经历了法国殖民地化这一巨大的政治、社会变动,宝山奇香中出现了抵抗殖民化和复兴王国统治的新团体,因此,对于宝山奇香派的历史,不能仅仅因袭教祖传承的"叙述",还应该关注殖民当局留下的档案所记述的宝山奇香的"历史"。

二、反殖民地斗争与宝山奇香

1862 年,阮朝政府签订《西贡条约》,法国获得越南南部嘉定、边和、定祥三省,五年后继而兼并西南部安江、河仙、永隆三省。对于这一殖民地化,越南民众掀起了抵抗运动,这就是越南人所说的"民众自卫风潮"。宝山奇香派民间宗教在初期的反殖民地斗争中发挥了重要作用。

陈文诚是其中一人。陈文诚原为阮朝嗣德帝时期管奇出身的军人,南部主要起义军的领导之一①。根据 Hue Tam Ho Tai 对教派传承与档案所进行的研究②,1849 年,陈文诚成为西安佛师的弟子,加入宝山奇香。1867 年前后,陈文诚与渔民出身的阮忠直所率领的起义军合作,发动迪石起义。阮忠直与宝山奇香关系密切,从 1862 年反法斗争开始到 1868 年被捕,一直隐匿在龙川宝山奇香信徒家中。阮忠直被捕后,陈文诚继续进行抵抗运动,将原为无人沼泽地的朱笃七舒(Báy Thu'a)开辟为水路,建立堡垒,储备粮食和武器,召集士兵 500 名、各地居无定所民众 1500 名左右。陈文诚被授予印有"嘉毅"的旗帜,其活动得到阮朝的公认。1873 年,陈文诚落入法军之手,旋被处死。

法属殖民地当局在察觉到反法起义中有宗教指导者后,占领七舒,查禁"好宗教"(Dao Lanh),这里的"好宗教"即指宝山奇香③。

陈文诚起义被法属殖民当局镇压后,吴利成为宝山奇香系新的宗教指导者。吴利在越南民众中以"五帖爷"而闻名(以下称五帖爷)。1840 年代是和好教迅速扩大时期,宗教理论家王金称五帖爷于辛卯年(1831)5 月 5 日生于槟榔省喋

---

① 关于越南南部早期反法斗争,参阅〔越〕陈辉燎《越南人民抗法八十年史》,范宏科、吕科译,生活·读书·新知三联书店。Trâ'n Thi. Thu Lu'o'ng- Tha'nh Phu'o'ng, *Kho"i Nghi~a Ba'y Thu'a (1867-1873)*, Hô' Chi' Minh, 1991.

② Tai, Hue-Tam Ho, *op. cit* ., pp. 44-49.

③ So'n Nam 认为 Lanh 是陈文诚的"诚"= Thanh 的讹音,意为陈文诚的说教,有牵强附会之嫌,应该视为象征谋求村民生活安定的宝山奇香的道德主义的表现。So'n Nam, *Ca' Ti'nh Cu'a Miê'n Nam*, sđd, tr. 43.

拱县建和(Kiến Hòa),越南学者多持此说①。五帖爷在家排行第五,以替人写字帐为业,字帐有“先生”之意②,就此而言五帖爷无疑有基本的汉文素养。

在宝山奇香中,五帖爷重视父母、国土、三宝、人类同胞等“四恩”,故其派以“四恩孝义派”而闻名。要了解五帖爷新宗教的历史,不能忽略今日四恩孝义派内所使用的《阴骘孝义经》。近年,着力研究四恩孝义派的丁文幸(D -inhVặn Hanh)根据《阴骘孝义经》,认为五帖爷 1867 年 5 月正式布教,向农民传授相关礼仪③。1999 年 2 月,笔者访问了位于安江省知尊县芭视社安定村的四恩孝义派的本部飞来三宝寺,承该寺住持 Bui Van Le 氏之厚意,有幸得以阅览《阴骘孝义经》原本。该经由上、中、下三卷组成,关于五帖爷创教的记述在中卷,以下引用其中一节:

佃然先了定　南天国宝生
辛卯年五月　初五日午时
夏长寿天恩　吾本宗所号
弦道所成能　养亲梵王母
享世寿如山　向上丁卯岁
五月日午筵　转我身去俗
七日夜低迷　寂然回唤醒
解脱洗尘心　教人从善道
口说普流传　庚午年九月
十五日出名　妙才真天女
三宝派皈依　不论贫与富
贵贱择贤人　己卯年四月
二十八日生　菩提心授记

---

①Vu'o'ng Kim, *Bu"u Su'n Ky´ Hu'ong* , Saigon: Long Hoa, 1966, tr. 15. 但是,又作生于柬埔寨和越南国境交接处 Ðôi(Ṃôcbài 附近),参见 Dâ. t Si~ va´ Nguyê~n Văn Hâ´u, *Thâ´t So'n Mâ´u Nhiê. m* , Saigon, 1972, tr. 95.

②Dâ. t Si~ va´ Nguyê~n Văn Hâ´u, sđd, tr. 95.

③D -inh Vặn Hanh, *D -ạo Tu'´ Ân Hiê´u Nghi~a cu'a Ngu'o'`i o' Nam Bô. (1867–1975)* ,NXB Tre', tr. 60.

普教度众生　善男同信女

明惠法界传　常行平等念

撇开文中暧昧不明的字句，从所言及的干支可知五帖爷生平。辛卯即 1831 年，系五帖爷生年。丁卯即 1867 年，丁文幸"于丁卯之岁五月午日飘然离俗，七日七夜失去知觉，后突然睁眼，洗净心尘埃，向人传教，劝民皈依"。可见，五帖爷在1867 年经顿然觉悟，创立新宗教。前揭《阴骘孝义经》写道："父慈子孝义，男女等诚心，三教承罗祖，后次启道情。"不难看到，四恩孝义派吸收了中国民间宗教中的罗祖信仰，虽然尚不清楚是如何吸收的。另一方面，从四恩孝义派的飞来三宝寺中没有安置佛像，可知宗教指导者没有出家、剃发，这很像作为世俗宗教者的罗祖。庚午年（1870）事不明，已卯年即 1879 年是其试图开始救济众生的前一年，这与五帖爷等所领导的善良宗教（D-ạo Lành）进行的斗争，特别是反殖民地势力斗争不无关系。

实际上，法国殖民当局在镇压 1878 年美湫善良宗教的叛乱中，业已知道五帖爷。1878 年 5 月，Vinglong 理事在致交趾支那（Cochinchina）总督的一封信中，做了如下报道：

> 我讯问了一位首领，他告知我关于善良宗教结社的情况。善良宗教的首领是一个叫五院（Năm Viện, Nam Vien）的人，安南历一月十五日，善良宗教在美湫省 Tra Tot 悄悄集会，密谋起事，来自交趾支那六省之善良宗教信徒参加了这一集会。这些人负责各自地区的起事，向教徒散发护符，定于四月末起事。
>
> 昨晚为逮捕五院的妹妹，派遣使者前往，一并逮捕了当地善良宗教的信徒。……五院预定以"明皇"之名进行统治。①

五院是五帖爷乳名。1878 年发生的美湫起事，也引起了在美湫传教的天主教传教士的注意，Moulins 给法国巴黎方传教会本部送去了下述报告②：

> 叛乱者以棍棒和旗帜为武装，<u>自以为是不死之身</u>，愚蠢地先后四次冲入

---

① L´Administrateur à M. le Gouverneur, Vinglong, le 12 Mai 1878, ANOM, GGI/11934.

② Lettre de M. Moulins, Mytho, 4/7/1878, Correspondence：Cochinchine Occidentale（Annam），*Les Missions Catholiques*，1878, pp. 409—410.

原住民部队,受到猛烈的炮火洗礼。眼看同伴一个个倒下,叛乱者知道守护神无能,纷纷逃散。很多人被逮捕,主犯25名依据安南法律被处以死刑。

这些给信众以极深的印象,乐于支持宗教(天主教),舍弃了制造不幸死刑的错误百端的善良宗教。被称为五院的大首领,一个人躲在朱笃山中,继续向同伴传授教义,如让信众饮用圣水,宣称不仅有治病功效,尤有能赋予人不死之身的护符威力。(下划线系引者所标)

起事失败后,善良宗教未必如报告中所说被湄公河流域的居民所舍弃,但如Moulins所指出的,五院即五帖爷在美湫起事失败后将活动据点转移到西部朱笃"七山"地区,聚集信众,建立起独特的信仰共同体,成为中心的地区属于现安江省知尊县芭祝社安定村、安成村、安和村、安立村等4村。其中安定村位于"七山"之一的象山山麓,最后成为善良宗教的总部。

关于安定村形成时期,记载未必明确,据说五帖爷1872年在安定村建立飞来三宝寺①,如果此说不错的话,其时安定村当有一定数量移民居住。1887年,交趾支那总督在送交法国本土的年度报告中是这样介绍五帖爷的活动和安定村的情况的②:

这些组织是由名叫五帖爷的人率领的,他在该地区作为能治各种疾病的人具有很大的影响力,各地患者纷纷来请他看病。

随着影响越来越大,五帖爷梦想在交趾支那叛乱,为此派遣使者四处散发祈祷用的读物,书中写有煽动叛乱和如何准备叛乱的文字。他要赶走外国人,恢复伟大的安南帝国,据传他自称"大风"。他的信徒主要集中在朱笃边远地方的安定村,这一地区由柬埔寨和永济运河分开,有尚未建成的庙,正门前立有两根大柱,上面雕刻着王朝臣民字样。

在庙里,可以看到交趾支那各省叛乱军的军旗、秘密书籍、"大风"支持者的事迹。从没收的书籍看,该庙曾组织各种集会,授予参加叛乱者以称号、官职等。主要信众为安定村村民,全部或绝大多数人都期盼着五帖爷的

①Trâ`n Hô`ng Liên, *Phâ.t Gia´o Nambô. tư` thê´ ky' 17 đê´n 1975*, NXB Tha´nh Phô´ Hô` Chí´ Minh, 1996, tr. 36.

②Rapport général de la fin d'année du Gouverneur Filippini, mai 1886—1887, ANOM, FM/A20(21).

出现，这与其说是政治期待，不如说受到宗教迷信感情的驱使。

五帖爷的据点安定村在 1887 年 5 月被法国军队捣毁，指挥镇压安定村起事的法国行政官是这样向总督报告的①：

> 安定村约有 500 家，将 1200 名住民赶到屋外是件非常艰难的事。但是，没有必要因此而中断（作战），如要有效地根除叛乱，希望尽快发布解散命令。从我在安定村没收的资料看，<u>叛乱组织可追溯到二年前，其首领奉安南王咸宜为主君</u>，服从他，另外还与柬埔寨叛乱的首谋者保持着联系。

如果二年前叛乱者即奉咸宜帝为主君，那么五帖爷可能是奉咸宜帝抗法檄文而准备起事的，但虽然响应之而起事，却自称"明皇"，并且没有明确表示支持阮朝。朱笃行政官果断地捣毁安定村并将居民押回原居住地，应当是担心南部地区的反法"勤王"运动扩大。

表 1 为 1887 年法国当局掌握的安定村居民出生地之统计，其中"参加党派的居民有 40 名以上"。

表 1　安定村村民（户主）出生地分布

地名	人数	地名	人数
沙的（沙沥）	16	槟榔省	24
西贡	16	美湫	55
新安	24	鹅贡	14
Vinglong	30	芹苴	14
隆建	35	朔庄	1
堤岸	76	朱笃	98
河仙	2		

（出处：ANOM，GGI/11934）

从该表可知，来自美湫、堤岸、朱笃的人非常多，这说明 1878 年美湫叛乱后可能

---

① Télégramme. Chaudoc, le 20 Mai 1887, Soulèvement d'An-dinh. Envahissement du territoire cochinchinois aux environs de Chaudoc. 1887, ANOM, GGI/11935.

有很多宝山奇香信徒迁入安定村。此外,来自堤岸的人也相当多,这说明安定村中有不少华人或混血的"明乡人"。1885年朱笃行政官的报告显示,五帖爷等叛乱集团的入居地有越南人、中国人、柬埔寨人等①。因为有华人或明乡人混居其中,安定村村民当不难接受五帖爷等依据中国民间宗教经典阐释的宗教教义。

三、宝山奇香教义

Hue Tam Ho Ta 认为源于弥勒信仰的"龙华会"观念,构成了宝山奇香信仰的核心。他们相信世界由上元、中元、下元三个时间构成,随着从上元转为下元,基于社会和道德原因,腐败、战争、自然灾害等连续发生,现在正处在从上元降为下元时期,直到弥勒龙华会上大收元,才开始恢复上元世界②。

Hue Tam Ho Ta 这种强调源于弥勒信仰的龙华会认识,承袭了王金等研究和好教学者对教义的阐释。但是,这种阐释之外,进入20世纪后,还需要特别考虑通过不断吸取佛教要素而创立和好教背后的历史语境,同时,还需要挖掘宝山奇香佛教程式化以前的教义内容。

五帖爷在1878年美湫叛乱及1885—1887期间的"勤王"运动中宣称"明皇"统治出现,自称"大风"化身等,从弥勒信仰的文脉中难解释这些宗教观念。宇野公一郎对王金等教祖传承和教内文献的认真研究,先于 Hue Tam Ho Ta,他分析过象征着宝山奇香宗教世界观的"四宝灵字诗"等文书,并认为,"明王"或"明皇"暗指阮朝最盛期的皇帝明命帝。宇野的解释不乏说服力,但"明皇"是否总是指明命帝则值得商榷,因为宇野是以超越地区和历史、植根于越南传统的王权观念"隐在山中的理想王"来理解"明皇"的③。

---

① L´Administrateur de Chaudoc Rougeot à M. le Gouverneur, Chaodoc, le 1er Janvier 1885, ANOM, GGI/11933.
② Tai, Hue Tam Ho Tai, *op. cit.*, pp. 27–33.
③ 宇野公一郎前揭文。

    对于 19 世纪中叶以降越南南部不断出现的"明皇"观念，提出具有启发性解释的 Hue Tam Ho Ta 介绍过法国殖民统治时期的档案资料，从档案资料可以看出既与"弥勒"信仰不同，也与"隐在山中的理想王"不同的宗教观念。1933年，法属殖民地保卫局（Sûreté）秘密派遣僧人暗探，前往"七山"刺探到关于"修仙教"如下之情报：

    五公教自称"修仙教"，其祖师在朱笃省的 Ong-Ket 山山顶附近苦修。五公教虽然坚守禁欲的宗教生活和实践，但是其祈祷和教义说明属于佛教。

    祖师以治病为业，尤其重视治疗儿童的疾病，因此有很多民众皈依他。信徒在朱笃省七山附近建有西安寺（至今仍存在）。人们将祖师迎入该寺，称其为"佛祖"。"佛祖"于乙卯（1855）年 8 月 12 日七十岁时去世。

    ……

    "佛祖"从信徒中挑选 70 名使徒，授予三角形五公旗，五公旗上书有五公。人们在寺前祭祀五公，五公名称如下：

    一、东方青帝志公王佛；二、南方赤帝宝公王佛；三、西方白帝郎公王佛；四、北方黑帝化公王佛；五、中央黄帝唐公王佛。

    信众念诵五公经和佛教经典。如果治疗后恢复健康，成为新信徒的会将五公祭祀在坛上。但是，坛上什么神像也不放置，仅烧香即可。[1]

与修仙教有关的这些传承虽然还有若干尚待解决的问题，基本上与王金等 20 世纪以降和好教宗教理论家介绍的"西安佛师"开教传说一致。将五公旗分发给 70 名信徒的"佛祖"无疑指段明谊。段明谊等在治疗霍乱等疫病时，使用了介绍志公、宝公、郎公、化公、唐公等五公事迹的中国《五公经》中所描绘的各种符咒，并积极将五公信仰纳入自身的宗教教义之中。Hue Tam Ho Ta 在介绍上述资料时认为，这一教义仅仅受到五行思想的影响，而没有对宝山奇香与五公信仰之间的关系进行充分分析。

---

①Nadaut, à M. le Directeur des Affaires Politiques et de la Sûreté Générale, Hanoi, Saigon, le 17 mai, 1933, Tu-Tien: Secte religieuse de Cochinchine et d'ailleurs, ANOM, GGI/65539.

在五帖爷创立的四恩孝义派中,《五公经》也受到重视。实际上,前揭《阴骘孝义经》中也有志公、唐公、宝公、化公、朗公(即殖民当局档案中"郎公")等五公。笔者在芭祝社的飞来三宝寺确认,该处仍然保存和传承有《五公救劫真经》(抄本)。

与弥勒下生说不同,从五公信仰中产生的《五公经》,作为中国独特的救世主信仰连绵不断地被继承下来。《五公救劫真经》强调"下元末劫""黑风巡世""佩符免劫""明王出世"等观念,如果进入"下元甲子",就会出现众生行恶,上下皆为利而奔走,互相争夺,老若相伐的末劫世界。其时,上天降"黑风"扫荡尘世,消灭"恶人"。持有志公符等五公符者则可以在"黑风"中活下来,享受理想的帝王"明王"之治。

飞来三宝寺本《五公救劫真经》虽然是简本,但内容大同小异①。该本载录五公符写道:"此符断诸恶气,带者百事大吉,刀兵不伤,横死不染,劫贼灭亡,瘟疫离乡。"强调符具有断绝恶气、免遭战祸和疫病之功效,其中有关黑风劫来临及靠五公符护身、享受明君太平等内容,与他本无二:

> 寅卯之年七月七日七夜,发六万鬼兵从东方行,百种恶病黑风起,七日七夜大雨雷电,万民留一半,惟有带吾符者,读吾经者,更念观世音菩萨名号,方过此难,得见太平年。戊亥相连逐戊己,见明君,金陵帝起。

段明谊散发五公旗,五帖爷自称"大风"化身,均可视为源自五公信仰。与越南南部宝山奇香同时,期待理想帝王"明王"出世的救世主信仰,在中国民众运动中也经常出现②。

19世纪中叶中国贵州省的灯花教,教主即自称五公之一,灯花教宣称消灭贵贱贫富、满足人们所有物质欲望的理想世界即将出现,这吸引了苗族等众多受

---

① 跋:"南无正僧道师　证明。　天运壬子年十月二十六日奉　完奉至此五卷,第一百三年　历史道系派佛教四恩孝义三教道　居士　男姓裴诗。"
② 关于中国的五公信仰及其与民众宗教运动的关系,参看拙稿《"明王出世考——中国のメシアニズムの伝統》,《老百姓の世界》7号,1991年,第1—25页。

压迫的少数民族信众①。

近年,详细考察华南天地会的田海(Barend ter Haar),将本文所介绍的五公信仰中所见之救世主信仰视为"鬼魔救世主信仰"(The Demonological Messainic Paradigm)②,田海认为,这种救世主信仰与强调个人道义性的佛教末世论不同,世界在受到鬼魔侵害后,理想帝王统治的"太平"世界才会出现,这是源于道教的信仰。

可以说,湄公三角洲的宝山奇香及其分支四恩孝义派,对于不安定的开发村的现状和殖民地化过程中产生的政治混乱,是从这种东亚民间信仰来加以重新解释的,进而从边疆开垦生活和反法抵抗运动等中摸索出可以付诸行动的范式。

结　语

以上言及的《五公经》等民间宗教经典主要是由从福建、广东移居到越南南部的华人带来的,而五帖爷等则由越南宗教家根据当地社会的具体情况,对教义重加诠释。

1887 年,安定村被解散,抵抗运动的首领或被逮捕或逃亡,村里的寺庙也遭到破坏③。其后,村落复兴,飞来三宝寺重建,但宝山奇香系宗教的反法抵抗运

①典型的事例是 1855 年在中国西南贵州省东南部发生的苗族叛乱中出现的灯花教。民国《都匀县志稿》卷 15《官师传》张鸿轩《书鹿壮节公轶事四则》中有描述,拙稿《清末苗族反乱と青莲教》(《海南史学》26 号,1988 年)曾有论述。原文如下:"五公教盛行于道光之季年,上游遵大,下游平镇匀黎,所在阴煽其教。老匪谓之公,著者曰唐、郎、保、字、化五渠,故谓之五公,所至常燃灯一巨碗,号为公之老匪,戟指咒之,灯顿大如车轮,老匪投团蒲灯光上,腾身趺坐,穗焰岐出蒲外,照匪面作金色,如佛坐莲台状。故又谓之灯花教。侍者膜拜,问休咎,求医药,时亿中,乃宣言曰,当今黄道管事,再造世界,五公降凡,救度众生苦厄,汝等但皈依吾法,无用劳苦生计,三数年间,天魔下降,生人遭殃,有饭无人吃,有衣无人穿,唯我等在教之人有五公佑护,不受魔害。此时为黄道世界,无贵无贱,无贫无富,予取予求,一惟汝曹所如。"
②Barendter ter Haar, *Ritual and Mythology of the Chinese Triads: Creating an Identity*, Leiden: E. J. Brill, 1998, pp. 224-262.
③安定村的飞来三宝寺在 1886—1890 年之间先后被破坏 7 次,每次被破坏后不久又被重建,令人惊叹其影响力和在民众中获得的支持。

动就此沉寂。伴随殖民地化，原本应该承担反法责任的阮朝进一步傀儡化，这样，救国之道自然也就无人问津了。但在南部，民众依然深深地期待着新皇帝的出现，1905 年在边和省，获得神启的 Nguyen Van Me 自称发生了这么一件事①：

> 自己做了一个梦。佛陀出现在自己的面前，命自己为明皇（光辉的皇帝），自己拥有保护安南人不受敌人和疾病、恐怖的野兽等邪恶侵害的神圣使命，为了确保安南人的和平，自己宣布为交趾支那王，并且与中国、日本、暹罗诸王进行合作。

将民众所期待理想帝王归为前近代的遗留物，是过于简单的解读，我们还应当关注民众当下的需求，因为越是期待理想社会，就越会对殖民统治的现实持批判态度。关于事件详细经过，我将另文专述。1913 年，自称"大明国治位潘赤龙皇帝"的潘赤龙试图纠集天地会系秘密结社进行反法起事，这一事件，也应置于湄公河三角洲西部一带民众期待理想帝王出现的心理背景中加以解释。推举潘赤龙为皇帝的朱笃小麦商人 Nguyen Van Hiep 被捕后，面对审判官询问回答说，他之所以拥戴潘为新皇帝，并非仅仅出于自己的政治野心②。

> ……
>
> 答：是的。我一直认为私潘发生（潘赤龙——引者）就是皇帝。
>
> 问：此人是因从事占卜而被判有罪，作为警察的儿子，连自己的生父都讨厌他，这种家伙你居然认其为皇帝？
>
> 答：（头点得脖子要断地说）是的。潘赤龙天生具有王的气质，他是皇帝，他胸前刻着代代皇帝的印记。
>
> 问：如有人交给你掷向欧洲人的炸弹，你会投掷吗？
>
> 答：会的。一定会投掷的。
>
> 问：如果这样，会招致杀身之祸，你知道吗？
>
> 答：知道危险。即使如此，也会投掷炸弹。我痛恨法国人，他们征收重税，让人们困苦不堪，而且，法国人不取缔犯罪，结果这几年我们的女人中出

---

① Rapport de l'Inspecteur des services civils charge de l'enquete sur les evenements qui se sont deroules au village de Vinh-Cuu（Province de Bien-Hoa）le 12 mai 1905, ANOM, FM/INDO/NF/447.

② Extrait de l'Interrogatoire recapitulatif de Nguyen-Van-Hiêp, ANOM, RSC/492.

现了"堕落的女子"，这对其他文明民族来说也是可耻的事情吧。

我决心牺牲生命。不满的人并非我一个，我想成为所有哭诉无门的人的代言人。希望政府减免税赋，不再让人们感到困苦，保障居民的安全，那时就不会有造反和叛乱了。

可见，伴随殖民统治的深化，建立"明王"统治下的理想社会这一《五公经》式的世界观，已经以更为具体的形式，扎根于宝山奇香及四恩孝义派等越南南部民间宗教之中。

比较视野下的宗教与世俗主义:欧洲、中国及日本

杜赞奇（Prasenjit Duara）*撰

郑程文译　曹新宇校

宗教并不会因为一个社会的现代化而消失的观点如今已经得到了广泛认同。而 20 世纪中期出现的那些世俗化理论,则几乎都已淡出了人们的视野。取而代之的是新兴的,在世界范围内广泛出现的"后世俗化"(post-secularism)理论。但是就该词的具体定义,学界还没有达成共识。我在这里不想以世俗化和现代化为着眼点,而要从 20 世纪亚洲将世俗主义(secularism)作为一种制度化观点去接受的视角,来探讨其在亚洲的演变历史。世俗主义发源于欧洲,后来强加于中国社会。我研究的中心,在于探究帝制中国社会某些具体的宗教生活状态。对照 20 世纪前半期日本的世俗主义制度化历史,中国的经验显得尤其重要。

何塞·卡萨诺瓦(Jose Casanova)为当代世界社会的"世俗化"一词提出了明确的概念。他认为,根据最初的世俗化理论,世俗化应该导致宗教信仰和宗教实践的衰落,宗教被边缘化到私人领域,世俗环境与宗教机构、规范脱离。然而,他发现只有第三点,即宗教从历史上那种普遍而广泛的社会角色淡出这一过程,是可以被历史进程所证实的。实际上,他也认为,除非放弃政治或是神权统治的野心,并顺应社会需要,否则宗教在现代世界的衰落难以避免①。

在其雄辩地论述西方世俗化历史的标志性著作《世俗时代》(*A Secular*

＊美国杜克大学唐骝千氏基金东亚研究讲席教授。

①Jose Casanova, *Public Religions in the Modern World* , Chicago：University of Chicago Press, 1994, pp. 211-212.

Age）中，查理斯·泰勒（Charles Taylor）提出，世俗主义是欧洲宗教在历史进程中的发展结果，而在这一过程中，新教的作用尤其具有代表性。在泰勒看来，前近代基督教的"自我"，是一种"可渗透型"的自我（porous self）：自然的和超自然的现象，均可能形塑、决定这种自我。随着对外部世界的祛魅化（disenchantment），以及新教改革所带来的信仰内化，一个关注对内在，而不是对外部世界的超越的"隔离型自我"（buffered self），开始出现。

诚然，近代欧洲如文明化、专业化等历史因素，也曾将宗教变为"自足的自我"（sufficient self）的一个条件，但逐渐地，受到限制的上帝的角色，萎缩到"隔离型自我"不再需要的程度。泰勒认为，"隔离型自我"可以被看作轴心文明逻辑的普遍化，或向下的延伸，而轴心文明逻辑所要求的"克己型"的信仰（renunciatory faith），在早期，对象仅仅是"选民"或"导师"。在这个意义上，我把世俗主义称为"超越中的超越"。

在这部巨著中，泰勒详细记述了不同时期宗教信仰与民族主义（nationalism）或种族性（ethnicity），以及"注定的政治使命"（providential political missions）等近代认同的各种形态之间的联系。但是在当代，他发现西方的信仰（faith）与信条（belief），已经变成脱离相关团体领导的自愿行为。宗教因而成为个人或集体自我表达的一部分，及自我真实性的来源。人们不再必须从出生所在的宗教中找到信仰；他们可能从世界上不同种类的宗教观念，如佛教或玛雅的神灵中，寻求他们的宗教表达①。

然而，泰勒敏锐的分析，似乎局限在对西方当代情况的研究上，只有在宗教的概念或多或少地等同于信仰和信条，他的分析才较为适用。而这一亚伯拉罕式，乃至新教式的宗教概念，在世界上很多其他地区并不适用。亚伯拉罕式信仰提供了礼仪（ritual）、教化（cultivation practices）、神报（reciprocities）、约誓（vows）、预言（divination）、献祭（sacrifice）等人神沟通的平台。与其他宗教相比，其在对信仰和信条的构建上扮演着至少同样重要的角色。以文化多元的新加坡为例，人们为追求最有效的信仰，常从一个神转信另外一个。因此，信条虽然在

---

①Charles Taylor, *A Secular Age*, Cambridge：Belknap Press of Harvard University Press, 2007.

一定程度上被需要，但也许不稳固，不过其在道德和责任培养中的角色却极为重要。

　　然而我们该如何理解世俗主义的概念从西方传播到亚洲这一现象？我的历史观是流转的历史观（circulatory history）。这是一个新兴的，不以狭隘、封闭的（tunneled）民族的或文明的视角去看待历史的方法。历史也并非单纯地从一点出现，然后扩散性地传播到世界其他地方，如在这个例子中从西欧渗透到他处。在流转的历史概念中，历史思想与实践的引入，不仅会经历地方化的变迁，同时也在改变着引入地的历史。它们会影响到社会上其他方面的变化，而在流转的过程中自身形式也发生了改变：转化他者，同时自身也被转化。这一观点，我在别的文章中已有说明，此不赘述。重要的是，流转历史观的目的，在于扭转将国家主权原则建立在国家—民族历史构建基础之上的做法。与此同时，流转的历史被现存体制及其地方化的发展所塑造。这个新方法的重要之处，在于发现事件或进程表相下面，地方发展与流转的潮流之间的交融。

　　与世俗主义一起从西方传播到亚洲，但是相比较更早，更鲜为人知的是一种我称之为宗教正统的"认信化"运动（confessionalization of religion）的情况①。在这一情况下，当地人对地方性和宗教信仰的认知是一致的，即地方性等同于宗教性。我认为这种（宗教上的）"选民"或地方意识与政权融为一体，成为早期民族主义的一种形式。西方国家长期支持不同形式的国教；法国即使在革命时期也培育了民族宗教。直到进入 20 世纪，它们才独树一帜地以世俗主义作为政治准则。

　　在亚洲，现存宗教与民族国家的关系，受到 20 世纪早期西方国家主导的世俗主义和认信主义（confessionalism）影响；与之相伴的还有西方国家或认可或不认可的传教活动。除了世俗主义以外，亚洲的思想家和领导人确实还认识到，通过对"宗教正统的认信"来改变过去这些地区清楚划分彼此的传统，对于他们在

---

①校者按：Confessionlization，有时被不准确地译为"教派化"或"宗派化"。这一概念源于 confession（忏悔、认信）和 confessionalism（认信论）。主要背景是宗教改革以来的新教各派，对基督教教义的完整性与权威性的强调，"认信"因而成为宗教认同的重要表达与社区边界。"认信论"的兴起，被称为新教的经院哲学，或第二次宗教改革。

新世界格局下的生存和发展非常重要。这样一来,由于西方和亚洲在 19 世纪至
20 世纪早期不对等的权力关系,使得在西方经历了 300 多年发展的认信主义和
世俗主义进程在亚洲被大大缩短。这对亚洲的非亚伯拉罕(non-Abrahamic)社
会有什么样的影响呢?

一、超越与中国帝制权力:纵向分隔

以下是公元前 4 世纪的《国语》里面一位大臣向楚王解释的宇宙论:

> 古者民神不杂。民之精爽不携贰者,而又能齐肃衷正,其智能上下比
> 义,其圣能光远宣朗,其明能光照之,其聪能听彻之,如是则明神降之,在男
> 曰觋,在女曰巫。是使制神之处位次主,而为之牲器时服,而后使先圣之后
> 之有光烈……及少昊之衰也,九黎乱德,民神杂糅,不可方物。夫人作享,家
> 为巫史,无有要质。民匮于祀,而不知其福。烝享无度,民神同位。民渎齐
> 盟,无有严威。神狎民则,不蠲其为。嘉生不降,无物以享。祸灾荐臻,莫尽
> 其气。颛顼受之,乃命南正重司天以属神,命火正黎司地以属民,使复旧常,
> 无相侵渎,是谓绝地天通。①

张光直教授注意到,这一传说是对萨满教及其在古代中国政治生活中核心角色
最重要的记述。他认为楚王自身就是最重要的萨满,并且与其神职人员一道,试
图垄断与"天"之神圣权威(the sacred authority of Heaven)的沟通权力。换言之,
皇帝在礼仪官员的帮助下垄断了人间与神圣权力沟通;其范围不仅局限在僧侣
和教会,而且覆盖全体人民。这种历史权威模式(historical authority),与其他所
谓的轴心时代文明(Axial Age civilizations)是非常不同的。

轴心时代理论来自马克斯·韦伯(Max Weber)和卡尔·雅斯贝尔斯(Karl
Jaspers)的观点。他们强调超越对于理性(rationality)、抽象(abstraction)以及道
德普遍主义(ethical universalism)的重要性。但韦伯和二战后早期的轴心时代理

---

①Chang, K. C., "Shamanism and Politics" in *Art, Myth and Ritual: The Path to Political Authority in Ancient China*. Cambridge: Harvard University Press, 1983, pp. 44-45.

论家都怀疑中国文明是否有真正的超越观①。艾森斯塔德(Eisenstadt)和更晚一些的轴心主义学者修正了早期观点，认为中国文明的超越有此世道德的倾向(this-worldly ethical orientation)。但是韦伯的观察依然值得我们重新研究。韦伯认为中国之所以缺乏超越，是因为皇帝行使的是"凯撒—教皇"统治模式(Caesaro-papist character)以及父权式的官僚制度。他认为这种与儒家思想密切相关的官僚制度，抵制了任何可能会挑战祖先崇拜，或者我们今天所谓"宗族意识形态"(lineage ideology)的形而上学思想。

虽然我们不能认同韦伯对中国超越特征的描述，但当代研究表明，他在很大程度上是正确的。儒家学说不能完全用官僚理念(bureaucratic rationality)去理解。它虽然热衷于宗族意识，但在不同时代和不同部分，也表现出一种我称之为对"对话式超越"的旨趣。比方说，这种超然的真理，并非终极或超然，关于人间福祉(human flourishing)的对话或辩论，就不那么宗教。尤其重要的是，帝王和官僚制度，并不能完全代表中国文明。但是，如上述《国语》引文中所暗示的那样，通过推行凯撒—教皇式的思想，中国皇帝不仅想确保自己对萨满的垄断以及个人"卡里斯马式"的合法性，还试图系统地排除任何潜在竞争者。同时，对超验的"天"的观念的广泛接受，产生了如"天命靡常"(loss of the mandate of Heaven)的思想，这种思想附带强烈的等级化概念，虽然在此并无教士的阶层。

从超越的角度来看，中国帝制社会与纵向结合、集中或者"宗教正统认信"的亚伯拉罕社会不同，它是纵向分隔的。虽然中国依靠"天下"的理念构建起来，但只有皇帝才能行使超越的权力(transcendent power)。其余民众，则以"对话超越"的形式，可以祭拜诸神、精怪和祖先，以满足他们祈求福祉的愿望。然而，帝国禁止其他人祭天的现象，值得我们重新思考：如果它没有代表普天之下权威的来源的重要象征意义，何必要严厉禁止？事实上，长期以来，挑战天命(mandate of Heaven)的农民起义，就是这种超越的权威，所表现出的巨大社会

---

① 关于中国哲学研究领域明确否认儒家超越观点，请参见 Roger Ames, *Confucian Role Ethics: A Vocabulary*, Ch'ien Mu Lecture Series, Hong Kong & Honolulu: Hong Kong Chinese University Press and University of Hawaii Press. 不过应该注意的是，大多数诸如牟宗三、杜维明这样战后的新儒家，坚持一种与我所说"对话超越"更接近的儒家观念。

228

力量。

从宇宙观上来看,帝制权威不仅仅是通过天的概念来塑造的,还可能借鉴了甚至早于商、周时期神圣权威的非轴心传统。余国藩(Anthony Yu)明确指出了中国宗教权威体系的两种形态,即天和祖先,而皇帝则依靠这两者,树立其绝对的权威。其中一个是"天"和世俗世界关系的宇宙观领域,另一个则属于世俗世界的内部关系。前者来自超越的天,后者虽然自非超越发展而来,但是由于皇室先人被认为是神圣的,其重要性不亚于前者。例如,商朝凡出征之前,商王必须向先祖"帝"请命以接收命令和认可。在这个余国藩被称为"祖先创造"(ancestor-making)的前轴心传统中,礼仪使亲族转变为神圣权力的象征,并给予帝王超过或挟持天的超越权威的权力①。

礼仪可能是帝制宇宙论规定中最重要的表现方式。作为宇宙的轴心,皇帝扮演着唯一能通过重要祭祀而将天、地、人联系在一起的特殊角色。与此同时,他也通过主持祭祖仪式从而成为"孝"的代表。这样,他就是既代表"文"的圣明帝王,又代表"孝"的杰出模范。罗友枝(Evelyn Rawski)探讨了在皇室祭祀中,帝制机构怎么处理两种身份的礼仪问题,如在皇帝为母亲服丧的头一百天,会将每年官方祭坛主祭的职位委托官员代理②。

虽然帝制国家鉴于宗教团体的神秘力量和其影响力而常常为他们提供庇护,但从一开始,它就试图系统地阻止神职人员和其他宗教团体发展独立组织。早在公元 5 世纪,大乘佛教就曾向中国政权寻求保护以躲避来自反复无常的统治者或精英竞争者的迫害。假托是释迦牟尼所作的《仁王经》就向皇权提出了给予佛教保护的模式,并在后来从唐朝传到朝鲜半岛和日本。该书的核心观点

---

① Anthony Yu, *State and Religion in China : Historical and Textual Perspectives*, Open Court, Chicago and Lasalle, IL, 2005.

② Angela Zito, *Of Body and Brush: Grand Sacrifice as Text/Performance in Eighteenth Century China*, Chicago: The University of Chicago Press, 1997. Wang Aihe, *Cosmology and Political Culture in Early China*, Cambridge (MA): Cambridge University Press, 2000, pp. 206-208. Evelyn Rawski, "The Imperial Way of Death: Ming and Ch'ing Emperors and Death Rituals," in *Death Ritual in Late Imperial and Modern China*, James Watson and Evelyn Rawski ed. , Berkeley: University of California Press, 1988. pp. 233-235.

是佛教和政权应该互相给予支持①。

查尔斯·奥泽克（Charles Orzech）用熟练巧妙的语言分析阐述了佛教徒怎样使用儒家词汇，将皇帝认定为和菩萨同样具有"忍"德的明君②。即真正的王者和菩萨是同一宇宙秩序中连贯的组成部分。公元 8 世纪在中唐政权任职的不空和尚（Amoghavajra）为皇帝做出了许多努力以实现这个佛教计划，并且创造了一种双重权力。不空督建了一系列包括五台山山峰上的寺院建筑群。由于后来的非汉族统治者还自视为菩萨，以作为一种针对蒙藏游牧世界的佛教帝王统治模式，这些建筑群也随之变得更加重要③。

元代皇帝忽必烈死后，被认为是五台山文殊菩萨的化身；满族皇帝则自认为是文殊菩萨的转世，并常到五台山来朝拜。在民国时期，五台山作为中国对西藏统治方式谈判的重要地点而再次出现在历史舞台上。实际上，至 17 世纪的清代，历代中国帝王为维护其统治，曾以不同的面孔出现。对于汉族群众和官僚集团来说，皇帝是天子，并且是王朝先帝的杰出后代。在满族和东北部落眼中，他是萨满教的保护者；对佛教徒而言，皇帝又是文殊菩萨的化身④。

无论是不是以超越为基础的宗教，皇帝作为护法中的大护法，都允许其繁荣。但是，这是以其权威不会受到威胁为前提的。公元 13 世纪，当马可波罗试图让蒙古皇帝忽必烈改宗基督教的时候，他记录下了大汗的如下回复："不同的民族，分别信仰四位伟大的先知。基督徒以耶稣为神；撒拉逊人尊崇默罕默德；犹太人崇拜摩西，而偶像崇拜者以佛陀为最煊赫的神明。至于我，对这四位先

---

①Charles D. Orzech, *Politics and Transcendent Wisdom: The Scripture for Humane Kings in the Creation of Chinese Buddhism*, University Park（PA）: Pennsylvania State University Press, 1998.

②Charles D. Orzech, "Puns on the Humane King: Analogy and Application in an East Asian Apocryphon," *Journal of the American Oriental Society*, Vol. 109, No. 1（Jan. - Mar., 1989）, pp. 17-24; 21.

③Charles D. Orzech, "Metaphor, Translation, and the Construction of Kingship in the Scripture for Humane Kings and the Mahāmāyūrī Vidyārājñī Sūtra," *Cahiers d'Extrême-Asie*, Vol. 13, 2002, pp. 55-83, 72-73.

④Susan Naquin and Evelyn S Rawski, Chinese *Society in the Eighteenth Century*, New Haven: Yale University Press, 1987, p. 29; 145. See also Gray Tuttle, *Tibetan Buddhists in the Making of Modern China*, New York: Columbia University Press, 2005, pp. 88-92.

知，都真诚地尊敬……"①雍正皇帝在 1724 年与耶稣会士的一段对话，充分阐明了中国皇帝对于传教型宗教的担忧。雍正质问传教士："你们想让所有中国人都改宗天主教。我知道，这是你们宗教的要求。但是这样一来，我们会成为什么，你们国王的臣民吗？"而此后不久，同样是 18 世纪，福建巡抚是这样描述当地天主教的特点的：

> ［天主教与一切教术者流，用心迥不相侔，］自古及今，如佛法道教流行中国，不过传播其经文咒语符箓法术，使人崇奉而已，从无到处设法引诱男妇老幼，使之倾心归依其教，永为彼教中人者。②

公元 1000 年代初期，帝制政权多少已经成功笼络了佛教和道教这两个组织严密的宗教，并使之受到国家度牒和监督制度的管制。宫廷和精英群体不仅容忍这些宗教，甚至还支持其多样性的文学、建筑及文化等领域的发展。但这一合作是有代价的。正如苏维德（Hubert Seiwert）所发现的那样，儒、释、道三家向正统宗教（orthodox religions）的转化标志着他们的"纯化"（purification），以及与民间崇拜，特别是那些被怀疑为反对皇帝天命（imperial mandate）的异端道德（heterodox morality）的疏远③。与此同时，如我们将在下面看到的那样，超越、千禧年主义革命（millenarian change）与道德秩序革新（renewal of the moral order）等概念又受到被边缘化的佛教、道教甚至儒家知识分子、宗教领袖所带来的影响。

帝制政权和儒家学说的关系则更为复杂④。从一个角度来看，中国的政治史可以被看作是帝王与儒家知识分子或受其影响的精英人群之间就谁掌握"天"之权威的竞争。我们熟知作为一统天下的皇帝，秦始皇为了摧毁儒家采取了焚书坑儒的强力手段。其后的汉朝则试图接纳儒家学说并且将其实际发展成为国家的意识形态。然而鲜为人知的是，孔子在汉代被人为"塑造"成殷商宗族

---

① Peter Harris ed. , *The Travels of Marco Polo.* (Everyman's Library Classics & Comtemporary Classics)

② 英文转引自 Eugenio Menegon, *Ancestors, Virgins and Friars: Christianity as a Local Religion in Late Imperial China*, Cambridge (MA): Harvard University Press, 2009, 119; 134。英文译文与原文略有不同，方括号内文字，校者据原文献补出。

③ Hubert Seiwert in collaboraton with Ma Xisha, *Popular Religious Movements and Heterodox Sects in Chinese History*, Brill: Leiden, 2003, pp. 3-5.

④ C. K. Yang, *Religion in Chinese Society*, Berkeley: University of California Press, 1967.

的直系后代。这样,他就被转变为可以给予皇帝更大祖先崇拜权力的皇室先人①。

从儒家学说的角度来看,其精英不仅需要对抗政府的笼络,同时也要应对佛教徒带来的(以及来自道教徒,但程度较弱的)挑战。事实上,为了应对佛教超越学说的有力观点,儒家不得不与政权结合。非轴心文明模式的祖先崇拜,是将儒家学说推向国家政权怀抱的原教旨式的天下观,而佛教徒在原则上,完全拒绝接受这一观点。根据周启荣(Kai-wing Chow)的观点,正统的儒家,不仅强调礼仪,还强化祭祖和宗族,反对自诩清高的泰州学派和三教合一。包括正统程朱学派在内的某些理学家,也确实反对将"帝"看作至高神祇,而坚持"禘"为对宗庙之荐献。因此,他们强调,皇家祭礼重在宗庙,而并非轻易诉诸对"上天"的崇拜②。

中国早期的宗教性,似乎没有将死亡与天国的超越联系在一起。相反,他们以一种非轴心模式的祖先崇拜,回应死亡问题。而"祖先的塑造",需要精致、系统和长期的仪式表演和祭祀。在这种模式下,死去的祖先没有隐退到一个超越的,或者完全不同的世界,他们继续影响着世俗世界。只有那些得不到祀享的逝者,才会变成游荡的鬼魂;而那些得到满足荐献的亡灵,会赐福于孝顺的后代。这类人神共体的概念,不仅适用于祖先,也同样适用于英雄人物和有德行的人。通过给予他们诸如"城隍"之类的神祇头衔,其灵魂被认为可以起到保护神的作用。

第二种笼络儒家知识分子的模式,是将官僚与考试制度相结合,举世闻名的科举制度。诚然,第二种合作比第一种更重要,因为虽然政权机构只需要一定数量的官员,考试制度却可以培养出大量没有资格做官的低级功名获得者以及更多想取得功名但不合格的学子。而这些人通常是从小就接受了儒家经典和正统意识形态教育的。

由于监管像现代数量庞大的官员有多重困难,帝制官僚集团与其所管理的

---

① C. K. Yang, *Religion in Chinese Society*, 45-47.
② Chow Kai-wing, 145.

人口相比比重偏小。这样它就必须依赖一种既聪明,又不需要太多帝制政府干预的地方统治模式。到19世纪,政府官员与统治人口的比例是1∶30万到1∶40万。帝制国家可以通过授予象征性的权力进行管理,但同时又尽量不让其染指公共财政。通过了科举考试的知识阶层或有功名的绅士,会因为得到政权的正式认可而被区别为有象征性权力的精英。他们也因此被指定为处理当地问题的政府代表(也许帝制时期的封建模式对此有影响)。这种绅士社会模式(gentry society model)涉及将国家权力托付给一个意识形态上受到国家主导的精英,而不必在维系社会方面需要投入更多的财务和政治资本。

到清朝(1644—1911),围绕帝制建立的正统学说已经包含宗族意识形态、国家导向的精英阶层和精心设计的国家崇拜(state cult)。国家崇拜包括了对孔子和儒家学说的尊崇,但又远不止于此。从祭天到诸如武圣关帝之类神灵的祭祀活动由作为宗教活动最高祭司的皇帝亲自率领。这个崇拜体系随后被官僚和绅士向下复制,一直延伸到保护村社的土地神。这是土地归属性(territorial-ascriptive)和官僚制一体的宗教模式(将祭祀和教化的"教"结合在一起)。通过地方组织和官僚机构,仪式得以在整个帝国同步化。我们可以将这种权力的展示称为"政体的仪式同步化"(ritual synchronization of the polity)。

这个详细又丰富的正统意识形态体系通过囊括宇宙观和具体制度得以保证精英集团的忠诚。其运转在很大程度上要归功于相对开放的官僚制度,也就是说使精英集团有向上和向国家方向移动的动力,并且可能得以实现。通过和欧洲政权的比较就可以看出这一制度的高明之处。当时的欧洲国家在商业和宇宙论(新教)革命中发生了剧变,而唐宋之交,中国的商业虽然也出现普遍繁荣,帝制政权却得以提前抑制了可能出现的不稳定因素。在欧洲,这种不稳定最终导致了不同新兴商业阶层的兴起和帝制秩序的垮台,但是在中国,农村和城市的精英群体则常常被融入到了帝制体系以内。

尽管封建正统秩序可以确保与社会重要阶层,特别是精英的合作,我不想太过于强调对这类中间群体(intermediate groups)的笼络。有讽刺意味的是,中国政权的长期存在不仅与他们有限的协作有关,也离不开地方精英,甚至宗族在反正统文化(counter-culture)中的长期参与。国家可以抵制这种行为,但是只要它们表面承认正统秩序就可以得到容忍。我们现在转来了解对话超越(dialogical transcendence)可以采取的策略和战术。

二、纵向整合与纵向调和

我现在要在政治环境比较之下探讨中国宗教。在欧洲,社会形态随着神圣罗马帝国解体,文艺复兴开始,以及在旧帝国版图内列国争雄,发生了重要转变。然而,权力从教皇到邦国的转移,始于 13 世纪,漫长的斗争过程历时 500 年之久。在此期间,这些国家逐步发展成为"宗教认信式"国家(confessional states),他们在宗教和经济领域的竞争,在 16—17 世纪的宗教战争时期达到了顶峰。1647 年签订的威斯特法利亚合约,可能是规范性权威(normative authority),即合法使用武力和暴力的权力,开始从宗教体系脱离这一漫长过程中的第一阶段①。最近的研究发现,这个转变开始于宗教身份(religious identity)与新型国家结构或多或少的融合。根据我此前试图阐述的观点,这可能并不让人感到意外。换言之,在 20 世纪民族主义开始反对宗教融合(即便只是在一定程度上)以前,欧洲北方国家在宗教正统认信化的巩固中(confessional solidarity),实际上得到了强化。

这一时期,欧洲社会变成了多个纵向融合的宗教社区,国家、教会或神职以及信徒在上帝面前合而为一。原则上来说,特权(privilege)与阶级(hierarchy)在这种社会结构中是次要的。这些认信团体自身,是民族社会(national societies)的潜在塑造者。虽然他们与民族社会的区别在于他们既没有自己的领土也没有近代融合的技能,这些教派信仰中信徒的身份以及信徒本身即构成了社会本身。这些有教派结构及其"选民"认识的社团在宗教改革和反改革的过程中,经历了一场宗教—民族的清洗和纪律革命。在纯化而有纪律性的国家中,尤其成功的

---

①Ingrid Creppell, "Secularization: religion and the roots of innovation in the political sphere," in Ira Katznelson and Gareth Steadman Jones ed. , *Religion and the Political Imagination* , Cambridge: Cambridge University Press, 2010, pp. 23-45.

是如荷兰共和国的加尔文教徒，英国的圣公会教徒，瑞典和德国的路德教徒；他们在 17 到 19 世纪成了支配性的世界强权。

与之相比较，我们目前看到的中国模式不是纵向融合（vertical integration），而是纵向分隔（vertical division）的。皇帝有与天沟通的独占权力，并且严禁民众涉足；他们只被允许崇拜其祖先和其他一系列神祇。即便如此，帝制政府仍然因为担心民间崇拜和灵媒背后隐藏着异端理论而觉得他们是可疑的。这不仅由于他们可能试图觊觎天命，也是怕发生动摇社会意识形态基础的事件，如未经许可的"男女混杂"的过会。政府和精英会定期清除不受政府主导或并不属于国家祭祀的民间宗教，如 18 世纪陈宏谋所领导的去淫祀的活动。因此，很多关于与天沟通的概念和实践，被驱赶到民间文化的深处，并且混合、伪装在错综复杂的民间宗教之中。这样一来，就很难做到楚国官员以"绝地天通"为目的，"使复旧常，无相侵渎"的建议。

早期研究者对于农村社会民间宗教受到国家崇拜的广泛影响印象深刻，特别是高度模仿实际帝制官僚体制的保护神和天国制度①。近期的研究者如王斯福（Stephan Feuchtwang）等人认为，国家崇拜与民间宗教在组织模式和宇宙观上的区别很大。民间宗教对世界的理解更为个体化，更加激烈，民间宗教认为有股神秘的灵验力量会依据行为的善恶给予相应的奖惩②。到了清朝后期，国家控制的佛教和道教在人们日常生活中的地位已经被边缘化。

我之前所定义的农村社会权力的文化网络（cultural nexus），即当地领导者通过社群、信仰和实践行使其领导权以稳定与外部的关系，在正统学说和权力高层看来则可能是一系列的覆盖、伪装、模糊和遮掩。这些表象缓和了高层和底层之间的纵向关系，并且常常伪装了对超越、时间体系（temporalities）、社会地位的变相渴求。佛教徒因而仅主要被请来主持葬礼仪式，道教徒主要进行赶鬼（exorcistic）、算卦（prophesying）等活动，但是民间宗教常常吸纳这些宗教中非正统

①Arthur Wolf, "Gods, Ghosts and Ancestors," in Arthur Wolf ed. , *Studies in Chinese Society* , Stanford：Stanford University Press，pp. 131-182.
②Stephan Feuchtwang, *Popular Religion in China：The Imperial Metaphor* , London：Curzon-Routledge，2001，pp. 74-84.

的仪式和观点。这种吸收相对缺乏监督，因为很多僧侣自身就没有得到正统佛教和道教的任命。

因为顶层到底层之间，不同精英群体在不同层面的参与，民间宗教得以隐藏在这些伪装的庇护下。它们随之转变为介于帝制正统和民间文化网络之间，交流与谈判，调解与适应，隐藏与抵抗的活跃场所。在此前关帝崇拜的研究中，我力图展示国家政权如何将这个人尽皆知，被神化的三国英雄提升到一只手拿着经典书籍的最高级别正统神灵之列。而民间传说一再传颂的只是他的草莽英雄主义和对兄弟情义的忠诚。关帝的形象和神话被社会各级的不同阶层、群体标榜；但它们都为了适应自己的情况而对他做出独特的解释。

同时，官方又以自己的目的去理解和动员关帝神话。中国北方的农民会在官方关帝诞辰同步化地进行祭祀，但是也会另外庆祝他地方性的生日。因此，关帝神话不仅帮助保留了多样性的丰富文化，而且也成了不同群体沟通和协商的媒介①。

由于民间宗教往往"内嵌"于社区宗教之中，地方精英，特别是其中没有功名的人会在不同层面上积极参与其活动。他们因此一方面参加了国家范围内要求的信仰，另一方面也取得了地方仪式、社会节庆及广泛流传的"灵媒"领导权。在中国南方和东南的一些地区，地域概念通过寺观社群之间相关联的礼仪、庆典活动在广泛的地区延伸②。这类活动是地方精英社群领导权、关系网络和权威来源的展示。至晚清，这种文化网络不仅接纳颠覆性的，也会接纳替代性的形式，如数量不断增长的杂糅性信仰和救世团体。

佛教徒和各佛教派别常常利用民间文化的典故来迎合正统观点，并协调其有时被看作异端的救赎理念。出家被看作是尤其不孝的行为，而民间目连救母的故事就代表了这种迎合。它教育孩子，即使是发誓要独身的人也可以努力、勇敢地践行孝道，将失德的父母从恶势力中解救出来。诵经团体（sutra-reading so-

---

①Prasenjit Duara, "Superscribing Symbols: The Myth of Guandi, Chinese God of War," *The Journal of Asian Studies* , Vol. 47, No. 4 (Nov. , 1988), pp. 778-795.

②Kenneth Dean, "Local Communal Religion in Contemporary Southeast China," *China Quarterly* 173, June 2003: 336-358.

cieties)的救世理念,使女性有了家庭以外替代性的社会联系,因而对她们尤其有吸引力。妙善作为观音的化身或者是替身(stand-in)的故事,讲述的就是教门女性如何践行孝道。在这个故事中,一位年轻女性因为拒绝父亲安排的婚姻而被赶出家门,遁入尼姑庵。然而,当她的家庭后来陷入困境的时候,她带着菩萨的力量回来拯救家人。道教真人韩湘子的故事与之类似。韩湘子虽然与其信奉儒家学说、不宽容的叔叔有矛盾,但最终还是在关键时刻拯救其于危难之中。这些就是在对话模式下,世俗正统与可能的超越学说之间相互协商的例子①。

当然,在极端的另一头,有的群体和社团即便在这种多样化和流动性的掩盖下也很难伪装自己。几种受到道教和佛教影响的教门运动也包含着千禧年主义(millenarianism)和救世圣人思想。这种超越概念中的弥撒亚主义(messianism)因为包括如在末世前使他人皈依才能得到救赎的理论而与亚伯拉罕式传统更为接近。中国民间千禧年主义的来源有几种,包括佛教的劫或时代(ages)的时间观,以及可以了解"天"旨意的灵媒(spirit medium)。到19世纪,这类千禧年主义出现在道教和佛教的一些教门社团中,也有相信儒家天国理念的救世团体通过扶乩试图与"天"取得联系。而这正是让那位楚国大臣担心的。

像很多学者所指出的那样,帝制中国时期的民间暴乱的确常常是被宗教性,特别是预言式运动所激起的。这其中包括了道教的黄巾(公元184—205年)、五斗米道(公元2世纪),以及后来如佛教或杂糅式的白莲教(1000—2000年中期,持不同超越理念的不同起义群体的统称)及后来以基督教为旗号的太平天国运动。也许从对话超越的角度来看,最有意思的应该是1850—1864年间,占据了中国南方广阔地域的太平天国起义。作为基督徒,超越的上帝是他们宗教的核心特征,但太平天国却是靠此前中国传统的灵魂附体(spirit possession)树立了权威。他们代表了一种将上帝的超越权威与民间灵媒权威创造性的混合。但是他们所掀起猛烈的民间肖像和偶像破坏运动使他们疏远了社会主流群体。

---

①Daniel Overmyer, "Values in Chinese Sectarian Literature," in David Johnson, Andrew Nathan, Evelyn Rawski, eds., *Popular Culture in Late Imperial China*, Berkeley: University of California, 1985. 关于韩湘子,请参见由柯若朴(Philip Clart)自杨尔曾《韩湘子全传》译介的 *The Story of Han Xiangzi: The Alchemical Adventures of a Daoist Immortal*, Seattle: University of Washington Press, 2007。

值得注意的是,义和团在 20 世纪初依然鼓励从"天"获得超能力以驱逐侵犯他们神圣国度的野蛮人。在观察这些运动的时候,重要的是以超越和现实秩序之间的矛盾为框架。虽然他们因为历史原因和契机进行暴乱,但超越理想给予了其批准和授权。

即使是民间社会的正统宗教团体也可能,并在事实上促成超越理想和现实秩序之间的差距。它们正如王大为(David Ownby)所说的那样,"既从主流中来,又同主流对立"。例如,其中有些团体就批评佛教教团"放弃了它们禁欲和超越的使命"①。王大为对持末世论的天仙庙道(Way of the Temple of the Heavenly Immortals)进行了研究。这为了解这些社团如何用民间文化传统与根深蒂固的正统或"原旨主义"的儒家和道教价值相调和来依据传统,甚至乌托邦理念重建社群提供了实例②。它们呼吁用超越权威来改变现有秩序;这样一来,他们唤起轴心文明的张力(Axial civilization tension)来推动社会向超越理想去改变。

从 16 世纪的明朝中叶开始,一种新的民间宗教开始在中国出现并且迅速传播。这些群体常常以宗教领袖所作的"宝卷"文本为基础,而这些人多来自对正统秩序感到失望、不满或被边缘化的精英。他们常从包括精英在内的不同社会阶层中吸纳男女信众。这其中有以佛教导向为主,唱诵经文的罗教,以及林兆恩从儒家背景延伸出的三一教,也有的来自道教传统。然而,因为内部和上层的制度化管理相对缺乏,这些新宗教在一个共有的"教门环境"(sectarian milieu)中传播发展。它们之间相互借鉴,因而有很多共同的信仰和符号,并且还从地方和民间实践中吸收乩仙和其他形式的灵媒。它们之间无疑存在着广泛的竞争,不过总的趋势是发展,并协调不同的宗教观点③。

---

①David Ownby, "Chinese Millenarian Traditions: The Formative Age," *American Historical Review*, 104. 5 (Dec 1999): 1528.

②David Ownby, "Imperial Fantasies: The Chinese Communists and Peasant Rebellions," *Comparative Studies in Society and History*, 43. 1 (2001): 65–91, 15–20.

③有关宣讲宝卷的群体的研究,请见 Daniel Overmyer, "Values in Chinese Sectarian Literature";对于三一教的研究,请见 Kenneth Dean, *Lord of the Three in One: The spread of a cult in Southeast China*, Princeton: Princeton University Press, 1998。也可参见 Hubert Seiwert, *Popular Religious Movements*, 358–365。

三、救世团体：社会革新与自我塑造

救世团体在 19 到 20 世纪这段时期开始出现。所以称它们为"救世"社团，是因为救赎对他们的大事（agenda）来说非常重要。典型的救赎元素，是他们宣称以"克己、修身、度众、济世"为目标 ①。其观念常常包括对神仙，如老子，或者圣人的信仰，不过圣人并不是全知全能的神。这些神祇常来自其他宗教，甚至是去世不久精神领袖的灵魂。其中一些运动从多种超越理念和修身实践中发展出了引人注目的杂糅形态，并且在明清时期广泛流行。

帝国晚期杂糅论者鼓励断绝世俗欲望，遵循道德标准，并于 16 到 17 世纪在儒家绅士和佛教、道教居士中流行起来②。卜正民（Timothy brook）不想用"杂糅"一词来形容明代中国所谓"三教合一"的情况，而更愿意将之称为"三教共治"（condominium of the three teachings）。他认为，这是此前蒙元时期宗教开放的延续。当时各宗教都被视为有不被其他宗教所认识，通向真理的独特道路。王阳明和新儒家的泰州学派，也支持这种三教学说。

他们认识到佛教和道教中真理的重要性，但是把自己的心学哲学放在最重要的位置。王阳明和他的学派相信要超越这三个学说才会最终得道③。

直到今天，大多数中国民间寺庙依然延续着至晚从明代开始，同时信奉佛教、道教、地方和官方神祇的传统。三教合一是几乎所有民间宗教共有的理念。其中，不同人物或创教者在这些救世团体的杂糅中起了不同的作用。换言之，与三种宗教之间的相互适应相伴的是等级划分，或者至少是功能上的区分，即儒家

①熊希龄，民国时期一位总理曾说过："古今中外，各种宗教皆以无私无我为旨，以救人救世为归，精而通之，合于大同之真理。"转引自 *Sovereignty and Authenticity*，p. 110.

②Kai-wing Chow，*The Rise of Confucian Ritualism in Late Imperial China: Ethics, Classics, and Lineage Discourse*，Stanford: Stanford University Press，1994，21-25.

③Timothy Brook，"Rethinking Syncretism: The Unity of the Three Teachings and their Joint Worship in Late-Imperial China,"*Journal of Chinese Religions*，21（1993）：13-44. 要注意的是，"杂糅主义"一词常因为殖民传教混杂了当地民间信仰，被认为低劣、不纯正而被排斥。我解释对话超越概念部分的目的恰恰是扭转这种认识。

的伦理观,佛教的生死观,和道教的自然观。然而,如卜正民所说,这三教对道的共同追求,是"中国宗教伟大的统一观念"①。

1911年清帝国的终结以及国家正统的崩溃,给这些救世团体的发展和转变开启了新时代。民国政局的分裂以及军阀政客各自为政,使得这些群体得以在民国早期社会获得此前在帝制时期以及1928年之后所不能扮演的重要角色。例如,救世新教也像其他宗教一样想挽救世界。该组织不仅建设医院、孤儿院、难民营等机构,也通过传播和公共媒介(如学校、报纸、图书馆、文学),兴办救济性的工厂、农场、借贷所,乃至承担道路、桥梁的修理工程来雇佣、帮助穷人②。至于红卍字会,其名字可以从佛教词汇中去理解,至于其在模式上则力图成为东方的红十字会。在1937年的南京大屠杀后,红卍字会工作在救济行动的最前方,并且在1946到1949年的内战中是上海最大的慈善、社会救助机构。

从第一次世界大战到1920年代期间,很多这些机构得以正式建立并且发展迅速。在这段时间,西方文明在世界范围内传播,但被认为变得太过物质主义和暴力化③。这些社团因而试图用东方的超越理念纠正西方物质文明存在的不足。通过杂糅性,他们期望建立不仅包括儒家、佛教、道教,也包含伊斯兰教和基督教在内的宗教普遍主义(religious universalism)。换言之,他们扩展了普世主义的视野(ecumenical vision),并且采取了更自觉的适应态度。

救世团体中最著名的有道德会、道院及其慈善分支红卍字会、同善社、在理教、世界宗教大同会(源自1915年在四川成立的巫山社)以及一贯道。关于20世纪早期这些社团传播资料的主要来源是1930年代到40年代日本对中国宗教和慈善社团的调查。

根据日本调查者和中国北方傀儡政权官员的研究,这些社团自称有大量信

---

① Timothy Brook, "Rethinking Syncretism: The Unity of the Three Teachings and their Joint Worship in Late-Imperial China," *Journal of Chinese Religions*, 21(1993): 22.
② 兴亚宗教协会编:《华北宗教年鉴》,北平:兴亚宗教协会,1934年,485-6;491-3。
③ 万国道德会"满洲国"总会编辑科编:《"满洲国"道德会年鉴》第4卷,新京:万国道德会"满洲国"总会编辑科,1934年,第1页;泷泽俊亮:《宗教调查资料》第3卷,新京:伪满洲国民生部社会司编印,1937年,第67页;兴亚宗教协会编:《华北宗教年鉴》,第505—507页。

徒。同善社声称到 1929 年,他们已有 3000 万信众①,而红卍字会则称其到 1937
年也发展到了 700 到 1000 万人的规模②。

　　中国也有一些针对某个教派的突出研究。如山东大学李世瑜教授为了深入
了解调查对象,曾多次参加一贯道的活动③。不过,陈荣捷(Wing-tsit Chan)在
研究中,倾向于否定它们在中国宗教史上的重要性。在他看来,这些社团"观点
消极,目的世俗,信仰肤浅"④;他还引资料称:至 1927 年,红卍字只有 3 万信徒,
而不是末光高义(Suemitsu Takayoshi)所说的 300 万(1932 年)⑤。但是陈荣捷注
意到,至 1923 年同善社在中国内地和满洲有超过 1000 个支部⑥。在最近的研究
中,邵雍对这些社团的批判态度,可能较陈荣捷有过之而无不及,但却引用了与
日本调查更接近的数字⑦。

　　这些近代救世团体从三教杂糅的传统中继承了普度思想和自我道德革新
(moral self-transformation)的目标,但也保留了更早时候杂糅性社团的教门传
统、民间神明以及算命、占卜、乩仙等通灵活动⑧。这样一来,他们继续保持着与
中国民间社会的有机联系。

　　救世团体实现的是宇宙观的杂糅和社会融合,或者如萨瓦托利(Salvatore)
所说,不同社群(communities)、文化、时间体系(temporalities)、阶级、性别之间
"联系性正义"(connective justice)的重要媒介。

　　这些社团一方面与精英的轴心超越传统相联系,另一方面,他们又投身到致
力于"人类繁荣"(human flourishing)的民间实践之中。一篇民国时期所作的一

①末光高义:《支那の秘密結社と慈善結社》,大连:满洲评论社,1932 年,第 252 页。
②泷泽俊亮:《満洲の街村信仰》,新京:满洲事情案内所,1940 年,第 67 页。
③校者按:李世瑜先生生前供职于天津社会科学院《历史教学》杂志社。
④Wing-tsit Chan, *Religious Trends in Modern China*, New York: Columbia University Press, 1953, p. 167.
⑤Chan, *Religious Trends*, p. 164. 末光高义:《支那の秘密結社と慈善結社》,第 302 页。
⑥Chan, *Religious Trends*, p. 165.
⑦邵雍:《中国会道门》,上海:上海人民出版社,1997 年,第 174 页。邵雍没有对会道门成员数量进
　行系统估算。他所提供的只是各地分散的,乃至是会道门所声称的不同数据。他在一处说 1918
　年,同善社仅在湖南省就有超过 2 万名信徒。他又称 1938 年,河南、山东、安徽会道门成员总数可
　达百万(同上,第 325 页)。最让人吃惊的是,他引用的材料认为 1936—1937 年,道德会仅在伪满
　洲国,信徒数量就高达 800 万(同上,第 321 页)。
⑧同上,第 22—27 页。

贯道经文声称，其宗旨在于通过将宇宙真理带给人们，使人们可以找回儒家思想所谓的良心和佛教所谓的佛性。即使作为这些社团中最神秘之一的一贯道，到民国早期的时候，也改变了其宇宙论和传道观念以适应现代历史发展的需要①。另外注意 20 世纪 20 年代一段对道院领袖的采访：

问：道院所旨者何？

答：内外兼修；坐功修内，行善修外。

问：然"道"者谓何？

答："道"者，万物根源也。非一教而有明善之力。道实无名，然吾人既为人，必先名之以致其敬。故尊五教之祖。亦敬天、尊德，以慈善修身。②

虽然我们从这些社团中看不到民主或者科学的理性，但是从它们 20 世纪的档案来看，他们适应和包容的老传统与新时期的实践和规则能并行不悖，如在其组织中给予女性一定"权利"（rights）③。这些社团与世界上其他现代宗教和道德社团相似，也通过纲领和章程组织起来，并拥有强烈的此世导向以及救赎理念。道德会还声称它试图将科学的世界观和亚洲思想中的宗教、道德理念融合起来④。康有为作为伟大的改革家和君主立宪的支持者，于 1920 年开始担任道德会的主席，直到他 1927 年去世。他认为如果没有道德和精神上的洗心革面（regeneration），人类的进化就会停滞，甚至因为当前物质上的享乐主义潮流而变得更有破坏性⑤。

像其他几个协会一样，红卍字会不仅从事传统和现代的救济，他们的活动也有国际性的，如参与国际救援及帮助在巴黎、伦敦和东京设立世界语教授职位⑥。至 1913 年，在清代很晚时候才出现的在理教，在北京和天津已经有了 28 个分会⑦，而到 1920 年代仅在天津就有 48 个。在理教发起的是一个严格修身

---

① 孚中：《一贯道历史》，台北：正一善书，1997 年，第 278—280 页，第 308—309 页。另见李世瑜：《现在华北秘密宗教》，成都：华西协和大学中国文化研究所，1948 年，第 50—55 页。

② 对于道院的采访，请参见末光高义：《支那の秘密结社と慈善结社》，第 266 页，及 326—328 页；泷泽俊亮：《满洲の街村信仰》，第 76—78 页；以及 Chan, *Religious Trends*, pp. 164—167.

③ Prasenjit Duara, *Sovereignty and Authenticity*, 139—140.

④ 万国道德会"满洲国"总会编辑科编：《"满洲国"道德会年鉴》第 1 卷，第 3—6 页。

⑤ 万国道德会"满洲国"总会编辑科编：《"满洲国"道德会年鉴》第 4 卷，第 1 页；泷泽俊亮，《宗教调查资料》第 3 卷，第 67 页。

⑥ 末光高义：《支那の秘密结社と慈善结社》，第 292—305,354 页。

⑦ 兴亚宗教协会编：《华北宗教年鉴》，第 507—527 页。

的运动。他们兴办的戒毒所通过使用草药和践行"正身"，据说每年能彻底治愈超过 200 名鸦片瘾患者①。与这一外在或者说此世层面相辅相成的，是下面将要讨论的，更强的内在层面。它涉及道德、宗教对个人精神和身体的培养②。

一些日本研究者试图通过广义的马克思主义范畴来捕捉这些群体的社会性质。泷泽（Takizawa）把它们看作一种早期资本主义社会的新宗教特性，即新兴资本家力图将穷人富人在传统语境下联合起来。穷人对宗教思想及接济的欢迎，对富人而言是赢得民众支持的一个方法。不过，学者们一致肯定这些信徒的宗教热情和奉献精神③。他们认为这种热情是那些力图操纵这些群体的人无法总为己所用的。然而，尽管这些社团可以使阶级矛盾得到缓和，其宗教性继续使之倾向于普世主义。让我们更仔细地考察其中的一个团体，道德会。

道德会于 1919 年是由山东的上层文人围绕曾侍读过宣统皇帝的神童建立起来的。其繁荣一直持续到国民党政权的确立及 1928 年反宗教运动的开展④。它不仅在中国境内有大量信徒，并且在世界范围内有广阔的网络。其会长康有为相信国家终极的意义在于从普世主义的大同世界乌托邦实现自我超越。

在中国东北，道德会随着传奇人物王凤仪（1864—1937）的加入而在 1920 年代中期突然扩张。随他入会的还有在辽宁和热河的大量信众和学校网络⑤。王凤仪是一个来自热河省朝阳县，背景平常，靠自学成才的地方知识分子。崇拜者将他奉为"仪圣"，而他在民间社会被称作"善人"。其活动被形容为传统的"教化"，或致力于道德转型。"得道"以后，他献身于宣讲和行善，鼓励孝行，效法圣人，还用他发明的"性理批病法"（theory of nature）治疗各种疾病⑥。他在五行、阴阳、儒释道三教杂糅一处的复杂理论基础上，发展了一套教义以及自我知识

---

① 末光高义：《支那の秘密結社と慈善結社》，第 262—263 页。
② 对于这些社团，特别是红卍字会的社会福利活动最完整的报告，请参见上海市社会局的《上海市社会局业务报告》（1930 年、1931 年、1932 年上半年，以及 1946 年 1 月）。
③ 泷泽俊亮：《満洲の街村信仰》，第 282—284 页；末光高义：《支那の秘密結社と慈善結社》，第 337—340 页。
④ 邵雍：《中国会道门》，第 321 页。
⑤ 同上，第 306—307 页。
⑥ 林安梧：《因道以立教——以王凤仪〈十二字薪传〉为核心的展开》，台北：中华民族宗教学国际会议，1989 年，第 12 页。

(self-knowledge)、自我实现(self-realization)和自力更生(self-reliance)的实践。

简言之，其学说的理论部分力图证明金、木、水、火、土这"五行"对人行为特征"五性"的塑造不是决定性的，而要与不同情况下利用"五行"的修道结合起来。在一定层次上，他的理论注重内在的修身，但也强调只有通过经历不断变化的外在活动才会最终发现自我。自我探索和自力更生是王凤仪哲学的核心内容①。

王凤仪的哲学根植于王阳明的泰州学派，但他发展出的"自我的技术"(the technology of the self)则要在三教合一这个更广阔的宗教背景下去阐释②。在当代这一哲学的追随者，自称为"后新儒家"的林安梧(Lin Anwu)看来③，王凤仪肯定了人性或人的天性本善及儒家三纲(父子、君臣、夫妇)的原则。他发现这些理论与佛教的"三宝"和道教的"三华"(性华、心华及身华)相适应，并且都可以从佛教的"三界"中去理解④。但是林安梧又认为，该哲学的目的："既不是命定，则便可化，可化在己，而不是在人，只要拓深生命的资源，唤醒人们自家生命的主体能动性，让人人都成为一个根源性的存在，便能通天彻地，与天地人我结为一体。"⑤王凤仪通过对宇宙论的整合唤起超越理想而发展出了一整套自我和社会转型的理论，并因此赢得了大量信众。近些年来，王凤仪的学说得到了中国和西方不同儒家学界的广泛注意⑥。

王凤仪对"化世"的执着在他与道德会有联系之前就引起了地方上的注意。《朝阳县志》注意到他的工作有助于改进风俗，普及教育。由他的儿子倡议兴建

---

①林安梧：《因道以立教——以王凤仪〈十二字薪传〉为核心的展开》，第15—17页。

②校者按：一般认为泰州学派为阳明弟子王艮所创。

③John Makeham ed., *New Confucianism: A Critical Examination*, New York: Palgrave Macmillan, 2003, p. 43.

④林安梧：《因道以立教——以王凤仪〈十二字薪传〉为核心的展开》，第13—15页。

⑤同上，第19页。

⑥Makeham, *New Confucianism*. 王凤仪的五行情绪治疗法确实在中国和西方都得到支持。参见Heiner Fruehauf, "All Disease Comes From the Heart: The Pivotal Role of the Emotions in Classical Chinese Medicine," Classical Chinese Medicine. org 15, 2006. http://www. jadeinstitute. com/jade/assets/files/Fruehauf-AllDiseaseComesFromTheHeart. pdf; http://classicalchinesemedicine. org/dev/wang-fengyis-five-element-style-of-emotional-healing6-parts/; http://www. swarthmore. edu/healing-through-the-emotions-the-confucian-therapy-system-of-wang-fengyi. xml 等内容(2014 年 2 月 2 日登陆)。

的一百多所单一性别学校都被命名为"国华学校"①。而他被称赞为"开明吾女界数千年之黑暗。"②

王凤仪精力过人，他在中国北部、满洲地区广泛游历并建立学校和道德会分会。重要政治人物，如满族学者白永贞不仅资助王凤仪，还通过其书法使王凤仪的教化手册更有吸引力③。

在其重建中国文明价值观和"改造世界"的活动中，女性扮演了尤其重要的角色。王凤仪所构想的，是能将现代思想与中国长期存在的自我、世界理想融合在一起的新社会。他积极参与了女德学校的建设，并且到 1925 年已经建成了270 所。在他加入道德会以后，这些学校也被一同纳入该组织。男女隔离的教育无疑来自王凤仪对经典伦理的坚持，但是他也坚持认为女性是过去与未来的联系者。在一次他与基督教牧师的谈话中，王凤仪指出了历史上各宗教的不足之处。所有宗教无疑都指向"道"，但它们实际上都忽视，或贬低对女性"道"的教育。而他坚持为了让她们可以理解"道"，应该使之接受教育，并"立业"④。

我对道德会女性自我塑造模式进行过研究。这些"修身"实践与更理想化的世界内外"无形的武器"一并代表了这些社团在不同层次上接触宇宙的方法论。到这时，他们的理念已经包括了一些现代的、开化的观念，如允许女性参与公众服务。我尤其想指出女性如何处理她们哲学中互相矛盾的层面以实现自己的目标。

其论述通常来自基于王凤仪五行理论的自我分析，而这些元素存在于一个人的人格里。通过自我反省和端正行为可以平和例如水和火之类相反的元素，以使这些元素达到平衡。取自儒家传统的一整套词汇，如立身、立业、立志、知命、知性、知止等词汇修饰了这些思考与行为的范畴。然而在一个外人看来，这

①孙庆璋等纂修：《朝阳县志》，朝阳：万国道德分会铅石印刷工厂，1930，第 19 卷，第 14—16 页；第 35卷，第 45—46 页；《"满洲国"道德会年鉴》第 8 卷，第 23 页。

②孙庆璋等纂修：《朝阳县志》，第 35 卷，第 46—47 页。

③中国社会科学院近代史研究所编：《民国人物传》，北京：中华书局，1978 年，第 166 页；《东北方志》，第 10 卷，第 521 页。

④"满洲国"道德会编辑科编：《第三届"满洲国"道德会道德讲习语录》，新京（长春），1936 年，第 4卷，第 207 页。

些道德会女性实践中最有意思的部分,可能是她们记录下来的那些哲学中既压迫女性,但又给予她们力量,鼓励她们取得成就之间的矛盾。

虽然王凤仪对女性的认识是进步的,他依然要求女性终生遵从儒家的"三从"思想,即遵从父亲、丈夫和儿子。然而与亚洲的大部分地区相比,伪满洲国的城市社会相对现代些;道德会的女弟子尤其关注工作自由和西方化的女性。对这些女性而言,道德会最受欢迎的一点就是其存在本身。在"社会"这个新词汇所代表的公共空间里她们可以卸下道德包袱,扮演自己的角色。

一位陈夫人在回想起公共服务时,认为其重要性包括能给女性带来独立。白夫人也响应这种说法,说四十岁以上的女性记得她们年轻时很少可以出门,而这种限制常常在女性中间产生令人紧张、不快的氛围。在道德会建立起来以后,她们可以相互学习,听课了解她们的社会角色,并且可以摆脱道德约束。在这段时期,女性认为儒家的"立身"不能理解为之前所谓身体上的言行举止,而更多的是"立业",或建立自己生计的方式。陈女士发现当女性有了自己的生活,她们就可以投入到净化世界的活动中("活着能舍身世界")。这样一来,因为个人不是为了金钱或者名誉操劳,也就摆脱了私欲。这难道不是"立身"最好的方式么?①

蔡伯母承认,在 33 岁的时候,她曾经无视长辈,选择离家以使自己受到教育。虽然她曾经不够孝顺,但是她现在完成了"尽心"教育其子孙的使命。她总结说自己吃素,虔诚信教,并且努力让自己抛弃虚荣。蔡伯母在其叙事中采用了一种常见的策略,即米歇尔·福柯所谓"真理的游戏"(games of truth)的一部分。也就是说,经验被转化成了真理。她们将自己从这种哲学中的一个价值观脱离出来,然后依附于另一个。这样一来,普世教育、个人精神、自我牺牲以及最重要的公共服务的价值会胜过不孝和服侍无良、不忠的丈夫。

刘夫人记得她母亲被要求回到娘家,而她和兄弟被禁止去探望母亲的痛苦经历。现在已经是成人的她们帮助母亲有了自己的生活来源(立业),并且致力于重建家庭。刘夫人说:

圣人要求我们服从三位男性人物(三从)并向我们的丈夫学习。丈夫

---

① "满洲国"道德会编辑科编:《第三届"满洲国"道德会道德讲习语录》,第 4 卷,第 181 页。

说的我们都听,而我们说的他们却不听。我丈夫不仅吃肉,而且品行也不很

正派。我不仅只吃过一回肉,而且是个孝顺的媳妇。难道我不正是他应该

取经学道的那个人吗?

这些叙述充满了追求个人自主的主题,而这根植于救世团体的道德和普世性目标。陈夫人认为,其父母作为"好人"与她能够成为道德纯洁的人的方式是不同的。她的父母是村里或者县里的好人,而她是整个国家乃至世界的好公民。顾夫人是 1993 年我在台北采访过的另一名道德会成员。她记得小时候在伪满洲国,她拒绝接受家长制体系,并坚持认为女性应该是独立的。待她长大后,她认识到道德力量这一无形武器会培养舍己为人的"公心"。无论是日本还是国民党的政权都不能阻挡她和她同伴们对拯救世界之"道"的追寻。

这些话揭示了现当代对话超越(dialogical transcendence)如何运作。超越的,无形的正义力量(force of good)通过具体的情况和生活经验被发现和培养。变化中的社会风俗、结构和权力,无疑会改变这些经历自身的内容。但是去拒绝、抵抗,并与这些压迫深重传统交涉的道德权威来自主和超越的力量。将深切感受的经验转为真理可能就是我描述过的产生超越认识的途径。但如果是这样,那么这个途径就需要辨识和忍耐,并且不能是绝对的和确定的授权。与此同时,我们发现对话超越不仅允许个人和经验上的转变,还反过来鼓励对普世价值的献身。

很多宗教和救世团体只要能够有宗教自由和相对和平的环境就愿意与现代政权合作。换言之,他们对超越的理解使他们可以通过在此世的世俗活动中得到拯救①。但是近代中国政权对宗教群体持非常怀疑的态度②。

---

① 通过办学校、讲座,宣传白话道德经典以及建立民间启蒙社团以"移风易俗,开启民智",道德会大张旗鼓地向无论贫富、男女的社会各个阶层延伸。

② 更多细节,请参见 Prasenjit Duara, *Sovereignty and Authenticity: Manchukuo and the East Asian Modern*, Lanham: Rowman and Littlefield, 2003. 当伪满洲国建立的时候,道德会响应日本的"王道"构想,与红卍字会成为最有影响力的社团。王凤仪得到了伪政府支持,在新京组织了一次重要集会,并很快在全伪满洲国范围内建立支部。到1934 年,在伪满洲国的 312 个支部运作着235 所道德学校,226 个讲习所,以及 124 家诊所。到1936 年,即王凤仪去世的前一年,道德会声称已有 13 个总部,208 个县市级支部,529 个镇一级支部。其成员及干部据称包括从城市到农村的各级高官、商人、地主。伪满洲国政府的高层中国人物,如袁金凯、张景惠都与之有联系。其对于和平、道德,以及用东方学说拯救世界的主张贴近这些上层老士绅后代的想法。作为一个教化机构,它显示了强烈的宣传动机。道德会非常信赖并依靠乐善好施、信仰坚定的积极分子。

中国历史上正统和异端派别与救世团体之间的对立产生了一个特定的文化现象，即正统宗教和国家反复称这种民间宗教是政治活动的伪装。但是其核心逻辑是谁能获得超越力量。宗教信徒的宇宙论倾向于授权那些受到超越权威鼓舞的人，不过这并不意味着与政治相关。而通过禁止宗教群体的活动，国家得以延伸政治逻辑并使他们政治化。虽然有矛盾，但是只要这些社团表面承认正统秩序，加上还有不少精英掺杂其间，帝制政权就仍然必须容忍其大量存在。

近代政权对这些群体的容忍度要低得多，并且禁止其传播。他们继承的帝制逻辑，由于确信科学主义是国家建设和国家竞争力的条件，反而得到加强。国民党政权（1927—1949）将这些宗教社团划归为迷信崇拜并发动了清理他们的运动。在1930年代，国民党通过从宗教社团中剥离、合法化慈善机构，在一定程度上进行了让步。到后来，特别是在日本入侵中国以后，他们的禁令难以维持。虽然在1990年代的文化自由期间这些宗教曾谨慎地恢复活动，但它们现在仍然被禁止①。

对于绝大多数汉学家来说，中国近现代世俗化历史的概念被认为是不恰当的。如我们所看到的，欧洲的天主教、新教以及其他宗教团体一定程度上因为我之前说过的纵向融合，有原始的国家组织形式而被怀疑有政治化倾向，继而发展到宗教战争。世俗化正是为了制止这类战争才应运而生的。设计世俗主义制度的目的在于容纳这种竞争，将宗教置于更大范围的国家制度之下，以有限保护其不受对手，后来乃至国家的侵犯。这样，宗教被私有化，或者说臣服于现代民族国家②。

除了19世纪中期虽然短暂但规模巨大的太平天国运动，中国历史没有给教派信仰可以公开繁荣的环境，这样也就限制了其对社会的发动能力。尽管中国历史上没有根植于信仰的社群，20世纪初期的民国很快就接受了西方的世俗主义概念。可能并不出人意料的是，采纳这种概念以后，政府马上需要发

---

① Prasenjit Duara, "Knowledge and Power in the Discourse of Modernity: The Campaigns against Popular Religion in Early 20th Century China," *Journal of Asian Studies*, 50.1 (Feb. 1991), 67–83.
② Reinhart Koselleck, *Critique and Crisis: Enlightenment and the Pathogenesis of Modern Society*, Cambridge (MA): The MIT Press, 1988, pp. 80–85.

248

展出相应的教会组织来应对合法宗教。高万桑（Vincent Goossaert）证实，民国政府力图去建立或者培养类似教会的组织，这样就出现了国家级别的佛教和道教组织。人们意识到，现代政权只有在其新的政府管理框架下动员这类组织和资源，才能保障世俗体系的优势。但这个策略并不成功，因为在一定程度上，国家指定的道教和佛教不能有效领导其信众。普通信徒的真实信仰依然存在于其他地方①。

与此同时，作为帝制中国后继者的民国能够通过新的方式重新定义这一宗教性问题。由于多数民间宗教性（popular religiosity）既不是通过以信仰为基础的宗教，也不是通过国家教会组织起来的，国家可以很容易否定其作为宗教的资格。民间宗教，包括教派和救世团体被定性为不同类型的迷信或者是异端。它们不仅被排除在世俗政权有限的保护之外，而且在整个 20 世纪都被禁止，并受到猛烈攻击。在很多方面，民国比帝制正统政权更不能容忍民间宗教。

尽管付出了巨大的代价，汉族核心地区的现代中国政权避免了全球范围内身份政治蔓延所带来的宗教社群化和政治化。如我们所看到的，这是一个相互关联的宗教国家化和国家神圣化的过程。日本和印度都没有逃脱这一命运。从 19 世纪开始，英属印度社群政治（communal politics）的传播，代表了 20 世纪最后二十年将印度教或"印度性"（Hindutva）宗教正统认信与国家化的努力。但是这是我们要进行比较的另一个问题。让我们在这里比较一下日本和中国的经历。

四、中国与日本

将中国和日本的经历一同研究成果丰富，因为两者之间在 20 世纪前后有过非常密切的交往。两个社会都经常从流转的观念和共有的文化资源中寻找对相似问题的回应。

---

① Vincent Goossaert, "Republican Church Engineering：The National Religious Associations in 1912 China," in Mayfair Yang ed, *Chinese Religiosities：Afflictions of Modernity and State Formation*, Berkeley and LA：University of California, 2008, pp. 209-232.

德川家康时期的日本明显有一个以儒家"天"（Heaven）思想、神道教仪式、对佛教寺庙结构控制等为基础的国家信仰模式支持着幕府的权威。德川幕府试图使地方寺院成为国家宗教控制下的有机组成部分。居民们都被要求到佛教寺庙注册。这样一来，佛教一方面受到政府支持，另一方面也被置于政府的严格控制下。与之相似，国家对受许可佛教的控制常导致仪式化，以及救世和杂糅宗教（如有的以《莲华经》为基础）的出现。特别是从 19 世纪早期开始，这些宗教虽然常被迫害，但是如果在限制范围内活动也是可以被允许的①。

以传统社会学的视角来看，日本文明无疑是非超越的。即使北川（Kitagawa）所说道和法，即中国化"天"的观点和佛教涅槃带来了超越的因素，但在国家社会和救世团体中起支配性作用的力量是"内在的神权体制"（immanent theocracy）。"简而言之，得益于被认可的天和神灵合一的新神话（公元前 8 世纪），内在神权（immanental theocracy）得以出现。神道教和佛教都因之发生了改变；随后它们又渗透到国家社会的各个层面。"②在罗伯特·贝拉（Robert Bellah）看来，日本政权早就很好地理解了超越地位的意义。其统治者试图"用轴心来取缔轴心"，并且他将日本的传统文明称作是"内敛掩盖型超越"（submerged transcendence）的类型③。

我虽然同意，日本的政治体制在 10—20 世纪实现了对"轴心超越"的超克，但是其超越的教义和理念，从来没有完全被"湮灭"过。当然，没有多少超越的理念，能免于对成就的渴望。与之相反，有人认为，日本"内敛掩盖型超越"的政治传统，懂得其需要与社会的超越理想达成妥协。如贝拉所说，只要日莲宗（Nichiren）及净土宗（Pure Land）的信众不构成政治威胁，其超越理念就可以在明治时期以前存在下来④。

---

①Shimazono, Susumu, *From Salvation to Spirituality: Popular Religious Movements in Modern Japan*, Melbourne: Trans-Pacific Press, 2004 p. 77.

②Joseph M. Kitagawa, "The Japanese 'Kokutai' (National Community): History and Myth," *History of Religions*, Vol. 13, No. 3 (Feb., 1974), pp. 209-226; 221;223. 另参见 S. N. Eisenstadt, *Japanese Civilization: A Comparative Review*, Chicago: University of Chicago Press, 1996; 以及下述 Bellah 的研究。

③Robert N. Bellah, *Imagining Japan: The Japanese Tradition and its Modern Transformation*, Univ of California Press, Berkeley, LA, 2003. 7-9, 13.

④Bellah 2003, 20-21.

如同中国，日本在 19 到 20 世纪也经历了一个声势浩大，与救世团体很类似的宗教繁荣。岛薗进（Shimazono Susumu）称之为"新宗教"。这些团体包括天理教（Tenrikyō）、大本教（Ōmotokyō）、人道教、灵友会等，会员人数占到日本人口的15—20％。它们有很强的救世思想和杂糅性，并且至少在宣传中自称是普世主义的①。在援助 1924 年东京大地震以后，道院（即红卍字会的母体）与大本教关系密切。大本教称其任务是"从世界历史的视角看，没有一个国家有能力去控制别的国家，没有一个文化是全世界通行的，也没有一个宗教能够吸纳所有人。所以，我们必须致力于用'大本'（Ōmoto）的爱和信仰获得和平。"②

就如同几十年后的中国，日本在向民族国家的转型中从早期的模式中挣脱了出来。尽管他们拒绝了历史上儒家和佛教的礼仪，但是日本和中国一样也在世纪之交认为一个国家性宗教或者仪式是民族国家所需要的。总的来说，虽然宗教自由的观念和国家与教会的分离在美国和法国革命前就已经出现，但是大多数欧洲国家继续保留与"认信模式"相一致的国家或民族教会。直到 1905年，法国国会才通过将国家和教会分开的法案（有些权威机构则称这依然不是一个完全的分离）③。

此外，两个东亚国家都受到基督教传播的威胁。尽管明治政府宣布宗教自由，日本仍然发展出国家神道（state Shinto），作为对基督教和佛教的回应。19、20 世纪之交的中国改革者，接受了如马礼逊（Robert Morrison）和李提摩太（Timothy Richards）等著名传教士的观点，认为"科学与教会"才是现代性的秘诀④。

很明显，明治模式的国家宗教以东亚历史形式，即国家通过仪式和祭祀对"天"行使独占权力而融入了现代国家。的确，我们可以说这些仪式和祭祀不能被视作是"宗教"，并且神道教的教士、官僚当然也会反对如此看待国家神道⑤。

---

① Shimazono, *From Salvation to Spirituality*, 71-75 and passim.

② 末光高义：《支那の秘密結社と慈善結社》，第 317 页。

③ McIntire, C. T., "The Shift from Church and State to Religions as Public Life in Modern Europe," *Church History*, March 1, 2002, Vol. 71, Issue 1: 152-177; 153.

④ Jerome Ch'en, *China and the West: Society and Culture, 1815-1937* Hutchinson, London 1979; 100, 108, 272.

⑤ Helen Hardacre, *Shinto and the State, 1868-1988*, Princeton, NJ. 1989; 49.

相反,它们作为对东亚政权宇宙论的部分继承,代表了加强国家力量的礼仪权威。然而,他们被看重更多的是象征意义,而不是其宇宙论。在公民身份层面他们试图达到的目的值得我们去了解。在这里我想通过最基本的方式指出,为了彰显权威的需要,这套祭祀模式适应了帝制中国概念中"政体仪式同步化"(ritual synchronization of the polity)。在全国范围内,神道神社崇拜的官僚化(bureaucratization)、标准化(standardization)、同步化(synchronization)原则与"新三教"(pedagogy of the Three Teachings),即征兵、国家税收、义务教育相伴出现①。

国家神道能否被看作宗教代表了日本当时一个备受争议的话题。不太过深究这个问题的话,我们可以确定在 19 世纪晚期,国家宗教的模糊反映了日本在面对宗教的全球性话语(global discourse of religion)和地缘政治新变化时自己的应对方式。同时期的欧洲,民族主义需要更强的地理和政治认同,而不是国家宗教的归属感。国家宗教的地位也因而变得越来越不稳固。地缘政治上,日本面对着顺应当时西方标准的压力,同时也认识到一定要建立自己相应的国家力量以与之对抗。以此为背景,通过正式分离国家神道和神道神社(宗教),明治政府可以一方面宣布神道教代表了公共礼仪,同时也要求其国民遵从一种"宗教认信式"的爱国主义和服从主义②。

在从封建政权过渡到民族国家强权和太平洋地区霸权竞争者的四十年里,明治政权完成了向利维坦式(Leviathan)专制国家的转变。国家不仅有宗教问题上的决定权,而且将神圣权力集中在所谓日本创立者天照大神的直系后代,即天皇手中。这一天皇神性转变为国家权威的具体体现,成为国家发展与永恒性(timelessness)完美融合的象征。正是这个融合的成形驱动了今天靖国神社僧侣(Yasukuni priests)和右翼政客的政治活动。换言之,"内在神权"(immanent theocracy)转化成了特别强大的,可以给人民施加巨大压力的"正统政权"(regime of authenticity)。对于他深爱的日本,泰戈尔在 1916 年说,"人民欣喜而自豪

①Helen Hardacre, *Shinto and the State, 1868-1988*,Princeton, NJ. 1989;32, 70-76.
②Yijiang Zhong, "Gods without Names:the Genesis of Modern Shinto in Nineteenth Century Japan," PhD dissertation submitted to the University of Chicago, 2011. 特别参见第五章,"Gods without Names, 1876-1884."

地接受这种全面渗透的精神奴役,因为他们急于将自己转变成权力机器,即'国家'的一部分,并让其他机器也加入这种集体性的世俗主义"①。

这就是维新后日本民族国家的强大霸权。即使佛教和救世团体可能与国家有模棱两可的关系,他们也常下意识地和民族主义者、帝国主义者的话语保持一致,将日本看作是亚洲历史发展和启蒙文明中的领跑者。这样看来,许多佛教徒和新宗教接受他们想通过帝国主义来"文明化"(civilize)亚洲邻国的普度思想也就并不奇怪了。毫无疑问,日本低沉而平静的超越和普世性运动不仅从来没有被清除,还在日本战后社会扮演了更重要的角色。

<h1 style="text-align:center">结　语</h1>

本文试图从比较的视角认识中国宗教社会史,这一视角揭示出来的,是历史上中国这一文明母体区别于其他社会的特征。中华帝国对中华文化圈内外周流着的制度与文明的吸收方式,至少从蒙元时期开始,就表现出高度的持久性。这种国家—民间宗教之间的调试,如何经过国家现代化进程中流转历史的巨大力量(circulatory historical force),是一个复杂的故事。

中国和日本相比的根本不同之一,在于日本于 19 世纪有能力接近宗教正统认信模式的民族主义,而与之相比,中国只有为建立一个儒家宗教做过短暂的努力。矶前顺一(Isomae Junichi)认为,日本宗教领域的新教化带来了两种趋势,即佛教、神道教等宗教思想家称他们的权威源于超越资源,但同时也服从于以天皇为化身的国家正统性(national authenticity)体系②。1868 年明治维新前后,不同传统的对话超越都曾存在,但是明治政权显示出更强的力量去"湮灭"这些运动,或者让他们臣服于新建立的天皇崇拜之下的宗教正统认信式的民族主义。

---

①Rabindranath Tagore,"Nationalism in the West," in Ramachandra Guha ed. , *Nationalism* , New Delhi: Penguin Books, 2009, p. 49.

②Isomae Jun'ichi, "Deconstructing 'Japanese Religion': A Historical Survey," *Japanese Journal of Religious Studies*, 32/2: 235-248, Nanzan Institute for Religion and Culture, 2005.

实际上，"湮灭"现象背后的一个重要因素，是汉字文化圈的国家礼仪传统。明治政权可以将其重塑为帝制崇拜，那为什么中国政权没有能力这么做？这里至少有两个原因。首先，中国皇帝没有被当作神，其他人也可能得到天命。而在日本，天皇代表着自开天辟地开始正统的延续。从这个意义上来说，其超越传统要远强过中国。此外，从历史上来看，1911 年中国帝制体系的最后崩溃也制造了一个软弱的政权。与各色各样救世团体一起繁荣起来的还有帝国治下的分离主义和割据势力，特别是在五台山西部和西北的佛教地区。即便付出努力，对于一个弱国而言，以儒教或者仪式主义为基础建立宗教正统的认信国家的代价，也太高了一些。

从更广阔的视角看这一分析，特别是从西方和其他地区的经验去理解，世俗主义与中国的关联程度不高。在西方，世俗主义是对几个世纪以来根深蒂固、血腥的教派斗争的回应。世俗主义最终被发展出来，保护"认信主义国家"里的小宗教派别不受大教，乃至日后国家本身的威胁。在世界的很多地方，认信主义与世俗主义常常同时出现（如日本），并且在快速成功后，使这些社会，在宗教上遗留下众多后续问题。很多这些宗教群体，曾经，而且依然在努力摆脱宗教认信主义，并避免转化成少数族群或民族政权的附属物。

道德权威从"认信主义"的或"正统"（authentic）政权，转移到一个公正的世俗真理（impartial secular truth）的规定性理想（regulatory ideal）依然是困难的。该理想常内嵌于如法律原则或者博爱主义之中。但即便是在欧洲的核心地区，回退到宗教—民族主义（religio-nationalism）的可能性，也始终存在。

一定程度上，由于纵向分隔和民间宗教持续到 20 世纪的调解作用，近代中国可以摆脱宗教认信式的民族主义。在这个语境下，太平天国起义的失败是 19 世纪中叶的一个重要事件。它曾经有可能分裂国家政权，并使之"宗教认信化"。在近几十年，中国西部少数民族地区的发展表明，中国还需要从更实质的层面处理世俗主义问题。20 世纪早期围绕宗族意识（lineage ideology）建立的民族主义代表了中国宗教性更内在的一面。沈松侨、冯客（Frank Dikotter）等学者证明，黄帝作为中国人终极祖先的神话在联系全世界华人的作用中扮演了重要的角色。无论是在国内还是海外，该联系都因为共同的血脉纽带而得以巩固①。由此可见，用子女义务（filial obligation）来比喻国家和公民的关系不足为奇。

然而，中国政府依然需要应对民众对超越的渴望；无论它来自基督教、佛教，还是对话超越中的救世传统。而且香港、台湾和其他地区的实例似乎显示，在国家不反对宗教表达自己渴望超越权力的情况下，宗教还是愿意投身自己的事业，并乐于远离政治。

---

① Frank Dikötter, *The Discourse of Race in Modern China*, Stanford: Stanford University Press, 1992；沈松侨：《我以我血荐轩辕——黄帝神话与晚清的国族建构》，载《台湾社会研究季刊》，第 28 期，1997 年 12 月，第 1—77 页。

征稿启事

1.《新史学》创刊于 2007 年,由中国人民大学清史研究所主办。

2. 本刊优先采用在多学科交叉的语境下,对历史学的方法与叙述进行多元探索的优秀论文和评论文字,同时兼容发表具有创意风格的传统史学论文。

3. 论文字数以不多于 30000 字为宜,评论以不多于 20000 字为宜。

4. 本刊编辑部热诚欢迎海内外学者不吝赐稿。请通过电子邮件寄至:qing-shisuo@ 163. com,并在邮箱标题栏中注明:《新史学》投稿,或将打印稿寄至:北京市海淀区中关村大街 59 号中国人民大学清史研究所《新史学》丛刊编辑部(邮编:100872)。

5. 文稿第一页请标示以下内容:文章标题、作者姓名、单位、联系电话、通讯地址、电邮方式;作者本人的身份证号码;中文摘要(200 字左右)、3—5 个中文关键词。

6. 投寄本刊文章,凡采用他人成说,请务必加注说明,注释一律采用当页脚注,并注明作者、书名及出版年份、页码,参考书目列于文末。

7. 本刊取舍稿件惟以学术水平为标准,实行匿名评审稿件制度,评审工作由本刊编辑委员会承担。编辑部有权对来稿文字做技术性处理,文章中的学术观点不代表编辑部意见。

8. 因人力有限,本刊恕不退稿,投稿三个月内未收到刊用通知,请自行处理。

9. 向本刊投稿,视为同意授权本刊享有作品的复制权、发行权、信息网络传播权(及转授权)等,本刊为北京万方数据股份有限公司、万方数据电子出版社入选期刊,并可在《中国学术期刊网络出版总库》及 CNKI 系列数据库刊载、节选、摘录,由上述平台对外提供信息服务。本刊所付稿酬已包含网络出版稿酬,若作者不同意被上述平台收录,请在来稿时注明(不影响来稿被本刊录用)。